运动生理学原理及其教学改革研究

刘洋波　著

中国原子能出版社

图书在版编目(CIP)数据

运动生理学原理及其教学改革研究 / 刘洋波著. --
北京：中国原子能出版，2022.12 (2025.3 重印)

ISBN 978-7-5221-2529-9

Ⅰ.①运…　Ⅱ.①刘…　Ⅲ.①运动生理学－教学研究
Ⅳ.①G804.2

中国版本图书馆 CIP 数据核字（2022）第 236968 号

运动生理学原理及其教学改革研究

出版发行　中国原子能出版社（北京市海淀区阜成路 43 号 100048）

责任编辑　王　蕾

责任印制　赵　明

印　　刷　北京天恒嘉业印刷有限公司

经　　销　全国新华书店

开　　本　787 mm×1092 mm　1/16

印　　张　15.5

字　　数　260 千字

版　　次　2022 年 12 月第 1 版　2025 年 3 月第 2 次印刷

书　　号　ISBN 978-7-5221-2529-9　　定　价　42.00 元

前　言

运动生理学是人体生理学的一个分支,是研究人体的运动能力和对运动的反应与适应过程的科学,是体育科学中一门重要的应用基础理论学科。主要研究在运动过程中,人体各细胞、器官、系统的机能变化和它们的协同工作的能力和机理,进而观察其对人体运动能力的影响。同时,还要观察运动对人体的形态和机能产生适应性变化的影响。

运动生理学是在对人体生命活动规律有了基本认识的基础之上,揭示体育运动对人体机能影响的规律及机理,阐明运动训练、体育教学和运动健身过程中的生理学原理,指导不同年龄、性别和训练程度的人群进行科学的运动锻炼,以达到提高竞技运动水平、增强体质、延缓衰老、提高工作效率和生活质量的目的。

基于此,本书以"运动生理学原理及其教学改革研究"为选题,在内容编排上共分为三篇:第一篇为运动生理学基础,主要包括运动与身体机能、运动机能与物质能量代谢;第二篇探究运动训练生理学,内容包括运动技能学习与感觉变化、身体素质、体适能与运动处方、运动训练的生理学原理;第三篇对运动生理学教学进行探究,主要包括运动生理学课程与教学应用、运动生理学教学改革与创新路径。

本书注重基本理论问题,把握全局,理论与实践结合,力求做到理论精练、实践性强。另外,本书注重章节之间的逻辑性、连贯性等,从而确保内容的完整性和系统性,有助于读者更好地理解与应用。

笔者在撰写本书的过程中,得到了许多专家学者的帮助和指导,在此表示诚挚的谢意。由于笔者水平有限,加之时间仓促,书中所涉及的内容难免有疏漏之处,希望各位读者多提宝贵意见,以便笔者进一步修改,使之更加完善。

目 录

第三篇　运动生理学教学

第一篇　运动生理学基础

第一章　运动与身体机能

第一节　骨骼肌与运动

一、骨骼肌的兴奋和收缩

(一)肌纤维的微细结构

肌纤维和其他许多细胞一样,有细胞膜(肌膜)、细胞核、细胞质(肌浆),但还有多个细胞核。肌浆中含有丰富的线粒体、糖原和脂滴,还充满平行排列的肌原纤维和复杂的肌管系统。

1.肌原纤维和肌小节

肌细胞内有许多沿细胞长轴平行排列的细丝状肌原纤维,每一肌原纤维都有相间排列的明带(Ⅰ带)和暗带(A带)交替排列。骨骼肌明带染色较浅,而暗带染色较深,明带中间有一条较暗的线称为Z线,暗带中间有一条较明亮的线称H带,H线的中部有一条M线。在同一肌纤维中,相邻的各肌原纤维的明带或暗带不仅长度相等,而且在横向的排列上,也整齐划一,处于同一水平,从而使肌纤维呈现明显的明暗相间的横纹。

肌原纤维由粗、细两种肌丝按一定规律排列而成,明带中只有直径约5 nm的细肌丝,其外侧端垂直固定在Z线上,其游离的内侧端插入暗带,止于 H 带外段,有规律地平行排列在粗肌丝周围。暗带中还有直径约 10 nm 的粗肌丝纵贯全长,粗肌丝中央增粗的部分形成 M 线。H 带中只有粗肌丝,而 H 带以外的暗带中,既有粗肌丝,又有细肌丝,每一粗肌丝周围呈六角形地排列着六条细肌丝,为肌细胞收缩时粗、细肌丝的相互作用创造了条件。

两条相邻 Z 线之间的结构称为肌小节,由肌原纤维上一个位于中间的暗带和两侧各 1/2 的明带所组成,是肌纤维最基本的结构和功能单位。肌肉收缩时肌小节较短,舒张时较长,安静状态时每个肌小节长约 $2.0 \sim 2.2~\mu m$。

2.肌丝的分子组成

每一肌原纤维由许多肌丝组成,可分为粗肌丝和细肌丝。

(1)粗肌丝。粗肌丝由肌球(凝)蛋白聚合而成,每个肌球蛋白由一双螺旋状长杆部和一双球状头部(横桥)组成。生理状态下,肌球蛋白的杆状部平行排列成束,组成粗肌丝的主干;球状部则有规则的凸出在粗肌丝主干表面形成横桥。横桥中含有丰富的 ATP 酶,能与细肌丝上的肌动蛋白结合而使肌肉收缩。

(2)细肌丝。细肌丝由肌动(纤)蛋白、原肌球(凝)蛋白和肌钙(宁)蛋白组成。肌动蛋白直接参与肌肉收缩,因此与粗肌丝的肌球蛋白均称为收缩蛋白,原肌球蛋白和肌钙蛋白不直接参与肌肉收缩,但能起调节作用,因此称为调节蛋白。

肌动蛋白在肌浆内形成双螺旋状的肌丝,是构成细肌丝的骨架和主体。

原肌球蛋白也呈双螺旋状,其杆状沿细肌丝伸展,与肌动蛋白结合在一起。安静状态下,原肌球蛋白在肌动蛋白和横桥之间,阻碍肌动蛋白和横桥的结合。

肌钙蛋白呈球形,含有 C、T、I 三个亚单位,分别对钙离子、原肌球蛋白和肌动蛋白有高亲和力。安静状态时,肌钙蛋白将原肌球蛋白附着于肌动蛋白上,当肌肉兴奋时,肌钙蛋白与钙离子结合,其构型改变,进而引起原肌球蛋白分子变构,解除了对肌球蛋白和横桥结合的阻碍作用,导致肌纤维收缩。

(二)肌肉的神经支配

运动神经专门控制骨骼肌收缩活动。在正常情况下,要使肌肉产生收缩活动,必须先由支配它的运动神经元发出的神经冲动并传递到肌肉,引起兴奋,从而引起肌肉收缩。支配骨骼肌的运动神经元位于脊髓灰质前角,其神经纤维由脊髓前角发出直达肌肉。按其功能主要可分为两类:α支运动神经元发出的α神经纤维和γ经运动神经元发出的γ神经纤维。前者支配核外肌纤维,后者支配梭内肌纤维。

1.运动单位

一个α运动神经元连同它的全部神经末梢所支配的所有肌纤维,从功能上看是一个肌肉活动的基本功能单位,故称为运动单位。每个α运动神经元的轴突末梢经多次分支,每个分支终端与一条骨骼肌纤维的中部相接,形成"神经—肌肉接点"的结构,可将神经兴奋冲动传递给肌纤维,从而引起肌纤维的兴奋与收缩活动。一条肌纤维也可能被不止一个的运动神经元末梢分支所支配,但绝大多数肌纤维只有一个神经—肌肉接点,只被一个运动神经元末梢分支所支配。

运动单位按所支配的肌纤维类型不同可分为两种:快运动单位和慢运动单位。大α运动神经元支配快肌纤维,发出的神经纤维较粗,传导兴奋冲动速度较快,称为快运动单位。小α运动神经元支配慢肌纤维,发出的神经纤维较细,传导兴奋冲动速度较慢,称为慢运动单位。

2.兴奋在神经—肌肉接头的传递

(1)神经—肌肉接头的结构(运动终板)。运动神经末梢发出许多细小分支,并且在终末部分膨大,这部分轴突末梢的细胞膜,称为接头前膜(终板前膜)。与之相对应的骨骼肌细胞膜称为接头后膜(终板后膜,终板膜)。终板膜的厚度大于肌膜,它向细胞内凹陷,并形成许多皱折,以增大其面积。前膜和后膜之间的间隙称为接头间隙(终板间隙),与细胞外液相通。

(2)兴奋在神经神经—肌肉肌肉接头的传递。当神经冲动沿神经纤维传至轴突末梢时,引起轴突末梢处的接头前膜上钙离子通道开放,细胞外液中钙离子进入末梢内,引起轴浆中含有乙酰胆碱(Ach)的多个囊泡移向接头前膜并破裂,释放出的乙酰胆碱经接头间隙到达终板膜表面时,会与膜上的特殊受体相结合,引起膜上钠离子(Na^+)、钾离子(K^+)通透性改变,触发一个可传导的兴奋性电位并传遍整个肌纤维,使肌纤维收缩。

(三)肌肉的收缩

1.肌肉收缩的肌丝滑行理论

肌丝滑行理论认为:肌肉收缩时肌纤维的缩短不是肌丝本身结构和长

度的缩短,而是细肌丝在粗肌丝之间滑行的结果。即:当肌肉缩短时,由 Z 线发出的细肌丝沿着粗肌丝向暗带中央滑动,结果相邻的各 Z 线都互相靠近,肌小节长度变短,从而导致整个肌纤维和整块肌肉缩短。其证据是:肌肉缩短后,暗带的长度不变而明带的长度明显减小,由于肌节两端的细丝在肌节中央相接触,H 带消失。当肌肉拉长时,细肌丝沿粗肌丝向暗带外侧滑动。故明带及 H 带均加宽。

2.肌肉收缩的过程

横桥运动引起粗细肌丝相互滑行,从而导致肌节的收缩,但在完整机体中,肌肉的收缩是由运动神经以冲动形式传来的刺激引起的,即冲动经神经—肌肉接头传递至肌膜,引起肌膜产生一个可传导的动作电位,从而触发横桥运动,产生收缩,收缩后又必须舒张才能进行下一次收缩。因此,肌肉收缩的全过程包括三个互相衔接的环节:兴奋—收缩耦联—收缩的肌肉舒张。

(1)兴奋—收缩耦联。以肌细胞膜的电变化为特征的兴奋过程和以肌丝滑行为基础的收缩过程之间的中介过程称为兴奋—收缩耦联,钙离子为耦联因子。主要包括以下三个步骤:

第一,兴奋通过横管系统传到肌细胞的深处:动作电位沿肌细胞膜传入横管系统,进而传至三联管的终末池。

第二,三联管结构处的信息传递:三联管兴奋引起终末池上的钙通道大量开放,释放出的钙离子顺着浓度差迅速从终末池释放到肌浆中,并从肌浆扩散到附近的肌原纤维,与肌钙蛋白迅速结合,触发肌肉收缩。

第三,肌浆网(即纵管系统)对钙离子再回收:肌浆中钙离子浓度升高时,肌质网膜上的钙泵将肌浆中的钙离子逆浓度差泵回肌质网内贮存,引起肌浆内钙离子浓度降低,与肌钙蛋白分离,引起肌肉舒张。

(2)收缩肌肉的舒张。刺激中止后,终池膜对钙离子通透性降低,纵管膜上的钙泵作用加强,不断将肌浆中的钙离子回收进入终池,肌浆钙离子浓度下降,钙与肌钙蛋白结合消除,肌钙蛋白恢复到原来构型,继而原肌球蛋白也恢复到原来构型,肌动蛋白上与横桥结合的位点重新被掩盖起来,粗细肌丝恢复到原来位置,肌肉舒张。由于钙泵将钙离子主动泵回肌浆网也需要 ATP 释能,因此肌肉舒张也需要能量供应,是一个主动的过程。

二、骨骼肌纤维类型与运动能力

"骨骼肌由具有不同收缩与代谢特性的肌纤维组成,肌纤维类型的差异会导致骨骼肌生理与代谢特征上的差异,进而引起肌肉品质的差异,其差异是影响肌肉品质的重要因素。"[①]通常根据肌纤维的收缩速度可将其分为慢肌纤维和快肌纤维两类。人体骨骼肌纤维分为Ⅰ和Ⅱ两个类型,Ⅱ型中又分为三个亚型。即Ⅰ型为慢缩红肌,Ⅱ型为快缩肌。Ⅱa型为快缩红肌,Ⅱb型为快缩白肌,Ⅱc型为一种未分化的较原始的肌纤维。Ⅱb型是典型的快肌纤维;Ⅱa型收缩速度和力量同快肌,但代谢特征兼有快肌和慢肌的特征;Ⅱc型目前了解甚少。

(一)不同类型肌纤维的形态、代谢和功能特征

1.不同类型肌纤维的形态特征比较

(1)肌纤维大小和成分:快肌纤维的直径较慢肌纤维大,含有较多收缩蛋白,且肌浆网比慢肌纤维发达两倍,因此摄取钙离子的速度更大;慢肌纤维含有较多的肌红蛋白,因此通常呈红色。

(2)毛细血管和线粒体数量:慢肌纤维周围的毛细血管网较快肌纤维丰富,所含线粒体数量多且体积大。

(3)神经支配:慢肌纤维由较小的运动神经元支配,运动神经纤维较细,传导速度较慢;而快肌纤维由较大的运动神经元支配,运动神经纤维较粗,其传导速度较快,约为慢肌纤维的4～5倍。

2.不同类型肌纤维的代谢特征比较

(1)代谢相关酶的活性:快肌纤维中参与无氧代谢有关酶,如镁—三磷酸腺苷酶、肌激酶、磷酸肌酸激酶、乳酸脱氢酶等,活性比慢肌纤维强;慢肌纤维中氧化酶系统,如细胞色素氧化酶、苹果酸脱氢酶、琥珀酸氢酶等,活性则明显高于快肌纤维。

(2)线粒体酶活性:慢肌纤维中线粒体蛋白(线粒体蛋白主要是各种氧化酶)的含量比快肌纤维多。

(3)肌糖元含量:快肌纤维中糖酵解的底物—肌糖元的含量比慢肌纤维高。

慢肌纤维氧化脂肪的能力为快肌纤维的4倍,而快肌纤维的无氧代谢能力较慢肌纤维高。

---

① 李伯江,李平华,吴望军,等.骨骼肌肌纤维形成机制的研究进展[J].中国农业科学,2014,47(06):1201.

（二）肌纤维类型与运动能力的关系

关于人体不同肌纤维百分比，有以下三点：

第一，肌纤维百分比无性别或年龄的差异。

第二，习惯于久坐的男性或女性其慢肌纤维百分比约占 47%～53%。

第三，优秀力量性运动员（如短跑运动员等）快肌纤维百分比较高，而耐力运动员慢肌纤维百分比更高。

就个体而言，即使是在同一种项目的优秀运动员中肌纤维百分比仍有差异，换言之，两个同样优秀的 1 万米跑步运动员其慢肌纤维百分比也是不同的，一个可能有 70% 的慢肌纤维百分比，而另一个则可能拥有 80% 的慢肌纤维百分比，这说明，肌纤维百分比组成并不是决定运动成绩的唯一可靠因素，因为优秀的运动成绩最终是心理、生理生化、技战术、生物力学及训练等所谓的"支持系统"综合作用的结果。

（三）肌纤维对运动训练的适应

骨骼肌是强可塑性组织，也就是说，骨骼肌纤维的体积和生化构成会受到很多因素的影响，如：肌肉成分和功能对运动训练的适应性反应。

骨骼肌纤维对不同性质的专项训练可产生专门性的适应，主要包括两个方面：肌纤维横断面积和肌纤维代谢能力的变化。众所周知，力量训练（抗负荷练习）主要是增加肌肉体积和力量，肌肉体积的增加主要归功于肌纤维的增粗（肥大）。与力量训练相反，耐力训练（如长跑）不能增加肌肉体积和力量，但能导致肌肉氧化能力的提高（如：线粒体数量增加）。

无论是耐力训练还是抗阻力训练都会使快肌纤维向慢肌纤维转变。抗阻力训练引起的肌纤维类型变化往往很小，而且通常会导致Ⅱb型肌纤维百分比的下降和Ⅱa型肌纤维百分比的上升。Ⅱb型向Ⅱa型的转化也可以解释为快肌纤维向慢肌纤维的转变，因为这种变化是从最快肌纤维类型（如Ⅱb型）向更慢的、更具有氧能力的肌纤维类型（如Ⅱa型）转变。

运动训练引起的快肌向慢肌转化发生在不同的阶段，即，在训练引起的Ⅱb型转为Ⅰ型的过程中，Ⅱb型先会转化为Ⅱa型。假如继续坚持训练，这种新生成的Ⅱa型肌纤维就会转变成Ⅰ型肌纤维，最终导致Ⅱb型向Ⅰ型转化的全过程。

第二节　运动与神经调节

一、神经系统的组成与神经信息传输

(一)神经系统的组成与功能

1.神经系统的组成

神经系统从解剖学上可以分为中枢神经系统和外周神经系统。

(1)中枢神经系统。中枢神经系统是指位于颅腔的脑和包含在脊索内的神经组织。

(2)外周神经系统。外周神经系统是指从中枢神经发出的位于颅脑和脊索以外的神经组织。外周神经系统又可分为感觉神经和运动神经两大部分。

感觉神经属于传入神经,负责将机体各部位的感觉传到中枢神经系统。

运动神经属于传出神经,又可分为躯体神经和自主神经两部分:躯体神经支配骨骼肌的活动,自主神经调节内脏平滑肌和腺体的活动;自主神经还可以分为交感神经与副交感神经这两种在功能上相反的神经结构。

2.神经系统的功能

(1)与内分泌系统协同工作,调节机体的内环境。

(2)控制与整合随意运动。

(3)引起和协调各器官的反射活动。

(4)实现高级的意识活动,如情绪、记忆和学习等。

(二)神经元与神经信息传输

神经组织由神经细胞和神经胶质细胞组成。神经细胞又称为神经元,是神经系统的基本结构和功能单位。神经系统的信息传输包括神经冲动的传导与传递。

1.神经元的组成与分类

每一个神经元可以分为胞体、轴突和树突三个部分。

（1）胞体。胞体是神经元的信息加工中心，其内有细胞核和细胞质等细胞器。

（2）轴突。细胞质向外延伸的长长的突起称为轴突。一个神经元通常只有一条轴突，其功能是把经过胞体加工处理过的神经信息输送到其他神经元的树突或胞体，或者输送到肌肉和腺体等其他细胞。轴突细长，形状像纤维，故形象地被称为神经纤维。

（3）树突。细胞质由胞体向外延伸的较短的突起称为树突。一个神经元往往有多个树突，其主要功能是接受神经信息，并将其传向胞体。

神经元在功能上又可分为把信息传入中枢的感觉神经元、将信息从中枢传到外周的运动神经元和在其间起联系作用的中间神经元。

信息在同一个神经元及其轴突上的传播称为传导；信息在不同的神经元之间的传播称为传递。

2.神经冲动的传导

（1）局部电流。神经冲动在神经纤维上的传导机制可以用局部电流学说来解释，即已兴奋部位与未兴奋部位之间产生局部电流，"刺激"了未兴奋部位，使之产生兴奋，这一过程在神经纤维上连续进行，表现为神经冲动的不断向前传导。

（2）跳跃传导。在有髓鞘包裹的神经纤维上间隔分布着郎飞氏结，此处无髓鞘包裹。由于髓鞘的绝缘性，局部电流不能从这里通过，在这种神经纤维上，兴奋以跳跃的方式从一个郎飞氏结传到下一个郎飞氏结，使神经冲动不断向前传导。这种传导比局部电流的传导速度快。

3.神经冲动的传递

（1）突触。不同神经元之间的信息传递是通过神经元之间的突触联系来实现的。一个神经元的轴突末梢与另一个神经元的胞体或突起之间的接触部位称为突触。突触由突触前膜、突触后膜和突触间隙三部分构成。突触前神经元的轴突末梢形成许多分支，分支末端的球状膨大部分称为突触小体。突触小体膜称为突触前膜。与突触前膜相对的突触后神经元胞体或突起的膜称为突触后膜。突触前膜与突触后膜之间有 $20\sim30$ nm 的突触间隙。在突触小体的轴浆内含有丰富的线粒体和突触小泡，小泡内有高浓度的神经递质。

在中枢神经系统内部，一个神经元的轴突可以通过其分支的末梢与其后的多个神经元胞体或突起构成突触；一个神经元的胞体或突起也可以与多个神经元的突触小体构成突触；多个神经元之间还可以构成连锁和环路式的信息传递。

（2）化学性突触传递的过程。大部分突触都是化学性突触。当神经冲动传到突触前膜时，突触部位所发生的生理过程与在神经肌肉接点所发生的生理过程大体相似，从而引起突触前膜的电位变化，使突触小泡中的化学递质释放到突触间隙，与突触后膜上的特异性受体结合，进而产生突触后膜的电位变化，导致下一个神经元出现生理效应，形成信息在不同的神经元之间进行传递。突触可以依据其功能分为兴奋性突触与抑制性突触。兴奋性突触活动时使突触后神经元产生兴奋效应；抑制性突触活动时使突触后神经元产生抑制效应。

（3）递质与受体。

第一，递质。化学性突触传递是通过突触小体释放化学物质来完成的，这些化学物质称为神经递质。经典的递质是一些小分子的物质，如乙酰胆碱、单胺类（肾上腺素、去甲肾上腺素、5-羟色胺、多巴胺等）与氨基酸类（谷氨酸、门冬氨酸、γ色氨基丁酸、甘氨酸等）；另一类化学递质是分子质量相对较大的神经肽，如脑啡肽、P物质和血管活性肠肽等。这些递质在中枢系统内有的起兴奋作用，有的起抑制作用。神经递质在产生效应后在突触间隙以一定的方式失活。

第二，受体。受体是指那些位于细胞膜上以及胞浆或细胞核上，对特定的生物活性物质具有识别功能并与之进行结合而产生生物效应的大分子结构，有许多受体的本质是蛋白质类的物质。受体是相对于配体而言的。神经递质和激素往往作为配体，它们与受体产生特异性结合后，可以激发细胞产生相应的生物效应。一般认为受体有特异性、饱和性和可逆性的特征。

二、中枢神经系统对躯体运动的调控

传统理论认为大脑运动皮层是发起随意运动的部位。实际上运动皮层并不能发出初始的运动信号，而只是运动程序的最终执行者。随意运动的第二步发生在皮层下结构与皮层激活区，该部位最初的驱动意识把运动信号发送到皮层联络区而不是皮层的运动区，先形成运动的初始意图。然后，运动信息发送到小脑与基底神经节，这些结构相互配合协调，形成较为精确的动作意图，并转化为具有时间与空间特性的运动程序。这样的信息再通过丘脑发送到大脑皮层的运动区，并由大脑皮层运动区执行指令，将运动信息沿各级中枢下传至脊髓神经元,并传递给骨骼肌,激发肌肉的活动,产生随意动作。其中,从肌肉等外周的本体感受器而来的反馈信息上传给中枢,完成对运动信息的精确调控。

小脑在形成快速运动的功能中较为重要,而基底神经节则更多地负责慢速的运动。

(一)脊髓对躯体运动的调控

脊髓是中枢神经系统最初级的部位,结构上由感觉传入纤维、各类中间神经元和运动神经元组成。脊髓是躯体感觉信息传入的起始点和躯体运动信息传出的最后通路,因此在实现躯体的反射性运动中具有重要意义。

1.脊髓神经元

(1)运动神经元。脊髓前角中有大量的 α 和 γ 运动神经元。一个运动神经元及其轴突与分支所支配的那些肌纤维组成一个运动单位。α 神经元有大小两种,小 α 运动神经元具有较高的兴奋性,大 α 运动神经元具有较低的兴奋性。γ 运动神经元胞体较小,其主要功能是维持肌梭感受器在肌肉收缩时具有较高的敏感性,形成肌肉收缩的 α-γ 环路机制。

(2)中间神经元。中间神经元位于脊髓传入纤维与传出纤维之间,是脊髓灰质的主要组成部分。中间神经元的功能主要是介导、传输与反馈信号,形成各种神经环路与网络,使最终的输出信息更精确。中间神经元不仅接受自外周躯体感觉传入的信息,同时接受高位中枢的下行信息,影响脊髓运动神经元的最后输出效应。

2.脊髓反射

只需要脊髓这一最低级中枢参与的完整的反射弧活动称为脊髓反射,其特点是潜伏期短和活动形式固定,而且多数不受意识的控制。

(1)牵张反射。骨骼肌在受到外力牵拉使其伸长时,会反射性地引起被牵拉的肌肉产生收缩,这种反射称为牵张反射。牵张反射有紧张性牵张反射和位相性牵张反射两种类型。

紧张性牵张反射又称肌紧张,它是指缓慢持续牵拉肌腱时发生的牵张反射,其表现是受牵拉的肌肉发生紧张性收缩。肌紧张是维持人体姿势的基本反射活动,是一切姿势反射的基础。人站立时,受到重力作用而使支持体重的关节(如膝关节)趋向于被重力所弯曲的状态。关节弯曲势必使该关节的伸肌(如股四头肌)被牵拉。这种缓慢持续的牵拉反射性地引起该肌肉的收缩,以对抗该关节的弯曲,从而维持站立的姿势。

位相性牵张反射又称为腱反射,它是指快速牵拉肌腱时发生的牵张反射。例如叩击股四头肌肌腱,可使其受到牵拉而反射性地引起股四头肌发生一次快速同步的收缩,这便是膝跳反射。在进行较大力量运动时,为了显著地增加肌肉力量,在一定范围内做一些高速牵拉肌肉的练习是必要的,而且在牵拉与随后的收缩之间,其延搁的时间越短越好,这样可以避免牵拉引起的增力效应减弱甚至消失。

(2)屈肌反射。当皮肤或肌肉受到伤害性刺激时,受刺激一侧的肢体出现屈肌收缩而伸肌放松,表现为相应关节的屈曲和受刺激肢体的回缩与躲避,这一反射称为屈肌反射,这是一种保护性反射。当这种刺激强度很大时,还会在屈肌反射的同时引起对侧肢体伸直的反射,以维持身体平衡。

(3)脊髓休克。在正常情况下,脊髓反射活动接受高位中枢下行指令的调控。当人因外伤而导致脊髓被横断性损伤后,脊髓突然失去了高位中枢来的信息对其进行的控制,造成断面以下的一切脊髓反射立即消失,在一定的时间内处于无反应状态,这种现象称为脊髓休克。

(二)脑干对躯体姿势的调控

脑干在中枢神经系统的中级水平调控骨骼肌的肌紧张,进而产生相应的运动,以保持或改变身体在空间的姿势,这类反射活动统称为姿势反射。

1.状态反射

头部空间位置的改变以及头部与躯干的相对位置发生变化时,会反射性地引起躯干和四肢肌肉紧张性的变化,这种反射称为状态反射。典型的状态反射是迷路紧张反射和颈紧张反射。

(1)迷路紧张反射。迷路紧张反射是指头部空间位置变化时的刺激,引发内耳迷路中耳石器官的传入冲动,产生对躯干伸肌紧张性的调节反射。由于相关部位的伸肌紧张性持续增高,因而表现为某些肢体的僵直。

(2)颈紧张反射。颈紧张反射是指颈部扭曲时,颈椎关节韧带和颈部肌肉受到刺激而产生的四肢肌肉紧张性的调节反射。头向一侧扭转时,下颌所指一侧的伸肌紧张性加强;头后仰时,前肢伸肌的紧张性加强;头前俯时,后肢伸肌紧张性加强。人在举重时,提杠铃至胸前的瞬间,头总是做迅速后仰的动作,反射性地使肩背部的伸肌力量增大,便于把杠铃举过头。体操运动员在平衡木上做动作时,如果头部位置不正,会使两侧臂肌力量不均匀而导致身体失去平衡。

2.翻正反射

正常动物有保持站立姿势的能力,如将其推倒,该动物能很快恢复原来的站立姿势,这类反射称为翻正反射。其反射过程是:当头部位置不正时,首先引起视觉与耳石受刺激,出现肌紧张变化,导致头部翻正,继而头部与躯干的相对位置不正,又使颈部韧带与肌肉受刺激而引起反射,产生躯干翻正。在人类中,因视觉引起的翻正反射最为重要。

3.直线加速度运动反射

直线加速度运动反射是指人体在发生上升、下降或沿直线方向运动中突然加速或减速时(减速可视为负加速运动),引起肌肉紧张性的变化,对人体姿势产生影响的反射。

(1)升降反射。人乘电梯上升的瞬间,膝关节不由自主地屈曲,突然减速的瞬间,膝关节则伸直;而在人乘电梯下降时,突然加速会使膝关节伸直,突然减速会使膝关节屈曲。

(2)着地反射。动物从高处跳下时,头后仰,四肢伸直,做着地的准备。在着地的瞬间,动物的头变为前倾,四肢屈曲,这称为着地反射。着地反射有助于人或动物着地时保持重心,缓冲震动。体操运动员因动作失误而从器械上跌落时,往往反射性地用手臂撑地,这也是一种着地反射,避免引起整个身体与地面碰撞,但常可导致局部的损伤,特别是尺骨鹰嘴骨折,因此应当学会团身滚翻的动作以进行有意识的保护。

(三)高位中枢对躯体运动的调控

1.大脑皮层运动区

随意运动是在反射的基础上,由大脑皮层执行调控的复杂活动。大脑皮层的某些区域与躯体运动功能有着密切的联系,这些区域称为皮层运动区,它位于皮层的中央前回。皮层运动区对躯体运动的调控有明显的代表区,其调控机制主要有以下特点。

(1)交叉支配。一侧运动区支配对侧躯体的运动,但头、面部的肌肉多受双侧运动区的支配。

(2)倒立分布。皮层运动区具有精确的功能定位,其定位的安排呈倒立的身体状。下肢代表区在顶部,上肢代表区在中间,头、面部代表区在底部(头、面部代表区内部的安排是正立而不是倒置)。

（3）代表区的大小。皮层运动代表区面积的大小取决于其代表的实际部位运动功能的精细程度。运动精细度越复杂的部位,其皮层代表区的面积越大,如手和头、面部的皮层代表区的面积相对较大。

2.锥体系和锥体外系

大脑皮层对躯体运动的下行调控功能是通过锥体系和锥体外系完成的。

（1）锥体系及其功能。锥体系是由起源于大脑皮层运动区及其相邻区域的大锥体细胞发出下行纤维,控制脊髓前角运动神经元和脑干运动神经元的信息传导系统。其中,一支下行通路皮层到达脊髓,称为皮层脊髓束,其大部分纤维在延髓处穿行到对侧,再下行,而其余部分则下行到脊髓后再横穿到对侧,这两部分都与脊髓前角运动神经元相联系;另一支从皮层运动区到脑干,分别与支配头、面部肌肉的运动神经元相联系,称为皮层脑干束。锥体系到达脊髓后控制 α 和 γ 运动神经元的活动。

（2）锥体外系及其功能。除锥体系以外,中枢所有其他的参与躯体运动控制与调节的神经元及其纤维束统称为锥体外系。具体地说,锥体外系包括三条下行传导通路:一是所谓经典锥体外系,指皮层下的某些神经核团控制脊髓运动神经元;二是由大脑皮层的中小型锥体细胞发出纤维,通过皮层下核团接替,再下行控制脊髓运动神经元;三是由锥体束侧支进入皮层下核团,下行控制脊髓运动神经元。

3.小脑的功能

依据传入和传出纤维联系的不同,小脑可以分为前庭小脑、脊髓小脑和皮质小脑三部分。

（1）前庭小脑。前庭小脑主要接受来自前庭器官传入的有关位置与加速运动的感觉信息以及视觉传入信息,其主要功能是控制躯体的平衡与调节眼球的运动。

（2）脊髓小脑。脊髓小脑主要接受来自肌肉与关节等处的本体感受器的以及视听觉的传入信息,其功能是调节正在执行中的运动,协助大脑皮层对随意运动的时空和强度因素进行及时的调整。

（3）皮质小脑。运动技能稳定之后,定型的运动程序就贮存在皮质小脑。当大脑皮层发动精细运动时,首先经过大脑、小脑回路,从皮质小脑提出所贮存的一整套运动程序,将其运送到皮层运动中枢,再通过皮层脊髓束发动协调、精细和快速的动作。

三、运动技能形成的神经机制研究

(一)运动技能的性质与特征

运动技能是指运动者在主动性、目的性与规范性的运动学习过程中,以机体自身初始状态水平为基础,以运动负荷为信息输入,以强度与时间矢量值为参照系,引起神经网络各级水平发生相应的自组织变化,最终以人体自身机能与结构的协同适应效应,使整个神经网络产生新的有序运动模式。

1.运动技能的基本性质

人体在意识主导下的行为活动是运动技能的基本性质。运动技能的生物属性是机体对环境变化的自主适应,其神经生物学基础是各级神经网络,包括大脑皮层与相关的感受和效应装置所形成的功能结构,其外在表现是意识主导下的机体泛脑网络的协同活动。运动技能的社会属性是认知与意识对运动技能的规范和影响。

2.运动技能的结构特征

(1)时间与空间结构的匹配性和有序化。有效地完成运动技能,要求人体结构表现出合理的匹配关系,这是个体资源适应状况的体现。例如,举重运动员与健美运动员肌肉群的空间分布和几何形态存在明显差异,而且其肌力的特性也有各自的特点。

从空间角度看,举重运动员的骨骼肌肌腹肥大,而马拉松运动员的肌肉则没有这种特点。这种肌肉空间结构的特征部分是由于个体的先天素质所决定,又受个体后天的基因表达、环境变化和运动项目的适应性影响而产生。肌肉的宏观几何形态不但决定了运动技能的基础,而且这种几何形态的信息反馈又与大脑中枢最终发放神经冲动的形式以及序列有着因果联系。

从时间角度看,运动技能表现为纵向与多维的时间尺度。纵向是指运动技能完成的时间单向性,即一个特定的运动技能要求神经肌肉的信息过程按照相对固定的时间顺序来控制功能参数,并进行连锁性激活。多维是指一个特定的运动技能要求人体不同的器官系统有序协调地介入,从而确保运动技能的有效性和稳定性。从时间上来说,先建立起来的运动技能定型表现为结构序列的优先原则,对后进入的运动技能有竞争性抑制作用。

当一个项目的运动员改练另一个项目之初,会受到以前运动技能定型的影响。

(2)运动技能发生的实时性自组织状态。自组织是指机体的自身条件针对环境变化所给予的刺激而发生的自主适应过程。运动施与机体的各种负荷,导致运动学习者身体内部发生结构的变化,形成机构序列的自我重组,产生更有效的结构序列,从而进一步有利于运动技能的巩固。所谓实时性自组织状态,是指上述这种由于运动负荷导致的内部结构序列的重组,只是实时性的,而不是永久性的。运动者的自组织状态随时可能由于适应水平的退化而产生波动,自组织状态的维持是与运动负荷适应的变化趋势相一致的。自组织是一个主动过程,是在意识主导下的机体有目的的活动结果,也就是说,运动适应是通过外界刺激与机体主动自组织共同实现的。

(二)运动技能形成的神经生物学基础

1.突触的可塑性及其机制

一般认为,成熟的神经组织通常不再产生新的神经元。但神经系统结构与功能的可塑性研究的新进展却告诉我们,成熟的神经元具有产生新的突起和形成新的突触的能力,同时神经元的突起和突触的超微结构始终处于可变的状态。在高位神经中枢,每个神经元在人体的整个生命周期中都具有持续生成突触的潜力,成为神经网络可塑性的基础,也是运动技能形成与结构自组织的生理学基础。

2.突触连接的泛脑网络结构

所谓泛脑网络结构,是指由大量的各种形式的神经元分级而成的高度错综复杂的非线性网状信息流系统,它以线点联系、多维交错与可塑性连接重组为基本功能特点。线点联系保证了信息传输的高度精确性,机体可赖以实现运动技能的精细动作与稳定性;多维交错体现了信息流的立体特征,形成各种相互干预和反馈的多层级和多途径,使运动技能具有协调性、匹配性和有效性;而可塑性连接重组则反映了泛脑网络中信息流的动态可变性与代偿性,保证了不同运动技能的自学能力。不同上下位神经中枢的神经元数量不是等比例变化的,低位中枢神经元数量很少,而高位神经元数量急剧增加,两者不是线性关系,因此其功能能力也是非线性的。

泛脑网络结构还是一个不断与环境进行物质、信息与能量交换的开放系统,当外界条件变化达到一定阈值时,泛脑网络结构可以从原来的状态转变为时间上、空间上和功能上的新的有序状态,以维持新的运动技能的学习与巩固。

(三)儿童青少年运动技能的形成

1.年龄与神经网络自组织的敏感性

积极的学习活动可以使突触结构与功能向有利于信息传输的方向变化,然而这种变化仅仅在出生不久后的一个短暂的期间内是最敏感的。目前,关于人类突触变化敏感性的资料不多,但一般认为,在脑发育基本完成之前,突触及其组构发生变化的可能性最大,虽然成年以后这种变化也可以发生。体育实践表明,对儿童青少年进行体操和游泳等项目的早期训练,有利于这些项目运动技能的学习,而这种早期训练的优越性的基础就是得益于神经网络的早期发展,即神经网络在敏感期的自组织功能。

2.儿童青少年运动技能形成的反射学说

按照经典的巴甫洛夫神经反射理论,运动技能的过程从开始学习到形成熟练的技巧,可分为无明显界限的四个阶段,即泛化、分化、巩固和自动化。儿童青少年在这几个阶段中分别具有显著的特点。了解这些特点并以其指导儿童青少年的体育教学是有益的。

(1)泛化。儿童青少年时期,由于大脑皮层的抑制尚未建立,故皮层的神经活动以兴奋占优势,处于兴奋扩散的泛化阶段。在学习新的运动技能时,表现为动作僵硬,不协调,不准确,出现多余动作,动作时机掌握不准,节奏紊乱,能量消耗多而有效动作少。在这一阶段,教师应通过形象的讲解和正确的示范指导学生,重在交代动作的主要环节,不要在细节上过多强调。

(2)分化。随着学习的深入,大脑皮层中的分化抑制逐步发展,即对运动技能在时间、空间和动作细节上的区分更加精确,在行为上表现为能够区分正确的和错误的动作。这时,教师应强调对动作细节的要求,纠正整套动作中不合理和不正确的环节,促进分化抑制的进一步发展。

(3)巩固。通过反复练习后,运动技能的定型趋于固定,大脑皮层运动区的兴奋与抑制在空间和时间上更加集中,动作更加协调和准确,于是进入了运动技能的巩固阶段。这时的教学要点是帮助学生提高动作质量,加强对动作结构的理论分析,并提高动作的优美性。

(4)自动化。在整套动作达到熟练程度时,可以在脱离意识的情况下自动地完成该项动作,即进入运动技能自动化阶段。但自动化不是完全脱离大脑的支配。自动化阶段运动消耗的神经能量较少。例如篮球运球技术达到自动化后,不必把很多精力用于对运球控制的注意,而把节省的精力用在战术配合上。在这一阶段,如果以前的不良动作习惯被保留下来,那必须付出较大的努力才能彻底纠正过来。

第三节　运动与内分泌调节

一、激素的概述

(一)内分泌腺与激素

"人或高等动物体内有些腺体或器官能分泌激素,不通过导管排出,而是由血液带到全身,调节机体的生长、发育和生理机能,这种分泌叫作内分泌。调节机体的各项生命活动,维持内环境理化性质的稳态,以保证机体对外界的适应,是内分泌系统的重要功能。"[①]

激素也称为荷尔蒙,希腊文原意为"奋起活动",激素对机体的代谢、生长、发育、繁殖等起重要的调节作用,是我们生命中的重要物质。激素是由内分泌腺或内分泌细胞分泌的高效生物活性物质,在体内作为信使传递信息,对机体生理过程起调节作用。分泌激素的腺体称为内分泌腺,它没有导管,其分泌物直接进入周围的血液或淋巴,从而运输到全身。人体主要的内分泌腺有肾上腺、胰腺、脑垂体、甲状腺等。

人们对于内分泌腺与激素的认识经历了相当长的时间。其中一个影响研究的因素是激素在血液中的量极少,却又发挥着巨大的作用和极大的影响,在科技不发达的过去进行定量研究是相当困难的,现代的先进仪器设备为其研究提供了极大方便,也大大推进了内分泌和激素的研究。激素在血液中含量极少,其作用具有一定的特异性,即一种激素只对一种或某些组织细胞的某些代谢过程起作用,也就是靶作用,受某一种激素作用的器官、组织或细胞便被称为该激素的靶器官、靶组织或靶细胞。

---

① 刘锡凯.内分泌调节中典型激素的作用概览与梳理[J].生物学教学,2021,46(03):75.

各种激素与神经系统一起调节人体的代谢和生理功能。正常情况下各种激素是保持平衡的,如果因某种原因使这种平衡打破了(某种激素过多或过少),就会造成内分泌失调,会引起相应的临床表现。

(二)激素的生理作用

虽然激素在血液中的含量甚微,却有非常重要的作用。激素的生理作用可以归纳为五个方面:① 直接或者间接影响(加速或者抑制)体内原有的代谢过程;② 促进细胞的分裂、分化与形态的发生及形成,影响机体各器官与组织的发育、生长、成熟以及衰老过程;③ 影响中枢神经系统和植物性神经系统的发育及其活动(包括学习、记忆和行为);④ 促进生殖器官和生殖细胞的发育和成熟,调节生理过程;⑤ 与神经系统密切配合,提高机体对内外环境条件变化的抵抗能力与适应能力,其中包括人体对高强度运动时生理功能变化的适应。

(三)激素的分类及作用原理

激素的种类繁多,来源也很复杂。按照其作用原理可以概括为两种:非类固醇激素(含氮类激素)和类固醇激素。

1.非类固醇激素

非类固醇激素(含氮类激素),包括肽类和蛋白质类,如下丘脑多肽、垂体激素、胰岛素和消化道激素等;胺类激素,如肾上腺素、去甲肾上腺素和甲状腺素等。

非类固醇激素作为"第一信使",通过在细胞内生成的环腺苷酸(cyclic adenosine monophosphate,cAMP)而对细胞内的生化过程发生作用。cAMP为激素作用的细胞内媒体,通常把激素作用的媒体叫"第二信使"。激素作为第一信使,随血液循环到达靶细胞,与靶细胞膜上的特异性受体结合,形成激素—受体复合物。在 Mg^{2+} 存在的条件下,激素—受体复合物激活腺苷酸环化酶,使 ATP 转化为 cAMP,激素携带的信息就被传递给 cAMP,cAMP 使无活性的蛋白激酶活化,激活磷酸化酶,使靶细胞固有的反应加速或减弱,如腺细胞的分泌、肌细胞的收缩与舒张、神经细胞出现电位变化、细胞膜通透性改变、细胞分裂与分化等。非类固醇激素的作用是通过第二信使实现的,因此这种作用原理又称为第二信使学说。

2.类固醇激素

类固醇激素是肾上腺皮质和性腺分泌的激素,如皮质醇、醛固酮和雄性激素等。此外,还有人将脂肪酸的衍生物前列腺素归为第三类激素。

固醇类激素的靶细胞膜上没有特异性受体。这类激素是脂溶性的,分子比较小,可以通过细胞膜而进入胞浆。这类激素随血液循环到达靶细胞后,穿过细胞膜进入细胞内部,在胞浆中激素与受体发生结合,形成激素—受体复合物。激素—受体复合物穿过核膜进入细胞核,激活特异的基因而形成信使核糖核酸,诱导某种新蛋白质的合成(如酶类、结构蛋白与调控蛋白质),实现激素的生理效应。类固醇激素的作用是通过影响基因而实现的,因此这种作用原理又称为基因调节学说。

(四)激素的作用与特点

1.激素作用的特异性

激素随着血液和淋巴在身体中循环,并不能作用于所有的组织、器官或者细胞,只是有选择性地对某一些器官、组织或细胞、某些代谢过程产生作用,发挥特定的生理效应,这称为激素作用的特异性。将能够与某种激素发生特异性反应的器官、组织或细胞分别称为该激素的靶器官、靶组织或靶细胞。

2.激素作用的高效性

激素在血液中的浓度极低,属于体内的微量物质,但却能发挥非常显著的放大效应,是一种高效能生物活性物质。如果分泌量超过正常水平,则会产生某种功能亢进;反之,则会引起某种功能不全或减退。

3.激素无始动作用

激素既不能像糖、脂肪、蛋白质那样提供代谢所需要的原料与能量,也不能发动一个新的生理过程,只是对原有的生理过程起加强或减弱的作用,有的激素甚至仅仅作为其他激素产生作用的必要条件。

4.激素间的相互作用

体内的激素在发挥作用时,往往是相互联系的。当几种激素在共同参与同一生理活动的时候,几种激素之间表现出协同作用或拮抗作用。例如生长素、胰高血糖素及肾上腺素都可以升高血糖,它们具有协同作用。有些激素不能够直接对某些器官、组织及细胞起作用,但是它的存在是另外一种激素发挥作用的前提,这些激素之间的作用称为允许作用。例如糖皮质激素对儿茶酚胺类激素有允许作用。

激素与神经的作用不同,神经的调节作用迅速而准确;激素的作用较为缓慢、广泛、持久。

二、人体主要内分泌腺及作用

(一)下丘脑、垂体

下丘脑和垂体在结构和功能上皆有密切联系。下丘脑能分泌多种神经激素,垂体是重要的内分泌腺,分为腺垂体和神经垂体。下丘脑与腺垂体无直接神经联系,但与神经垂体有直接神经联系。

1.腺垂体分泌的激素

(1)生长素。生长素对机体的生长发育和代谢起着重要作用。生长素可通过促进氨基酸进入细胞,加速 RNA、DNA 合成使蛋白质合成增加,分解减少。还可刺激胰岛素增加糖的利用,加速脂肪的分解代谢,使组织脂肪量减少。

人在幼年期若生长激素分泌过多,会使生长发育过度导致巨人症;若生长激素分泌过少,则会使身材矮小(智力正常),引起侏儒症。若成年人生长激素分泌过多,则长骨不再长长,但肢体末端和额面部的骨会增长,发生肢端肥大症,内脏如肝、肾也会增大。

(2)催乳素。催乳素能够促进妊娠阶段乳腺的发育,使乳腺开始并维持泌乳。

(3)促激素。促激素包括促甲状腺激素、促肾上腺皮质激素、促黑激素和促性腺激素。促性腺激素又分为卵泡刺激素和黄体生长素两种。它们分别促进相应的靶腺正常生长发育和分泌功能。

第一,促甲状腺激素:促进甲状腺增生和甲状腺激素的合成与分泌。

第二,促肾上腺皮质激素:促进肾上腺皮质增生和糖皮质激素的合成与分泌。

第三,促黑激素:促进黑细胞色素中酪氨酸酶的合成和激活,以促进酪氨酸转变为黑色素,使皮肤和毛发等的颜色变深。

第四,促性腺激素:包括促卵泡刺激素和黄体生成素,前者能够促进卵泡生长发育成熟并分泌大量雌激素。后者促进卵泡排卵、黄体生成和分泌。卵泡刺激素和黄体生成素两者协同作用,可使卵泡分泌雌激素。

2.神经垂体分泌的激素

神经垂体不含腺体细胞,不能合成激素。所谓的神经垂体激素是指在下丘脑视上核、室旁核产生而贮存于神经垂体的升压素(抗利尿激素)与催产素,在适宜的刺激作用下,这两种激素由神经垂体释放进入血液循环。

(1)升压素。升压素又名抗利尿激素。血浆中升压素浓度为 1.0～1.5 ng/L,它在血浆中的半衰期仅为 6～10 mim。升压素的生理浓度很低,几乎没有收缩血管而致血压升高的作用,对正常血压调节没有重要性,但在失血情况下由于升压素释放较多,对维持血压有一定的作用。但是,升压素的抗利尿作用却十分明显,因此又称为抗利尿激素。

(2)催产素。催产素具有促进乳汁排出—刺激子宫收缩的作用。排乳是一典型的神经内分泌反射。乳头含有丰富的感觉神经末梢,吸吮乳头的感觉信息经传入神经传至下丘脑,使分泌催产素的神经元发生兴奋,神经冲动经下丘脑—垂体束传送到神经垂体,使贮存的催产素释放入血,并作用于乳腺中的肌上皮细胞使之产生收缩,引起乳汁排出。催产素对非孕子宫的作用较弱,而对妊娠子宫的作用较强,雌激素能增加子宫对催产素的敏感性,而孕激素则相反。

(二)肾上腺分泌的激素

肾上腺是人体相当重要的内分泌器官,分肾上腺皮质和肾上腺髓质两部分,周围部分是皮质,内部是髓质。

1.肾上腺皮质

肾上腺皮质是与生命有关的内分泌腺。切除动物的肾上腺皮质,如不适当处理,1～2 周内即可死亡。如果切除肾上腺髓质,动物可以存活较长时间。肾上腺皮质可分泌与生命有关的两大类激素即糖皮质激素和盐皮质激素,为类固醇激素。肾上腺皮质激素可以促进醛固酮的分泌。肾上腺皮质还分泌少量性激素。盐皮质激素对人体起着保钠、保水和排钾的作用,在维持人体正常水盐代谢、体液容量和渗透平衡方面有重要作用。正常成人,肾上腺皮质还分泌少量性激素,但作用不明显。当肾上腺皮质某种细胞增生或形成肿瘤时,这些性激素(主要是雄性激素)分泌增加很多,男性患者会毛发丛生,女性患者则会表现出男性化现象。

(1)肾上腺糖皮质激素。肾上腺糖皮质激素主要是皮质醇。肾上腺糖皮质激素在调节三大营养物质的代谢方面以及参与人体应激和防御反应方面都具有重要作用。

肾上腺糖皮质激素对糖、蛋白质和脂肪代谢都有影响,主要作用是促进蛋白质分解和肝糖原异生。当食物中糖类供应不足(如饥饿)时,糖皮质激素分泌增加,将促进肌肉和结缔组织等组织蛋白质的分解,并抑制肌肉等对氨基酸的摄取和加强肝糖异生,还促进肝糖元分解为葡萄糖释放入血以增加血糖的来源,血糖水平得以保持,使脑和心脏组织活动所需的能源不致缺乏。可促进脂肪组织中脂肪的分解,还会使体内脂肪分布发生变化,四肢脂肪减少,面部和躯干脂肪增加,出现"向心性肥胖"。作为药物使用,大剂量的糖皮质激素有抗炎、抗过敏、抗毒素作用,有抗休克和抑制免疫反应等作用,故医学上应用广泛。

在应激中该类激素也发挥重要作用。如受到惊恐、剧烈运动、创伤、疼痛、饥饿等刺激时,血液中糖皮质激素大量分泌,从而抵御有害刺激,称为"应激反应"。

(2)肾上腺盐皮质激素。肾上腺盐皮质激素是由肾上腺皮质球状带细胞分泌的类固醇激素,它的主要生理作用是促进肾小管重吸收钠而保留水,并排泄钾(保钠排钾)。它与下丘脑分泌的抗利尿激素相互协调,共同维持体内水、电解质的平衡。盐皮质激素的保钠排钾作用也表现在唾液腺、汗腺及胃肠道。在天然皮质激素中,醛固酮是作用最强的一种盐皮质激素。其作用是等量糖皮质激素(皮质醇)的 500 倍。在正常生理状态下,由于糖皮质激素的分泌量很大,故在人体总的理盐效应中由糖皮质激素承担的约占45%,醛固酮也承担 45%,另一种盐皮质激素脱氧皮质酮承担 10%。平时每日醛固酮的分泌量很少,如因某种情况引起醛固酮分泌过多,其显著的钠水潴留及排钾效应则可引起低血钾、组织水肿、高血压。若盐皮质激素分泌水平过低会导致水钠流失和血压降低的症状。

2.肾上腺髓质

肾上腺髓质分泌两种激素:肾上腺素和去甲肾上腺素,两者的比例大约为 4:1,以肾上腺素为主,分子中都有儿茶酚基团,故都属于儿茶酚胺类。它们的生物学作用与交感神经系统紧密联系,作用很广泛。在机体遭遇紧急情况时,如恐惧、惊吓、焦虑、创伤或失血等情况,交感神经活动加强,髓质分泌激素急剧增加。使得心跳加快,心肌收缩力量增加,心输出量增加,血压升高,血流加快;内脏血管收缩,内脏器官血流量减少;肌肉血管舒张,肌肉血流量增加,为肌肉提供更多氧和营养物质;支气管舒张,以减少气体交换阻力,改善氧的供应;肝糖原分解,血糖升高,增加营养的供给。

应急反应所引起的上述机能改变,有助于机体与不利情况进行斗争而脱险。引起应急反应的各种刺激也是引起应激反应的刺激,在上述情况时,两个反应系统相辅相成,都发生反应,使机体的适应能力更为完善。

(三)甲状旁腺分泌的激素

甲状旁腺素(parathyroid hormone,PTH)是由甲状旁腺合成的八十四肽,是调节骨中矿物质平衡的关键性激素。正常人血浆中 PTH 的浓度约为 1 mg/ml。PTH 在循环血液中的半衰期约为 20 min,主要在肾脏内灭活。

PTH 动员骨钙入血,使血钙浓度升高。钙离子对维持神经和肌肉组织正常兴奋性起重要作用,血钙浓度降低时,神经和肌肉的兴奋性异常增高,可发生低血钙性手足搐搦,严重时可引起呼吸肌痉挛而造成窒息。若甲状旁腺功能亢进时,则引起骨质过度吸收,容易发生骨折。PTH 促进远球小管对钙的重吸收,使尿钙减少,血钙升高,同时还抑制近球小管对磷的重吸收,增加尿磷酸盐的排出,使血磷降低。此外,PTH 对肾的另一重要作用是激活 α 肾羟化酶,使 25-羟维生素 D3(25-OH-D3)转变为有活性的 1,25-二羟维生素 D3($1,25\text{-}(OH)_2\text{-}D3$)。

体内的 VD3(维生素 D3)主要由皮肤中 7-脱氢胆固醇经日光中紫外线照射转化而来,也可由动物性食物中获取。VD3 无生物活性,它首先需在肝羟化成 25-OH-D3,然后在肾又进一步转化成 $1,25\text{-}(OH)_2\text{-}D3$,其作用为促进小肠黏膜上皮细胞对钙的吸收,促进钙、磷的吸收,增加血钙、血磷含量,刺激成骨细胞的活动,从而促进骨盐沉积和骨的形成。当血钙浓度降低时,又能提高破骨细胞的活性,动员骨钙入血,使血钙浓度升高。另外,$1,25\text{-}(OH)_2\text{-}D3$ 能增强 PTH 对骨的作用,在缺乏 $1,25\text{-}(OH)_2\text{-}D3$ 时,PTH 的作用明显减弱。

甲状旁腺素的分泌受血钙浓度调节,血钙浓度降低,其分泌增加,反之则减少。

三、激素分泌的调控

激素具有高效能的生物放大作用,其分泌水平的较小变化就可能导致生理功能的巨大变化,甚至引起功能亢进或者低下。因此,激素分泌水平调节在相对稳定状态对机体内环境和生理稳态起着非常重要的作用。激素分泌水平的调节有以下三种途径。

（一）下丘脑-腺垂体-靶腺轴的调节

人体的内分泌腺在功能上并不是处于同一个层次上，可分为三个层次。下丘脑属于上位内分泌腺，它受大脑皮质控制，主要分泌各种释放激素或释放抑制激素；腺垂体属于中位内分泌腺，它分泌各种促激素，调控下位靶腺。各个腺体属于下位内分泌腺，它分泌各种促激素，调控下位靶腺，各个腺体属于下位内分泌腺，它们分泌的激素进入血液作用于相应的靶器官、靶组织或靶细胞。

下丘脑-腺垂体-靶腺轴由下丘脑-腺垂体-肾上腺轴、下丘脑-腺垂体-甲状腺轴和下丘脑-腺垂体-性腺轴三大内分泌功能轴组成。

1. 下丘脑-腺垂体-肾上腺轴

下丘脑-腺垂体-肾上腺轴与机体抵抗内外刺激的应答反应有关，又称为应激轴。运动会刺激大脑皮质，使其发出指令，作用于下丘脑刺激促肾上腺素释放激素分泌，并作用于腺垂体使其释放促肾上腺皮质激素，促肾上腺皮质激素再作用于肾上腺皮质，促使肾上腺皮质激素释放，最后肾上腺皮质激素作用于靶组织，通过增强能量代谢等反应，对运动产生应激。

2. 下丘脑-腺垂体-甲状腺轴

下丘脑-腺垂体-甲状腺轴的调节过程是：在大脑皮质作用下，下丘脑分泌促甲状腺素释放激素作用于腺垂体，使腺垂体释放促甲状腺素并作用于甲状腺；加强甲状腺释放甲状腺素，甲状腺素作用于靶器官、靶组织或靶细胞，增强其代谢活动等。

3. 下丘脑-腺垂体-性腺轴

下丘脑-腺垂体-性腺轴的调节过程是：在大脑皮质作用下，下丘脑分泌粗性腺激素释放激素作用于腺垂体，使腺垂体所释放的促性腺激素作用于性腺；加强了性激素的分泌活动，性激素作用于靶器官、靶组织或靶细胞引起生理效应。

（二）反馈调节

反馈调节时机体的一种自我调控过程。对激素而言，它是指激素的分泌活动根据激素在血液中的浓度变化来进行调节。血液中的激素浓度增加到一定水平，会反过来抑制这一激素的分泌；反之，该激素在血液中的浓度下降到一定水平时，又会导致该激素分泌的增加。例如：血糖浓度对胰岛素和胰高血糖素分泌的调节,就是一个典型的反馈调节过程。胰岛 A 细胞分泌的胰高血糖素使血糖浓度升高,当血糖浓度升高到一定水平时,又反馈作用于 A 细胞,抑制 A 细胞活动。胰岛 B 细胞活动被抑制。这种调节过程很像一个闭合环路,从控制论的角度可称之为反馈调节。在人体中的反馈调节中绝大多数是负反馈调节。

(三)神经调节

机体的各组织、器官和系统都接受中枢神经系统的调节。因此,内分泌系统的各个内分泌细胞也都直接或间接地受中枢神经系统活动的调节。例如:肾上腺髓质和胰岛组织受自主性神经的直接支配,而绝大多数的激素分泌是由下丘脑内分泌细胞分泌释放激素,再通过腺垂体分泌促激素来调节激素的分泌。下丘脑的神经内分泌细胞在中枢神经系统与内分泌系统功能活动的调节中起着很重要的桥梁作用。

四、运动与激素

体育锻炼与运动训练能够对机体的形态结构及功能产生深刻的影响,在此过程中激素都参与其中。体育运动作为应激源能够引起绝大多数激素发生程度不等的变化。这些变化表现在激素的分泌有反应过程和适应过程两个方面。运动对激素的影响是非常复杂的,与运动项目、持续时间、运动强度及运动者自身的状况有十分密切的关系。下面介绍激素对运动的反应及适应。

(一)运动与肾上腺髓质激素

肾上腺髓质释放的激素有肾上腺素和去甲肾上腺素(儿茶酚胺类激素),属于应激激素,由肾上腺髓质分泌,在对机体内外环境变化发生的应答性反应中起着非常重要的作用。

1. 在应激反应中的作用

机体在紧急情况下,特别是情绪激烈变化时、遭遇到强烈的生理和病理刺激时(如出血性低血压、低血糖、疼痛、缺氧等情况下),大量的儿茶酚胺会释放入血液。其分泌量可增至平时的 100 倍以上,其作用是紧急动员各器官系统产生一系列生理反应,如提高中枢神经系统的兴奋性,增强呼吸循环功能,促进分解代谢,改善心肌和骨骼肌的血液供应,有利于对付机体的危急状态。这种生理过程称为应急反应。

2.儿茶酚胺对运动的反应和适应

(1)儿茶酚胺对运动的反应。肾上腺髓质受交感神经支配,所以肾上腺髓质激素的分泌与交感神经系统的功能密切相关。运动时,交感神经兴奋,所以儿茶酚胺的水平也升高。儿茶酚胺的释放与运动强度及运动的持续时间有关系,即运动强度越大,儿茶酚胺升高的幅度也相应越大。中等运动强度时(伴有情绪变化的运动除外),血浆中儿茶酚胺浓度无明显变化。但当运动强度上升到 $50\% \sim 60\%$ 最大摄氧量时,血浆中儿茶酚胺浓度随着运动强度的增大和运动持续时间的延长而明显增加。

(2)儿茶酚胺对耐力运动训练的适应。运动训练可使血浆儿茶酚胺反应减弱,未经运动训练者,在较低负荷水平进行运动时即出现浓度增加,而训练有素者进行力竭性运动时,浓度升高的最大值比未经训练者大,尤其是最大摄氧量和最大工作效率很高的人,血浆儿茶酚胺浓度可以上升到最大值。经过训练后,儿茶酚胺反应的减弱,可能有利于节省肌糖原,推迟肌肉疲劳的出现。

机体相对于同一负荷,随着耐力运动训练水平的提高,儿茶酚胺分泌的增高幅度越来越小。这表明耐力训练可使运动时儿茶酚胺的释放量减少,机体的应急适应能力增强。

(二)运动与肾上腺皮质激素

1.糖皮质激素在应激反应中的作用

机体在遇到感染、中毒、缺氧、高温、冷冻及剧烈运动等刺激时,会产生一系列非特异性的全身性反应,以增强机体对这些不利因素的耐受能力,对抗和减弱其损害。这种综合性反应时在肾上腺皮质激素和肾上腺髓质激素等多种激素参与下,并且通过交感—肾上腺髓质系统作用而发生的,这种反应称为应急反应;通过下丘脑-垂体-肾上腺皮质系统起作用而发生的反应则称为应激反应。实际上,机体在受到刺激时,同时发生应急反应和应激反应,两者相辅相成,共同维持机体的适应能力。

2.肾上腺皮质激素对运动的反应

人在剧烈运动时,糖皮质激素分泌水平升高,与腺垂体的促肾上腺皮质激素分泌增强有关。让受试者以 80% 最大摄氧量的强度跑步 20 min 后,静脉血浆中促肾上腺皮质激素水平分别超出安静水平的 $2 \sim 5$ 倍。糖皮质激素的分泌增多是机体对运动刺激发生应答性变化的反应,它的分泌活动与运动刺激的强度呈正相关。糖皮质激素升高有助于促进肝脏的糖异生活动的增强,即促进体内的非糖物质(蛋白质)加速生成葡萄糖,使得运动时机体可利用的氧化供能底物增多。

(三)运动与生长激素

生长激素由垂体分泌,其分泌与运动强度有关。中等强度运动时,生长激素分泌升高。运动员在运动时,生长激素的分泌与运动员训练水平有关。在进行相同强度负荷的运动时,训练水平较低者血液中生长激素水平高于训练水平高者。在进行大强度运动后,训练水平较高者血液中生长激素的下降速度快于训练水平较低者。

(四)运动与胰岛素、胰高血糖素

一般而言,在运动中血浆胰岛素水平下降,可以使不活动的组织对血糖的摄取尽可能减少,节省血糖以供剧烈活动的肌肉和脑组织使用。胰岛素分泌对运动的适应表现为在等量运动负荷下,有训练者的血浆胰岛素反应幅度较小,以利增加脂肪的利用和糖异生,从而更好地控制血糖浓度。经常运动训练者,在停止运动后再运动,即可马上恢复停止运动前的胰岛素活性。长期运动训练会提高胰岛素的活性,使得运动训练后,血浆胰岛素浓度降低、胰岛素的分泌速率增加、胰岛素的排除速率增加、胰岛素的阻力减少。停止训练会使胰岛素的活性很快的降低。因为运动时糖和脂肪均需要作为底物供能,所以胰岛素水平降低。

运动时胰高血糖素分泌量增加,有利于维持血糖水平,保证中枢神经系统的营养和能量供应,增大心肌收缩力和心输出量。在经过几周的耐力训练以后,运动时的胰高血糖素反应明显降低,这反映了胰高血糖素分泌对运动的适应。胰高血糖素可加速肝脏糖异生过程中的脂肪动员,以及促进脂肪组织释放脂肪酸。其作用正好有利于运动时继续代谢燃料——葡萄糖和脂肪酸的供应。

第二章　运动机能与物质能量代谢

第一节　运动与呼吸

生命的基本特征之一是新陈代谢,吸入氧(O_2)、呼出二氧化碳(CO_2)是对人类代谢最简单、最本质的反映和诠释。O_2和CO_2的交换情况反映了机体物质和能量代谢的情况。人体与外界环境之间进行的气体交换称为呼吸。

呼吸包括外呼吸、气体运输和内呼吸三个环节。

外呼吸,是指在肺部实现的外界环境与血液间的气体交换,包括肺通气(外界环境与肺之间的气体交换过程)和肺换气(肺与肺毛细血管中血液之间的气体交换过程)。

气体运输,是指通过血液循环,把在肺泡摄取的氧气运送到组织,同时把组织细胞产生的CO_2运送到肺。

内呼吸,是指组织毛细血管中血液通过组织液与组织细胞之间实现的气体交换,又叫组织换气。

可见,呼吸过程是通过肺、血液循环和组织细胞的协同作用完成的过程,以实现人体摄取O_2和排出CO_2的。

一、外呼吸环节

(一)肺通气

肺通气,通常称为呼吸(外呼吸),它是气体进、出肺的过程。气体通常经过鼻进入肺,当气体的需要量超过鼻的气流量时口也参与呼吸。用鼻呼吸比用口呼吸有利。气体流经鼻腔时,气体被加温、湿润和除尘。气体从鼻和口通过咽、喉、气管、支气管,最后达到最小的呼吸单位——肺泡。肺泡是气体在肺内进行气体交换的场所。

1.吸气与呼气

(1)吸气。吸气是膈肌和肋间外肌的主动收缩过程。肋间外肌收缩,肋骨向上、向外移动,胸骨向上、向前移动。同时,膈肌收缩,膈向下朝腹腔方向运动而变平。这些活动使胸腔的三个维度都增大,肺随之扩张而使肺内的压力下降,并达到低于大气压,空气进入肺内。

用力吸气,如激烈运动时,在其他肌肉(如颈部的斜方肌和胸锁乳突肌,以及胸肌)的帮助下,肋骨的上提比正常呼吸时大得多。

(2)呼气。安静时呼气通常是吸气肌与肺组织的弹性回缩的被动过程。膈肌放松时,回到它正常的向上凸起的位置。肋间外肌放松时,肋骨和胸骨向下回到它安静时的位置。呼气时,肺组织的弹性特征使它回缩到安静时的大小。在这过程中胸内的压力增大,迫使气体移出肺,如此呼气完成。

用力呼气时,呼气成为主动的过程。肋间内肌主动地向下拉肋骨。背阔肌和腰方肌可帮助这种作用。腹肌收缩提高腹内的压力,迫使腹腔内脏上移,从而加速膈回到安静的位置。这些肌肉也牵拉肋骨向下、向内。

2.呼吸的类型

按呼吸运动的主要肌群的不同,可将呼吸分为胸式呼吸和腹式呼吸。以膈肌舒缩为主引起的呼吸运动,腹壁起伏明显,称为腹式呼吸;以肋间外肌舒缩引起胸骨和肋骨运动为主的呼吸运动,称为胸式呼吸。

正常人呼吸大多是胸式呼吸和腹式呼吸的混合式。

3.肺通气量

肺通气量,是指单位时间(1 min)内进出肺的气体总量。

(1)每分通气量。每分通气量(VE)是指每分钟进或出肺的气体量,其值为潮气量与呼吸频率的乘积。正常成人平静呼吸时,呼吸频率为12~18次/min,潮气量为0.5 L,每分通气量约为6~8 L,运动时每分通气量增大。最大限度地做深而快的呼吸,每分吸入或呼出的气量,称为最大通气量(VE_{max})。

最大通气量与每分平静通气量之差值占最大随意通气量的百分比称为通气贮量百分比,即:

$$通气贮备百分比 = \frac{最大通气量 - 每分平静通气量}{最大通气量} \times 100\% \qquad (2\text{-}1)$$

它反映通气功能的贮备能力。正常人在93%以上,若小于70%,表明通气功能不良。

(2)无效腔与肺泡通气量。无效腔指没有进行气体交换功能的管腔。从鼻到终末细支气管是气体进出的通道,无气体交换的功能,故称为解剖无效腔或死腔。正常成人(70 kg)的无效腔容积约 0.15 L。

无效腔的存在使每次吸入的新鲜空气有一部分不能达到肺泡。因此,真正对气体交换起作用的每分钟进入肺泡的新鲜空气量,称为肺泡通气量,又称有效通气量。肺泡通气量＝(潮气量－无效腔)×呼吸频率。潮气量和呼吸频率变动时,即使无效腔不变,每分通气量相等,肺泡通气量却有较大的差别。浅而快呼吸的气体交换效率,比深而慢呼吸低得多。

(二)肺换气

肺换气,是指肺泡气与血液之间的气体交换过程。肺换气有两个主要的功能:① 给血液充氧,运送到组织供氧化产能;② 移除回流静脉血中的二氧化碳。

经肺换气后,使全身的静脉血动脉化。肺换气要的条件包括:富含 O_2 的气体进入肺和接受氧的血液放出 CO_2。机体的大多血液经过腔静脉回到右心。这些血液从右心室经肺动脉被泵入肺,最终进入肺毛细血管。

1.肺泡中的气体交换

肺泡气与血液气体分压差造成了跨呼吸膜的压力梯度。这就形成了肺扩散时气体交换的基础。O_2 和 CO_2 都是脂溶气体,而呼吸膜和毛细血管内皮细胞都是脂质双层,故 O_2 和 CO_2 可顺压力梯度而进行简单扩散。假如膜两侧的压力相等,气体将处于动态平衡状态,不发生净移动。

(1)氧(O_2)交换。标准大气压状态下,空气的 P_{O_2} 是 159 mmHg。肺泡气含有大量的水蒸气和 CO_2,当新鲜空气吸入肺时,与肺泡气混合而下降到 100~105 mmHg。在一些肺泡气被呼出到环境的同时,供肺通气的新鲜空气与肺泡气混合,使肺泡气的浓度保持相对稳定。

组织气体交换后的血液通过体循环的静脉,进入右心房和右心室,继而通过肺循环的毛细血管。肺毛细血管的 P_{O_2} 为 40~45 mmHg,较肺泡内 P_{O_2} 低 55~65 mmHg。换言之,跨呼吸膜的氧压力梯度在 55~65 mmHg 之间。依靠这种压力梯度促使氧从肺泡进入血液,直到膜两侧氧压力平衡。

O_2 在 0.133 kPa(1 mmHg)分压的作用下,每分钟通过呼吸膜毫升数称为氧扩散容量,它是测定 O_2 通过呼吸膜能力的一种指标。

安静时,从肺泡扩散到肺毛细血管血液的氧约 23 $ml \cdot min^{-1} \cdot mmHg^{-1}$。

最大用力时,未受过训练的人可提高到 $45\ ml \cdot min^{-1} \cdot mmHg^{-1}$,优秀的耐力运动员可高达 $80\ ml \cdot min^{-1} \cdot mmHg^{-1}$。

安静时由于重力作用使肺上部区域的灌流受限,肺循环效率相对低下;运动时由于血压升高,通过肺的血流量较大,肺的灌流增加,氧扩散容量提高。有氧能力水平高的运动员往往氧扩散容量也较大。这可能是心输出量增大、肺泡表面积增大和跨呼吸膜扩散的阻力减小共同作用的结果。

(2)二氧化碳(CO_2)的交换。CO_2 的交换同 O_2 交换一样,是顺压力梯度而移动的。通过肺泡毛细血管血液的 P_{CO_2} 约为 $45\ mmHg$,P_{O_2} 约为 $40\ mmHg$。它们的压力梯度相当小,仅 $5\ mmHg$。但 CO_2 的膜溶解度比 O_2 大 20 倍,因此 CO_2 跨呼吸膜的扩散容量大。

2.肺换气的影响因素

(1)呼吸膜。肺泡气与肺毛细血管之间的气体交换要越过呼吸膜(也称肺泡-毛细血管膜)。该膜由三部分组成:① 肺泡壁;② 毛细血管壁;③ 基膜。呼吸膜的厚度、面积及通透性都会影响肺换气的效率。

呼吸膜非常薄,仅 $0.4 \sim 0.5\ \mu m$,通透性很大。正常成人肺的扩散面积也很大,有近 3×10^9 个肺泡。平静呼吸时,可供气体交换的面积约 $40\ m^2$,用力呼吸时肺毛细血管开放增多,呼吸膜面积可增大到约 $70\ m^2$。呼吸膜面积扩大和良好的通透性,保证了肺泡与血液之间能迅速进行气体交换。

(2)通气/血流比值。通气/血流比值(VA/Q),是指每分钟肺泡通气量与肺血流量之间的比值。正常人安静时,肺泡通气量为 $4.2\ L \cdot min^{-1}$。肺血流量,即心输出量为 $5\ L \cdot min^{-1}$,VA/Q 约为 0.84。在这种情况下,气体交换的效率最高,静脉血流经肺毛细血管时,将全部变为动脉血。如果 VA/Q 比值增大,意味着肺泡血流量减少,肺泡无效腔增大;反之,VA/Q 比值减小,意味着肺泡通气不足,此时尽管肺血流量正常,但实际进行气体交换的血流量减少,换气效率也降低。

(3)气体分压。通常所呼吸的空气是混合气体,每种气体在混合气中各自的压力称为分压。每一气体的分压与其所在混合气体中的浓度成比例。根据道尔顿定律①,混合气的总压力等于混合气中各种气体分压的和。呼

---

① 道尔顿分压定律(也称道尔顿定律)描述的是理想气体的特性。这一经验定律是在 1801 年由约翰·道尔顿所观察得到的。在任何容器内的气体混合物中,如果各组分之间不发生化学反应,则每一种气体都均匀地分布在整个容器内,它所产生的压强和它单独占有整个容器时所产生的压强相同。

吸的混合气的组成为：氮（N_2）79.04％、氧（O_2）20.93％，二氧化碳（CO_2）0.03％。

在海平面，大气压约为 760 mmHg，也称为标准大气压。因此，氮的分压（P_{N_2}）是 600.7 mmHg，氧分压（P_{O_2}）是 159.0 mmHg，二氧化碳分压（P_{CO_2}）是 0.3 mmHg。

人体内的气体溶解于液体（如血浆）中。根据亨利定律[①]，溶解于液体的气体与它们的分压成比例，这也取决于它们在特定液体中的溶解度和温度。气体在血液中的溶解度是稳定不变的，血液的温度也相对不变。因此，肺泡与血液之间气体交换的最关键的因素，是肺泡气与血液之间的气体压力梯度。

二、气体运输环节

通过肺换气和组织换气后进入血液的 O_2 和 CO_2 通过血液来进行运输。气体在血液中的存在形式有两种：物理溶解和化学结合。虽然血液中通过物理溶解的 O_2 和 CO_2 的量很少，但很重要。这是因为在肺换气和组织换气时，进入血液的气体都是先溶解，提高分压，再发生化学结合，气体从血液中释放时，也是溶解的先逸出，分压下降，结合的再分离出来补充所失去的溶解的气体。因此，必须有先有物理溶解才有化学结合，两者处于动态平衡之中。

（一）氧气的运输

O_2 通过溶解于血浆中（约占血液总 O_2 含量的 1.5％）或与红细胞内的血红蛋白（Hb）结合（占 98.5％）进行运输。血浆中溶解的 O_2 约 3 ml/L，血浆总量为 3～5 L，溶解状态运输的仅 9～15 ml。这有限的氧量远不能满足安静机体组织的需要。人体安静时的需氧量大于 250 ml·min^{-1}。人体 40 亿～60 亿个红细胞所含的 Hb 运输的 O_2 量约为血浆运输量的 70 倍。

1.血红蛋白氧饱和度

每分子 Hb 可结合 4 分子 O_2。Hb 分子量是 64 000～67 000 道尔顿

---

① 亨利定律 Henry's law，物理化学的基本定律之一，是英国的 Henry（亨利）在 1803 年研究气体在液体中的溶解度规律时发现的，可表述为：在等温等压下，某种挥发性溶质（一般为气体）在溶液中的溶解度与液面上该溶质的平衡压力成正比。

（D），1 gHb 可以结合 1.34～1.36 ml O_2，视 Hb 的纯度而异。当 O_2 与 Hb 结合时生成氧合血红蛋白（Hb-O_2）；未结合 O_2 的 Hb 称去氧血红蛋白。O_2 与 Hb 的结合取决于血中的 P_{O_2} 及 Hb 与的亲和力。每升血液所能结合的最大 O_2 量称为氧容量，在足够 P_{O_2} 下，如按正常成人 Hb 浓度为 15 $g \cdot dl^{-1}$ 计算，Hb 可结合 O_2 的最大量为 20 $ml \cdot dl^{-1}$。此值受 Hb 浓度的影响。但实际上血液的含氧量并非都达到最大值。每升血液实际结合的 O_2 量称为氧含量，其值可受 P_{O_2} 的影响。氧含量占氧容量的百分比为 Hb 氧饱和度。

2. 氧离曲线

氧离曲线或 Hb-O_2 解离曲线，如图 2-1 所示[1]，表示不同氧分压值的 Hb 氧饱和度。氧离曲线呈 S 形，是 Hb 构型效应所致。

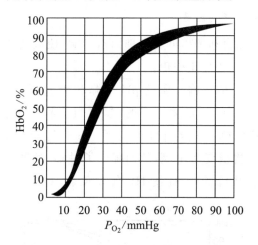

图 2-1 正常人血红蛋白的氧离曲线（曲线厚度表示个体差异）

（1）氧离曲线的上段。相当于 P_{O_2} 7.98～13.3 kPa（60～100 mmHg），即 P_{O_2} 较高的水平，可以认为是 Hb 与 O_2 结合的部分。这段曲线较平坦，表明 P_{O_2} 的变化对 Hb 饱和度影响不大。因此，即使吸入气或肺泡气 P_{O_2} 有所下降，如在高原、高空或某些呼吸系统疾病时，但只要 P_{O_2} 不低 7.98 kPa（60 mmHg），Hb 氧饱和度仍能保持在 90% 以上，血液仍可携带足够的 O_2，不致发生明显的低血氧症。

（2）氧离曲线的中段。该段曲线较陡，相当于 P_{O_2} 5.32～7.98 kPa

---

① 本节图表均引自赖爱萍. 运动生理学基础［M］. 杭州：浙江大学出版社，2012：66 —87.

（40～60 mmHg），是 HbO_2 释放 O_2 的部分。5.32 kPa(40 mmHg)相当于混合静脉血的 P_{O_2}，此时 Hb 氧饱和度约 75%，血 O_2 含量约 14.4 ml·dl^{-1}，也即是每 100 ml 血液流过组织时释放了 5 ml O_2。血液流经组织时释放出的容量所占动脉血含量的百分数称为利用系数，安静时为 25% 左右。以心输出量 5 L 计算，安静状态下人体每分耗 O_2 量约为 250 ml。

（3）氧离曲线的下段。相当于 P_{O_2} 为 2～5.32 kPa(15～40 mmHg)，也是 HbO_2 与 O_2 解离的部分，是曲线坡度最陡的一段，意即 P_{O_2} 稍降，HbO_2 就可大大下降。在组织活动加强时，可降至 2 kPa(15 mmHg)，HbO_2 进一步解离，Hb 氧饱和度降至更低的水平，血氧含量仅约 4.4 ml·dl^{-1}，这样每 100 ml 血液能供给组织 15 ml O_2，O_2 的利用系数提高到 75%，是安静时的 3 倍。可见该段曲线代表 O_2 储备。

3.氧离曲线的影响因素

Hb 与 O_2 的结合和解离可受多种因素影响，使氧离曲线的位置偏移，亦即使 Hb 对的亲和力发生变化。

（1）pH 和 P_{CO_2} 的影响。血液 pH 下降和 P_{CO_2} 升高，均使氧解离曲线右移，如图 2-2 所示，可解离更多的 O_2 供组织利用。这表明，Hb 在组织水平释放更多的 O_2。这与 pH 改变时 Hb 构型变化有关。酸度增加时，促使 Hb 分子构型变为 T 型，从而降低了对 O_2 的亲和力，更易释放赋解离曲线右移；酸度降低时，促使 Hb 变为 R 型，对 O_2 的亲和力增加，曲线左移。

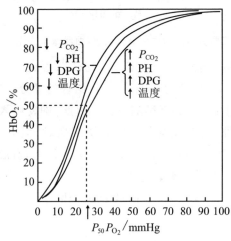

图 2-2　影响氧离曲线的主要因素

酸度对 Hb 氧亲和力的这种影响,称为波尔效应。酸和 CO_2 的影响效应有重要的生理意义,它有利于活动组织(酸性代谢产物和 CO_2 增多)从血液中获得更多的也有利于肺泡毛细血管中的 Hb(排出 CO_2 后)与 O_2 的结合。

(2)温度的影响。温度升高(如在运动中的肌肉)曲线右移,可释放更多的 O_2 供组织利用。温度的影响可能与 H^+ 的活动度有关,即当温度升高时,H^+ 的活动度增加,对 Fe^{2+} 和 O_2 结合的珠蛋白肽链分子构型变化的阻碍作用加强,使 HbO_2 趋于解离。

(3)2,3-二磷酸甘油酸(2,3-DPG)。红细胞中含有多种有机磷化物,特别是 2,3-DPG 在调节 Hb 对 O_2 的亲和力起重要作用。2,3-DPG 浓度升高,Hb 对 O_2 的亲和力降低;2,3-DPG 浓度降低,Hb 对 O_2 的亲和力增加。机制可能是 2,3-DPG 与 Hb 的 β 链形成盐键,促使 Hb 变成 T 型的缘故。此外,2,3-DPG 可能提高 H^+ 浓度,进而也影响 Hb 对 O_2 的亲和力。

(4)Hb 的氧缓冲能力。Hb 不仅有运输 O_2 的功能,还可缓冲组织氧分压,使不致因组织代谢水平的高低或环境 P_{O_2} 的变动而发生很大的波动。

正常人在安静状态,组织平均需氧量的 $50~ml \cdot L^{-1}$,从氧解离曲线可以看出,血液流经组织时,P_{O_2} 只需下降到 5.3 kPa(40 mmHg)就可满足这一需氧量。所以组织正常 P_{O_2} 的上限应是 5.3 kPa(40 mmHg),剧烈运动时,耗量增加,组织 P_{O_2} 只需稍下降,HbO_2 释放的 O_2 量就可增加很多,因为这时是在氧离曲线很陡的下段。因此,组织 P_{O_2} 很少下降至 2.67 kPa(20 mmHg)以下。

可见,虽然机体因活动强度的不同,需 O_2 量随时有较大的变动,但由于氧解离曲线的特性,保证组织内 P_{O_2} 变动较小,仅 P_{O_2} 在 2.67~5.3 kPa(20~40 mmHg)范围内变动即可。

4. 血液携氧能力与作用

血液携氧能力是血液能够运输氧的最大量。它主要取决于红细胞中的 Hb 的含量。成年男子血液中 Hb 的含量为 $14{\sim}18~g \cdot dl^{-1}$;女子为 $12{\sim}16~g \cdot dl^{-1}$。每克 Hb 能结合约 1.34 ml 的 O_2。因此,血液完全氧饱和时,血液携氧能力约 $16{\sim}24~ml \cdot dl^{-1}$。血液流经肺时,它与肺泡气接触的时间约 0.75s,足以保证 Hb 与 O_2 充分结合,从而使 Hb 的 O_2 饱和度达98%。Hb 含量低的人(如贫血)携氧能力下降。

(1)氧储备。正常情况下除了维持体内的代谢消耗外,还有一小部分储存备用。储存在血液和肺中的氧约有 $1300 \sim 2300$ ml,储存在肌红蛋白中的氧约有 $240 \sim 500$ ml。肌红蛋白存在于骨骼肌、心肌和肝脏中,其化学结构和血红蛋白相似。肌红蛋白与 O_2 的亲和力比 Hb 强,在无氧代谢中肌细胞 P_{O_2} 极度下降时,氧合肌红蛋白才发挥作用,它能释出结合的 O_2 的 90% 供肌肉利用。红肌纤维的肌红蛋白含量高于白肌纤维。

(2)氧利用率。每 100 ml 动脉血流经组织时所释放的 O_2 占动脉血氧含量的百分数,称为氧利用率。计算方法如下:

$$氧利用率 = \frac{动脉血氧含量 - 静脉血氧含量}{动脉血氧含量} \times 100\% \tag{2-2}$$

安静时,动脉血 P_{O_2} 为 100 mmHg 时的血氧饱和度约为 98%。正常人每 100 ml 血液的氧含量较恒定(约 20 ml)。静脉血 P_{O_2} 为 400 mmHg 时的血氧饱和度约为 75%,则每 100 ml 静脉血的氧含量应为 15 ml。因此,氧利用率为 $[(20-15) \div 20] \times 100\% = 25\%$。

剧烈运动时血液 P_{O_2} 可降到很低水平,甚至到 0,若以 P_{O_2} 为 20 mmHg 为例,氧饱和度为 35%,而静脉血的氧含量应为 7 ml,释放出 13 ml 氧。这时氧利用率则为 65%,比安静时高 2.6 倍。剧烈运动中,局部血流量增加 3 倍以上,氧利用率也提高 3 倍以上。

因此,毛细血管血液与细胞之间的 P_{O_2} 差增加,使氧的供应比安静时高出 9 倍身甚至更多,氧利用率接近 100%。氧利用率可作为评定训练水平的指标被应用。

(3)氧通气当量。氧通气当量是指每分肺通气量和每分摄氧量的比值(VE/V_{O_2})。氧通气当量小,说明氧的摄取率高,它是用来评价呼吸效率的一项重要指标。

人体在安静时每分钟肺通气量为 6 L,每分摄氧量为 0.25 L,这时氧通气当量为 24。换言之,机体必须从 24 L 的通气量中才能获得 1 L 的氧。在最大强度运动中,最大肺通气量可达 190 L/min,最大摄氧量达 5 L/min,氧通气当量可达 35,这说明在运动时肺通气能力的增加相对于高于摄氧量的增加。而在相同强度运动时,优秀耐力运动员的 VE/V_{O_2} 较一般人低,提示在相同摄氧量情况下,运动员的肺通气量比无训练者为少;在相同肺通气量时,运动员的摄氧量较无训练者大。表明运动员的呼吸效率高,故能完成的运动强度也大。

(二)二氧化碳的运输

CO_2 的运输也有赖于血液。CO_2 一旦从细胞释放,它主要以三种形式被携带：① 溶于血浆；② 碳酸氢盐离子(碳酸分解而来)；③ 与 Hb 结合。

1. 物理形式运输

组织释放的 CO_2 部分溶解于血浆。但这种形式运输的量很少，仅 $7\%\sim10\%$。溶解的 CO_2 来到 P_{CO_2} 低的肺部，从毛细血管扩散进入肺泡，呼出体外。

2. 化学形式运输

(1)碳酸氢盐离子。以碳酸氢盐的形式携带的 CO_2 要比溶解的多得多。这种形式运输的 CO_2 约占血液运输总量的 $60\%\sim70\%$。CO_2 和出 H_2O 分子结合生成碳酸(H_2CO_3)，碳酸酐酶(CA)催化此反应。这种酸不稳定，很快解离，生成游离氢离子(H^+)和碳酸氢盐离子(HCO^{3-})。

随后，H^+ 与 Hb 结合，这种结合激发波尔效应，氧-血红蛋白解离曲线右移。碳酸氢盐离子的生成促进 O_2 的释放。通过这种机制，Hb 充当了缓冲剂，它结合和中和 H^+，从而缓冲血液酸化。血液进入肺时，H^+ 和 HCO_3^- 再结合，生成 H_2CO_3，后者又分解为 CO_2 和 H_2O；肺泡中的 P_{CO_2} 较低，生成的 CO_2 进入肺泡并被呼出。

(2)氨基甲酸血红蛋白。CO_2 也可与 Hb 结合，形成氨基甲酸血红蛋白(HbHNCOOH)的复合物运输。这一反应迅速、可逆、不需要酶的催化。CO_2 与 Hb 分子的球蛋白部分结合，而不是像 O_2 那样与血红素基团结合。由于 CO_2 与 Hb 结合的部位与 O_2 不同，因此两个过程没有竞争性。

CO_2 的结合取决于：① Hb 的氧合作用(去氧血红蛋白与 CO_2 结合比氧合血红蛋白更容易)；② P_{CO_2} 低时，Hb 释放 CO_2。因此，肺泡气中 P_{CO_2} 低，CO_2 很容易从 Hb 中释放出来，由肺泡呼出。

(三)呼吸与酸碱平衡

呼吸对血液酸碱平衡的调节体现在对血液中重要的缓冲对 H_2CO_3 和 $NaHCO_3$ 正常比例(1∶20)的维持中。CO_2 在运输过程中形成了 H_2CO_3 和 $NaHCO_3$，而当酸性代谢产物进入血液时，它们与 HCO_3^- 作用生成 H_2CO_3，而后分解成为 CO_2 和 H_2O，使血液中 P_{CO_2} 增加，呼吸运动加强，CO_2 排出量增加，血液中 pH 值变化不大；当碱性产物进入血液时，与 H_2CO_3 作用生成 $NaHCO_3$，使 H_2CO_3 和 P_{CO_2} 降低，使呼吸运动减弱，H_2CO_3 又逐渐回升，维持了 H_2CO_3 和 $NaHCO_3$ 正常比例。

因此，呼吸机能可以通过改变呼吸运动的强弱来保持酸碱度的相对恒定。此外,肾脏在维持酸碱平衡中起着重要作用。

三、内呼吸环节

组织和毛细血管之间的气体交换称为内呼吸。安静时,动脉血的氧含量约 $20\ ml\cdot dl^{-1}$。血液流过毛细血管进入静脉系统时,动脉血的氧含量下降到 $15\sim16\ ml\cdot dl^{-1}$。

动脉血与静脉血之间的氧含量差称为动-静脉氧差。这反映组织从血液中摄取的 O_2 为 $4\sim5\ ml\cdot dl^{-1}$。组织摄取的 O_2 量与其用于氧化产能量成比例。因此,当 O_2 利用速率提高时,$(a\text{-}v)O_2$ 也增大。

激烈运动时,收缩肌的 $(a\text{-}v)O_2$ 可提高到 $15\sim16\ ml\cdot dl^{-1}$。进行这种运动时,由于肌肉的 P_{O_2} 比动脉血低得多,因此血液可释放出更多的供给活动肌利用。

四、运动对呼吸机能的影响

(一)运动时呼吸系统的反应

运动时机体代谢增强,呼吸系统都将发生一系列的变化以适应机体代谢的需要。

1.运动时的肺通气的反应

运动使呼吸加深加快,通气量增加,增加的程度随运动量而异。而肺通气量的增加是通过增加潮气量和呼吸频率来实现的:在运动强度较低时,肺气量的增加主要是潮气量的增加,呼吸频率增加不明显;而强度超过一定强度后,肺通气量的增加则主要依赖于呼吸频率的增加,如图 2-3 所示。

潮气量可从安静时的 500 ml 上升到 2000 ml 以上,呼吸频率可从 $12\sim18$ 次 $\cdot\ min^{-1}$ 上升到 $40\sim60$ 次 $\cdot\ min^{-1}$,每分通气量可从 6 L 上升到 100 L 以上。O_2 的摄取量和 CO_2 的排出量都相应增加。

运动时肺通气量的增加有一个过程:运动开始前,肺通气量已开始升高,运动开始时通气量先突然升高,进而再缓慢升高,随后达到一平稳水平。运动停止后,通气量先骤减,继之缓慢下降到运动前的水平,如图 2-4 所示。

一般认为,运动开始时通气的骤升与运动锻炼过程中形成的条件反射有关,而运动时,肌肉、关节等的本体感受器也可反射性引起呼吸加强。虽然运动时动脉血的 P_{O_2}、P_{CO_2} 和 $[H^+]$ 的均值不变,但随呼吸而呈现的周期性波动可能在运动通气反应中也起着重要作用。

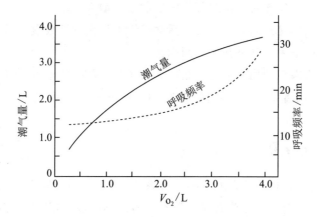

图 2-3　不同运动强度时,潮气量和呼吸频率的变化

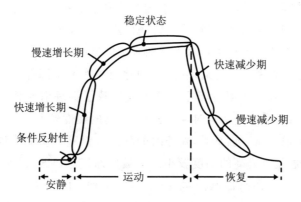

图 2-4　次最大强度运动时肺通气的变化

2.运动时换气的反应

(1)肺换气的具体变化。

第一,扩散速率增大:人体各器官组织代谢的加强,使呼吸膜两侧的气体分压差增大,气体扩散速率。

第二,呼吸膜面积增大:运动时呼吸细支气管扩张,使通气肺泡的数量增多;肺泡毛细血管前括约肌扩张,开放的肺毛细血管增多,从而使呼吸膜的表面积增大。

第三,氧扩散容量增大。运动右心室泵血量的增加也使肺血流量增多,使得通气血流比值仍维持在 0.84 左右,氧扩散容量增大。

(2)组织换气的具体变化。

第一,扩散速率增大:人体各器官组织代谢的加强,使组织和血液间的分压差增大,气体在肌肉组织部位的扩散速率增大。

第二,气体交换的面积增大。活动组织毛细血管开放数量增多,增大了组织血流量,增大了气体交换的面积。

第三,肌肉氧利用率提高。组织中由 CO_2 积累 P_{CO_2} 的升高和局部温度的升高使氧离曲线发生右移,促使 HbO_2 解离进一步加强,促使肌肉的氧利用率的提高。

(二)呼吸系统对运动的适应

肺通气量升高的潜力大于心血管系统,所以认为健康人呼吸系统的通气功能不是影响有氧运动成绩的因素。但是,呼吸系统则对耐力训练产生专门性适应,使呼吸的效率达到最佳化。

第一,肺容量。运动训练引起的肺容量和肺容积的变化很小。肺活量稍有提高。与此同时,余气量稍下降。耐力训练后,安静时和亚极量水平运动时,潮气量不变。但在极量水平运动时潮气量增大。

第二,呼吸频率。训练后,安静时的呼吸频率通常降低;亚极量水平运动时,呼吸频率升高的幅度较小。这可能反映了训练引起肺的效率提高。但训练后进行极量水平运动时,呼吸频率提高的幅度较大。

第三,肺通气量。训练后,安静时的肺通气量基本不变或稍下降;亚极量运动时肺通气量升高的幅度较小。但最大通气量(VE_{max})明显增大。未受训练的受试者开始训练时的 VE_{max} 约为 120 L·min^{-1},训练后约为 150 L·min^{-1}。高度训练的运动员通常提高到 180 L·min^{-1};有高度训练的耐力运动员往往超过 240 L·min^{-1}。解释训练后 VE_{max} 提高的两个因素是:极量运动时潮气量提高和呼吸频率提高。

长期进行耐力训练的运动员在进行递增负荷运动时,肺通气量发生非线性变化的时间延退,即通气阈(TV_{ent})增大,提示通气阈可以作为有氧能力的指标和有氧训练的强度指标。

第四,肺扩散。训练后,安静时肺扩散没有变化,亚极量运动时肺扩散增大的幅度也无变化,但在极量运动时肺扩散增大的幅度提高。训练后,肺血流量提高,特别是当人坐着或站着时,流到肺上部区域的血液增多,这可增加肺的灌流,更多的血液进入肺进行气体交换;同时 VE 提高,有更多的气体进入肺。这意味着,有更多的肺泡积极地介入肺扩散,结果是肺扩散提高。

第五,动-静脉 O_2 差。随着训练,动脉血氧含量的变化甚小。即使 Hb 的总量提高,每单位容积血液的 Hb 的量不变或稍下降。但随着训练,$(a-v)O_2$ 提高,特别是在极量水平运动时。其升高的原因是混合静脉血的氧含量较低。这意味着,来自身体各部地回到心脏的混合静脉血含有的 O_2 比没有训练的人少。这反映了有训练的人组织摄取的 O_2 量较多和血液的分配更加有效。

第二节 运动与血液循环

一、血液的组成与生理功能

(一)血液的组成与理化特性

人体细胞内外含有大量的液体,这些液体总称为体液,约占体重的 60%。其中细胞内液约占体重的 40%,细胞外液约占体重的 20%。细胞外液包括组织液和血浆。组织液约占体重的 15%,血浆约占体重的 5%。细胞外液是机体的内环境。内环境的相对稳定又称内环境稳态,是机体正常生命活动的必需条件。

1. 血液与血量

血液是在心脏和血管系统中循环流动的液体,执行重要的生理功能。人体大部分的血液是在心血管中迅速循环流动的,称为循环血量。还有一部分血液滞留在肝、肺、腹腔静脉以及皮下静脉丛等处,流动缓慢,血浆量较少,称为贮存血量。在人体进行运动训练和健身锻炼时,更多的血液可被动员加入循环血量中。正常成人的血量占体重的 7%~8%。

2. 血液的组成

血液是由血浆和血细胞组成的。血细胞包括红细胞、白细胞和血小板。红细胞占血细胞总数的 99%,红细胞在血液中所占的容积百分比,称为红细胞比容。正常成年男、女的红细胞比容分别为 40%~50% 和 37%~

48%。人在剧烈运动中,排汗增多,血液浓度变大,红细胞比容增高。血液中的水分与溶质组成血浆,血浆占全血量的 50%~55%,其中水占 91%~92%,其他是血浆蛋白和各种离子。

3.血液的比重与黏度

正常人全血的比重为 1.050~1.060,血浆的比重为 1.025~1.034。血浆的比重主要取决于血浆蛋白的含量。血液在血管内运行时,由于液体内部各种物质的分子或颗粒间的摩擦,产生阻力,因而血液具有较大的黏度。全血的黏度是水的 4~5 倍,血浆的黏度是水的 1.6~2.4 倍。全血的黏度主要取决于红细胞的数量。

4.血液的酸碱度

正常人血浆的 pH 为 7.35~7.45,呈弱碱性。机体通过血液中的缓冲体系及肺、肾共同作用维持血液酸碱度。

5.血浆的渗透压

(1)渗透及渗透压。如果半透膜两侧为不同浓度的溶液,水分将从溶质少的稀溶液向溶质多的浓溶液渗入,这种现象称为渗透。在渗透现象中,高浓度溶液所具有的吸引和保留水分子的能力称为渗透压。渗透压的大小与溶液中所含溶质的颗粒数目成正比。

(2)血浆渗透压的组成及意义。由血液中的无机物晶体构成的渗透压称为晶体渗透压。血浆与组织液中的晶体浓度大体相等,晶体渗透压对于保持细胞内外的水平衡,维持细胞正常的形态和功能极为重要。由血浆蛋白形成的渗透压称为胶体渗透压。由于血浆蛋白不能透过毛细血管壁,因而血浆胶体渗透压高于组织液。胶体渗透压对于维持血管内外的水平衡极为重要。若胶体渗透压下降,组织液回流减少,则会形成水肿。

(二)血细胞的生理特性

1.红细胞(RBC)

(1)形态特征。正常人体成熟的红细胞没有细胞核,大多呈双凹圆盘形,周边稍厚,其直径为 6~9 Å(1 Å=10^{-10} m)。红细胞的这种双凹圆盘形具有较大的表面积,有利于它和周围血浆充分进行气体交换,O_2 和 CO_2 可以自由通过其细胞膜。红细胞还具有以下形态特征:

第一,红细胞的可塑变形性。红细胞在全身血管中循环运行时,常要挤过口径比它小的毛细血管,这时红细胞将发生变形,在通过之后又恢复原状。

第二,悬浮稳定性。红细胞能够较稳定地悬浮在血浆中而不易下沉。

第三,抗渗透脆性。红细胞膜在一定程度上能抵抗低渗溶液而不被破坏。但红细胞在过低渗时会胀裂,在过高渗时会皱缩。

(2)红细胞的生理功能。红细胞最主要的功能是运输 O_2 和 CO_2,机体活动所需要的 O_2 的摄入和代谢过程中产生的废物 CO_2 的排出都由红细胞中的血红蛋白结合而携带。长期居住在高原上的人,红细胞和血红蛋白增多,运动训练也会对红细胞数和 Hb 含量有一定的影响。运动员在疲劳或过度训练早期常见运动性贫血,从而导致运动能力下降。因此,血红蛋白值可以作为运动员机能评定的生理指标之一。

(3)红细胞与血红蛋白的生理正常值。我国成年男性红细胞平均数每升血液中约 5.0×10^{12} 个,范围每升为 $(4.0 \sim 5.5) \times 10^{12}$ 个;成年女性红细胞平均数每升血液中约为 4.2×10^{12} 个,范围每升为 $(3.5 \sim 5.0) \times 10^{12}$ 个,新生儿的红细胞数较多,每升血液中可超过 6.0×10^{12} 个,随后由于体重增长速度超过红细胞的生成速度,在儿童期,红细胞数一直保持在较低水平,直到青春期红细胞数才逐渐接近成人水平。睾酮具有促进红细胞生成的作用,故男性红细胞数多于女性。我国成年男性血红蛋白浓度为 $120 \sim 160$ g/L,平均为 140 g/L;女性为 $110 \sim 150$ g/L,平均为 130 g/L。

人在输血时,必须首先检查供血者与受血者双方的血型,同时还应进行交叉配血实验,原则上应同型输血。在紧急情况下要进行异型输血时,更要进行交叉配血实验。即使在已知 ABO 血型相同的供血者与受血者之间进行输血,也应再做血型鉴定和交叉配血实验,以防因其他血型系统不合,或者有 ABO 血型的亚型存在而发生输血反应。

(4)红细胞的生成。人的造血器官随着年龄的增长有很大变化。胚胎早期最先是卵黄囊造血,以后由肝、脾造血。胚胎发育到 5 个月以后,骨髓开始造血,肝、脾造血功能逐渐退化。新生婴儿完全依靠骨髓造血。成年人的红骨髓是唯一的造血部位。

造血的原料是铁、蛋白质、维生素 B_{12} 和叶酸。红细胞的平均寿命为120 天,即红细胞平均每四个月更新一遍。衰老的红细胞可塑变形能力减弱,脆性增加,在湍急的血流中极易因机械冲撞而遭到破坏,或者滞留在脾脏中被巨噬细胞所吞噬。

2. 白细胞(WBC)

白细胞无色,有核,体积比红细胞大,可分为粒细胞、单核细胞和淋巴细胞。根据细胞浆中嗜色颗粒的特性,粒细胞又分为中性粒细胞、嗜酸性粒细胞和嗜碱性粒细胞。

健康成人在安静状态时,每升血液中白细胞总数范围为$(4\sim10)\times10^9$个。其中中性粒细胞所占百分比最多,为$50\%\sim70\%$;淋巴细胞次之,占$20\%\sim40\%$;单核细胞占$2\%\sim8\%$。每一类白细胞在白细胞总数中所占的百分比称为白细胞分类计数。白细胞总数也常会出现生理变动,而以中性粒细胞数的变动最为明显。例如,饭后、运动时、女子月经期、分娩时等白细胞会增多。白细胞的重要功能是参与机体的保护及防御反应。

3.血小板(PLT)

血小板体积很小,直径为$2\sim4$ 健康成人血液中的血小板数每升为$(100\sim300)\times10^9$个。血小板在运动时增加,妇女分娩、组织损伤时暂时增多,月经期减少。血小板的功能是促进止血,加速凝血,保护血管内皮细胞的完整性。

(三)血液的基本功能

1.血液的运输功能

运输是血液的基本功能。在运输过程中,血浆中的水分、血浆蛋白和红细胞中的血红蛋白,是这些物质的运载工具。血液可将O_2、营养物质运至组织细胞,供其利用;同时,血浆又将细胞产生的CO_2和其他代谢产物(如尿酸、尿素、肌酐等)运至排泄器官(肝、肾、肠管及皮肤等)排出体外。血液中的载体转运系统可将激素、酶、维生素等生物活性物质载运到需要的部位,以实现人体的体液调节。血液中含有大量水分,水可大量吸收机体产生的热量,并通过血液循环将深部的热量运送到体表散发。例如运动时,骨骼肌大量产热,就是通过血液将热量运至全身,使热量均匀分布于全身各处,并从体表散发热量,以维持体温的相对恒定。

2.血液的保护与防御功能

人体能抵抗外来微生物的侵害,对自身进行保护及防御,这是由血液中的白细胞通过吞噬和免疫反应来实现的。

从免疫功能看,白细胞可分为吞噬细胞和免疫细胞两大类。吞噬细胞包括粒细胞和单核细胞,其功能主要是吞噬入侵机体的病菌和机体本身的坏死组织。由于吞噬不具有针对某一类异物的特征,因而属非特异性免疫。免疫细胞是指淋巴细胞。淋巴细胞能产生抗体(免疫球蛋白),每一种抗体都是针对某一类特异性抗原（异物）的，故属特异性免疫。

淋巴细胞又分为 T 淋巴细胞和 B 淋巴细胞两种。血液中的淋巴细胞80％～90％是 T 淋巴细胞，它执行细胞免疫。

所谓细胞免疫是指 T 淋巴细胞受到抗原刺激后被激活，随血液和淋巴抵达抗原所在地，再与抗原直接接触而分泌特异性免疫活性物质，进而杀灭特异性抗原。B 淋巴细胞执行体液免疫。

所谓体液免疫是指 B 淋巴细胞受到抗原刺激后增殖、分化，转化为浆细胞，浆细胞能合成和分泌特异性抗体，分布到全身细胞外液中，与特异性抗原相结合，以消除对机体的危害。

一次大强度的剧烈运动产生疲劳后会使人体免疫能力出现暂时性下降，经常参加健身锻炼会提高机体的免疫能力。

止血、凝血过程也是人体的一种重要保护功能，这是由血小板实现的。当小血管破裂出血时，首先是受损部位局部的小血管立即收缩，血流显著减慢；同时，血小板在损伤部位黏附、聚集，形成松软的血小板血栓，堵塞缺损，从而起到生理止血的作用；接着，血管和组织的创伤激活了血浆中的一系列凝血因子；最后使血浆中可溶性的纤维蛋白原转变成不溶性的纤维蛋白，纤维蛋白丝彼此交织成网，将血细胞网罗在其中，形成血凝块，接着血块回缩，挤出血清，形成牢固的止血栓，对止血起加固作用。

二、血液功能对运动的反应与适应

（一）运动对血浆的影响

人体在从事剧烈运动后，由于大量出汗导致血浆水分的转移以及血浆中无机盐的减少，血浆中其他物质的浓度相对增高，血液浓缩，血浆黏滞性增大，血流的速度减小，进而血液的功能效率降低。随着运动时间越长，运动强度越大，这种负面影响越严重。

长期有规律的训练能够增加血容量，使机体在大量出汗时，不会因水分和无机盐的丧失而使血液浓度严重增大，带来不利的影响。这种运动中的高血容量反应是机体长期接受运动训练的适应性表现。这种适应性使得机体在长时间或剧烈运动时，可以维持一定的循环血量，并减少外周阻力，有利于体温调节和物质运输。

长期的有氧运动锻炼能对血浆的某些成分产生有利的影响。高密度脂蛋白(HDL)与低密度脂蛋白(LDL)是血浆中的两种生物化学成分。前者的存在有利于减少动脉粥样硬化的发生,而后者则可促使动脉粥样硬化的发生。

(二)运动对血细胞的影响

1.运动对红细胞的影响

运动对红细胞数量会产生影响。红细胞数量因运动而发生变化。一次短时间大强度的快速运动能引起血液红细胞数量增加,其增加的幅度比一次长时间耐力运动中红细胞增加更为明显。这是运动后即刻出现的红细胞增加是血细胞对运动产生的应激性反应。这主要是血液重新分布的变化和血液浓缩所导致的。这种红细胞的暂时性增加可在运动停止后1～2 h恢复到正常水平。

经过长期系统训练,尤其是耐力性训练的运动员,其安静时的红细胞数量并不比一般人多。这是由于这样的运动员血容量增加的幅度抵消了红细胞数量的增加,致使单位体积的红细胞数量未呈现增多现象。

2.运动对血红蛋白的影响

血红蛋白是决定运动员最大摄氧能力的主要因素,因此它的数量变化明显地影响着运动能力。运动员在大运动量训练开始时,往往出现血红蛋白量的下降。经过一段时间训练后,机体对运动量的适应使得血红蛋白浓度回升,这是机体适应能力改善和运动能力提高的表现。如果训练一段时间后,血红蛋白仍处于较低水平,应适当减低运动量或加强营养补充。当运动训练引起血红蛋白浓度和/或红细胞数量和/或血细胞比容低于正常水平,则表明出现了运动性贫血这一过度训练导致的暂时性现象。

对儿童青少年来说,经常参加体育锻炼对增强血液的再生功能是非常有益的,旺盛的血液再生能力可以增加红细胞与血红蛋白的更新效率,从而增强血液的携氧能力。反之,如果血液的携氧能力下降,会导致机体能量的来源不足,最终必然引起运动能力的减弱。比如患有贫血的儿童青少年就会出现运动耐力等素质的降低。对专业运动员来说,可以通过进行高原训练,利用高原的低氧环境刺激血液中红细胞的增生,从而改善运动员的血液携氧能力。

3.运动对白细胞的影响

安静状态下,运动员血液白细胞总数及其分类与非运动员无明显差别。

急性运动后外周血液白细胞增多,且主要是中性粒细胞和淋巴细胞增多,而淋巴细胞中又以 B 淋巴细胞增多为主。白细胞的增加幅度主要与运动负荷有关,而与运动的持续时间关系较小。

运动后白细胞的恢复与运动强度和持续时间有关。运动强度越大,持续时间越长,白细胞的恢复速度越慢。研究认为,急性运动后,中性粒细胞的恢复约需 1 h,高强度间歇运动后则需要 3 h 以上,而像马拉松之类的超长跑至少需要 21 h 以上甚至几天的恢复时间。

第三节　运动中的物质代谢

自然界所有的能量都来自于太阳能。植物通过光合作用将光能转化为化学能储存于体内。动物为了维持正常生命活动,需要摄取植物及各种营养物质,同时又不断地将这些营养物质在体内分解,最终将代谢产物排出体外。人体也无时无刻不在进行着这样的代谢活动。物质在体内的消化、吸收、转运、分解等与生理有关的化学过程称为物质代谢。在物质的分解过程中,营养物质所蕴藏的化学能释放出来,经过转化,成为机体各种生命活动及运动的能量来源。食物中的能量主要贮存在糖、脂肪、蛋白质中。因此,物质代谢的过程主要是糖、脂肪和蛋白质的代谢过程。

一、糖类的代谢

糖类,亦称为碳水化合物,它广泛分布于动、植物体内。比如生物体细胞中的核糖;动物血液中含有的葡萄糖;肝脏、肌肉中含有的糖原;乳汁中含有的乳糖;植物体的组分约 85%～90% 为糖类;还有粮食中富含的淀粉,甘蔗和甜菜含大量的蔗糖,新鲜水果中所含的果糖和果胶,所有这些都属于糖类。

(一)糖类及其分类

糖类是多羟基的醛类或酮类化合物,或水解时能产生这些化合物的物质。在化学上,糖类是碳原子、氧原子和氢原子通过化学键结合在一起的产物,在化学式的表现上类似于"碳"与"水"的聚合即 $C_m(H_2O)_n$,故又称之为碳水化合物。

糖类可分为单糖、寡糖和多糖三大类。

单糖指不能再被水解的小分子糖,通常含有 3～7 个碳原子。重要的单糖有葡萄糖、果糖和核糖等。

寡糖由 2～10 个单糖分子结合而成,其中重要的是双糖,包括乳糖、蔗糖和麦芽糖三类。低聚糖是运动饮料的重要成分。

多糖也称多聚糖,含单糖几百或上万个不等,水解后产生原来的单糖或其衍生物,主要有淀粉、糖原和纤维素几类。

当我们吃含单糖的食物后,糖分子会直接被吸收入血液。但如果是双糖或多糖,则需要先消化,将其水解为单糖,然后进入血液发挥作用。

(二)糖类的贮存形式

葡萄糖可通糖苷键形成直链和支链的多糖,肝脏中的糖原和肌肉中的糖原是人体内糖类的贮存形式。

食物中的糖是机体糖的主要来源。人体所需的能量约 70% 由糖类提供。食物中的各种糖类经过消化,被分解成单糖(主要是葡萄糖)后才被吸收。被吸收的葡萄糖经血液循环可供各个组织吸收利用,肝细胞和肌细胞可将葡萄糖合成糖原储存起来,机体所有细胞都能分解葡萄糖以获取能量。

因此,人体的糖主要以血液中的葡萄糖(4.4～6.6 mmol/L)、肝糖原(3%～5%)和肌糖原(1%～2%)的形式存在,血糖的变化维持并影响着肝糖原和肌糖原的储存量。

(三)糖类的生理作用

人体内储备的糖量约有 400～500 g。特殊人群通过运动与高糖膳食结合,可以增加肌糖原的储量。虽然糖在体内的储存量少,但作用非常大。糖的生理作用主要体现在以下方面:

第一,氧化供能。糖的主要生理功能是氧化供能,也是机体最重要和最经济的能量来源,具有易消化吸收、分解快和氧化耗氧量少等特点。机体缺氧时,糖类可通过无氧酵解生成乳酸为机体提供能量,氧供充足时糖类可完全氧化成二氧化碳和水释放较多的能量,通常 1 g 葡萄糖完全氧化时可释放 16.7 kJ 的能量。

人体每时每刻都需要能量,以保证机体正常代谢。血糖是大脑神经活动的唯一能量来源,也是运动时骨骼肌重要的供能物质。如果饮食中糖缺乏会导致身体疲劳、耐力下降和神经系统功能障碍。健康的饮食中,糖的摄入量应该占一天总摄入能量的 $45\%\sim65\%$。

第二,构成机体的重要成分。糖和蛋白质结合形成的糖蛋白,是某些激素、酶、血液中凝血因子和抗体的成分,细胞膜上某些激素受体、离子通道和血型物质等也是糖蛋白。结缔组织基质的主要成分——蛋白多糖,是由氨基多糖和蛋白质所结合组成的。糖和脂类结合则形成糖脂,糖脂是神经组织和生物膜的重要组份。糖在体内可以转化成为脂肪、非必需氨基酸,并以核糖形式参与核酸的组成。

第三,节约蛋白质。蛋白质的主要功能在于构成、修复和维护机体组织。长时间运动时充足的糖储备具有使机体的蛋白质不被氧化利用的重要作用。

第四,抗生酮的作用。脂代谢的正常进行必须有糖存在。糖缺乏时,由于脂肪代谢产生的乙酰基氧化不完全,使体内酮体增加,产生酮症,导致血液 pH 值下降。所以糖类有协助脂肪代谢和抗生酮作用。要防止酮症的发生应避免饥饿或高脂膳食,每日膳食中应有足够的糖类。

(四)运动与糖的补充

无论哪种运动都需要肌肉的收缩,肌肉收缩过程中的唯一直接供能物质是三磷酸腺苷(ATP)。但肌肉中的 ATP 储存量仅能维持肌肉收缩几秒钟的时间,因此必须有其他的能源物质补充。当 ATP 消耗殆尽时,肌肉会分解肌酸磷酸。肌酸磷酸也只能维持 $8\sim12$ s 的高强度运动,一旦肌酸磷酸消耗完,就必须通过无氧酵解供能了。无氧酵解就是机体利用储存的糖原(肌肉中的糖)和血糖生成 ATP。

1.补剂与食物

补糖对于保持运动能力有重要的作用,补剂和食物各有优势,不同情况下需要选择不同的补糖方法。补剂补糖比饮食补糖的速度快,但会引起更为明显的胰岛素效应。因此运动前、中、后补糖最好选用葡萄糖、麦芽糖等补剂进行补糖,而每天的饮食当中以水果、蔬菜和谷物作为补糖的方法。

2.补糖的时间

无论补剂补糖还是饮食补糖都对运动有重要的作用。以下是一天当中补糖的最佳时间:

第一,早餐。经过一夜的禁食,肝脏和肌肉的糖原储量已经消耗殆尽,此时宜通过摄取食物来重新合成糖原。水果、燕麦粥、全麦谷物等是早餐的最佳选择。

第二，运动前 2～3 h。运动前服用糖类物质可以促使血液中葡萄糖的增多，从而为运动提供更多的燃料，提高运动强度和运动成绩。消化较慢的食物是此时补糖的最佳选择，理想的食物有红薯、全麦面包或者全麦意大利面等。

第三，运动前即刻、运动中和运动后补糖。这个时间段的补糖不仅为高强度运动提供燃料，还可促进消耗完的肝糖原的重新合成。另外，运动中的补糖可以保护肌肉免受胰岛素效应的负面影响。葡萄糖和麦芽糖是这个时段补糖的最佳选择。

第四，运动后 1～2 h 补糖。这个时候补充的糖主要用于保持胰岛素的高水平状态，胰岛素的高水平状态保持的时间越长，肌肉增长的越多（胰岛素可促进蛋白质的合成）。当然，补充糖更有利于糖原的快速合成。此时补糖的可选择消化较慢的食物，如红薯、糙米和蔬菜。

第五，睡前补糖。睡前补糖对于肌肉增长非常重要。准备睡觉前，适量的补充些糖可使肌糖原和肝糖原水平在整夜的禁食中不会太低。水果是此时补糖的佳品。

二、脂类的代谢

脂类是脂肪和类脂的总称，它们不溶于水而溶于有机溶剂如乙醚、氯仿、丙酮等。类脂中以磷脂、胆固醇及糖脂最为重要。

（一）脂类的吸收和转移

胃的食物糜（酸性）进入十二指肠，刺激肠促胰液肽的分泌，引起胰脏分泌胰液至小肠（碱性）。在人体和动物体内，小肠可吸收脂类的水解产物，包括脂肪酸、甘油以及胆碱、部分水解的磷脂和胆固醇等。

脂类的消化产物：甘油单脂、脂肪酸、胆固醇、溶血卵磷脂等可与胆汁酸乳化成更小的混合极性微团（$d = 20 \text{ nm}$），易于穿过肠黏膜细胞表面的水屏障，被肠黏膜的柱状表面细胞吸收。被吸收的脂类，在柱状细胞中重新合成甘油三酯，与磷脂、胆固醇、胆固醇酯等和载脂蛋白共同形成乳糜微粒，经胞吐排至细胞外，再经淋巴系统进入血液。血液中的脂类均以脂蛋白的形式运输。

胆固醇的吸收需要有脂蛋白存在，胆固醇还可以与脂酸结合成胆固醇酯被吸收。小分子脂肪酸水溶性较高,可不经过淋巴系统,直接进入门静脉血液中。

(二)脂类的储存

动物体内储存的脂类包括以下两大类:

一是细胞结构的组成成分,被称为组织脂,磷脂和少量的胆固醇酯都属于此类。这一类比较恒定,一般不受饮食的影响,故又称为固定脂或基本脂。

二是储存脂肪,称为储脂。储脂成分主要是油酸、棕榈酸和硬脂酸组成的三酰甘油,其含量随营养和运动的变化而变化,故又称可变脂。脂库中脂肪的来源可由血浆脂蛋白提供,也可由糖和氨基酸等原料转化而来,这部分脂肪是体内储存能量的主要形式。

脂类的贮存场所:脂肪组织、皮下组织、肾周围、肠系膜和大网膜等组织。正常人体脂肪含量占体重 10%～20%,女性略高于男性。

(三)脂类的运输

脂蛋白是脂类在血液中的运输形式。血浆脂蛋白主要包括四类:乳糜微粒(CM)、极低密度脂蛋白(VLDL)、低密度脂蛋白(LDL)和高密度脂蛋白(HDL)。

1.乳糜微粒

CM 在小肠上皮细胞中合成,通过高尔基体分泌,经淋巴管进入血液循环,其特点是含有大量脂肪,蛋白质少,主要作用是转运外源性三酰甘油至肝及其他组织。CM 代谢较快,所以进食大量的脂肪后血浆浑浊是暂时现象,数小时后,血浆便澄清,这种现象称脂肪的廓清。正常空腹血浆中无 CM。

2.极低密度脂蛋白

VLDL 主要由肝细胞合成,含有较多的三酰甘油,其脂肪酸来源有:① 糖在肝细胞内转变成的脂肪酸;② 脂库动员出来的脂肪酸;③ 部分来自乳糜微粒水解的三酰甘油。

VLDL 主要功能是运输内源性脂类,从肝内到脂肪组织或其他组织。

3.低密度脂蛋白

LDL 是血浆中 VLDL 在清除过程中,水解掉部分脂肪及少量蛋白质后的残余部分,含较多的胆固醇和磷脂,主要功能是运输内源性脂类。LDL富含胆固醇,很易在血管壁沉着而形成斑块,即是动脉粥样硬化的病理基础,容易诱发一系列的心血管系统疾病,被称为冠心病危险因子。

4.高密度脂蛋白

HDL 由肝细胞和小肠黏膜合成。新合成的 HDL 主要由磷脂和载脂蛋白质组成,仅含少量的胆固醇。HDL 进入血液后,获得胆固醇,但胆固醇可在酶作用下合成胆固醇酯。HDL 的作用是完成胆固醇的逆向转运,把肝外自组织的胆固醇运动送至肝进行处理,HDL 的含量代表着心血管系统的健康水平。运动能降低 LDL 的含量,增加 HDL 的含量,提高机体的健康。

血浆脂蛋白中的载脂体蛋白是由肝细胞、小肠黏膜细胞合成的特异球蛋白。目前发现的载脂体蛋白有 18 种,主要由 apoA、B、C、D 和 E 等五类。

(四)脂类的生理功能

1.脂肪的生理功能

脂肪是体内重要的能量来源。正常生理情况下,脂肪氧化所提供的能量占人体所需能量的 20%～30%。每克脂肪氧化可释放 38.9 kJ(9.3 kcal)能量。空腹时,脂肪氧化所提供的能量占机体所需能量的 50%左右。如果饥饿 3 天以上,85%的能量来自脂肪氧化供能。长时间低强度时,机体所需的能量大部分由脂肪提供。

脂肪具有物理保护作用。由于脂肪是热的不良导体,所以皮下脂肪组织可防止热量散失,具有保持体温的作用。同时脂肪可支持或固定内脏器官位置,能缓冲机械撞击,防止内脏器官损伤,起保护作用。

脂肪可溶解脂溶性维生素。脂肪作为脂溶剂,能溶解脂溶性维生素 A、D、E、K,对脂溶性维生素的吸收具有重要意义。

2.类脂的生理功能

维持正常生物膜的结构和功能。类脂,特别是磷脂和胆固醇是构成所有生物膜如细胞膜、线粒体膜、核膜和内质网膜等的重要成分。生物膜结构不仅是细胞结构的组成部分,也是生命活动的结构基础。能量转换、物质转运、信息识别和传递、细胞发育和分化以及神经传导等都与生物膜有密切关系。

参与脂蛋白组成。磷脂和胆固醇是脂蛋白的重要成分,它们与蛋白质构成脂蛋白颗粒的亲水表面,而将不溶于水的脂肪、胆固醇酯包裹在脂蛋白颗粒的内核,形成亲水的脂蛋白球状颗粒,在转运脂肪和胆固醇中起着重要作用。

转变为重要的生物活性物质。胆固醇在体内可转变生成肾上腺皮质激素、性激素、胆汁酸盐和维生素 D_3;花生四烯酸可在体内转变成前列腺素、白三烯和血栓素等。

三、蛋白质的代谢

蛋白质是生命的物质基础。蛋白质在物质代谢、机体防御、血液凝固、肌肉收缩、细胞信号传导、个体生长发育和组织修复等方面发挥着不可替代的作用。蛋白质在遗传信息的控制、细胞膜的通透性、神经冲动的发放和传导等方面都起到了重要作用。

(一)蛋白质的化学组成

各种蛋白质的化学组成成分很相近,都含有碳、氢、氧、氮四种元素。此外,多半还含有硫,有的含磷、铁、铜或碘等。各种蛋白质的含氮量接近于 16%,即 1 g 氮相当于 6.25 g 蛋白质。由于蛋白质是体内的主要含氮物质,故生物样品中的蛋白质含量可按下面公式推算:

$$样品中蛋白质含量 = 样品中含氮量 \times 6.25 \qquad (2-3)$$

蛋白质在酸、碱或酶的作用下最终水解为氨基酸,所以氨基酸是蛋白质的基本组成单位。

(二)蛋白质的消化、吸收和代谢

蛋白质的消化,是指食物蛋白质在一系列酶作用下水解为小分子肽和氨基酸的过程。蛋白质消化率很高,一般成人,食物中 95% 的蛋白质可以被完全水解,未被消化的蛋白质在体内可引起过敏、毒性反应。氨基酸的吸收主要在小肠进行。

蛋白质在生物体内的分解有两种:一是经口摄取的食物蛋白质在消化道内通过酶促作用而分解;二是在细胞内各种蛋白质和酶的代谢更新。在消化道内的蛋白质,由于受胃液的胃蛋白酶、胰液的胰蛋白酶、糜蛋白酶等肽链内切酶的作用而分解为多肽。随后,由于胰液或小肠上皮中的肽酶的作用而分解成氨基酸。被吸收的氨基酸,主要用于机体组织蛋白的合成和更新,部分氨基酸可被分解为相应的 α-酮酸及氨。酮酸经过三羧酸循环彻底氧化分解为二氧化碳和水,释放出一定量的能量;氨则在肝脏转变为尿素,最终经肾脏随尿排出。组织老化的蛋白也被机体分解利用。长时间运动时,当糖类、脂类等能源不足时,蛋白质分解加强,其氨基酸便代替糖类和脂类被氧化利用。

(三)蛋白质的营养价值

外源性蛋白质被机体吸收利用的程度即为蛋白质的营养价值。影响食物蛋白质的营养价值的因素有数量和质量两个方面。在保证数量的前提下,各种蛋白质的营养价值因所含的氨基酸,尤其是必需氨基酸的种类、比例与人体的接近程度不同而不同。

1.人体必需的氨基酸

组成人体的氨基酸有 20 种,其中有 8 种氨基酸人体不能自行合成或合成量较少,必须由食物供给,称为必需氨基酸,包括苯丙氨酸、色氨酸、赖氨酸、甲硫氨酸、苏氨酸、缬氨酸、亮氨酸、异亮氨酸 8 种。婴幼儿时期精氨酸和组氨酸也属于必需氨基酸。凡是含必需氨基酸种类和数量多,且比例和人体接近的蛋白质营养价值高;反之,营养价值低。

2.蛋白质的互补作用

将营养价值较低的蛋白质混合食用,使所含的必需氨基酸互相补充,从而提高食物营养价值的作用称为蛋白质的互补作用。例如,谷类蛋白质含赖氨酸少,甲硫氨酸多,而豆类蛋白质则相反,两者混合食用后,可以同时获得赖氨酸和甲硫氨酸,弥补了两种食物蛋白质的天然缺陷,使营养价值得到提高。通常提倡植物食品和动物食品搭配亦是如此。

(四)蛋白质的生理作用

1.维持组织细胞的生长、更新与修补

蛋白质是构成人体组织细胞的基本成分,占体重的 $15\%\sim18\%$,占细胞干重的 45% 以上。儿童时期,蛋白质作为细胞的结构物质,保证细胞的数量增长和质量提高,维持生长和发育;成人时期,蛋白质维持细胞的代谢、更新和损伤的修补。

2.维持机体的生命活动

蛋白质通过其多种特殊的功能,在机体的各种生命活动中发挥作用。如化学本质为蛋白质的酶在物质代谢中的催化作用;肌肉蛋白的收缩、运动

功能;抗体蛋白质的免疫和防御作用等。

此外体内一些物质的运输和储存、细胞功能、受体功能、渗透压调节和酸碱平衡维持等作用都与蛋白质密切相关。蛋白质的这些功能是糖和脂肪无法代替的。

3.供给机体能量

蛋白质作为能源物质之一,占正常成人能量来源的 10%～15%。每克蛋白质在体内氧化分解产能为 17 kJ(4 kcal)。由于蛋白质的供能作用可被糖和脂肪取代,所以,对于需要补充高蛋白的患者或者运动员,为防止过多的蛋白质氧化供能,提高蛋白质的利用效率,要注意补充充足的糖做保证。

(五)运动与蛋白质补充

经常锻炼的人或运动员会消耗过多的蛋白质或引起组织损伤,因此绝大部分人都认为补充蛋白质是十分必要的。但对于运动员每天摄入蛋白质的量,尚无统一定论。这是因为训练项目、负荷、年龄、体重、营养状态等的不同,蛋白质的补充量必然不同。

一般认为,成人蛋白质最低生理需要量约为 30～45 g/d,或 0.8 g/kg 体重。生长发育期的青少年由于组织增长及再建的需要,蛋白质的需要量为 2.5～3 g/kg 体重。运动员的蛋白质供给量比普通人高,目前认为我国运动员为 1.2～2 g/kg 体重,优秀举重运动员蛋白质补充量每日 1.3～1.6 g/kg 体重,耐力项目运动员蛋白质的补充量为 1.5～1.8 g/kg 体重,但不能超过 2 g/kg 体重。而且应该在整个耐力训练阶段中持续补充,以促进肌肉蛋白质的合成,预防运动性贫血的发生。

几乎超过半数的运动员都或多或少地食用营养补剂,其中蛋白质的补充是非常重要的一个方面。不同项目、不同运动员的蛋白质补充方法也不尽一致。科学补充蛋白质,提高运动成绩必须考虑项目特点和运动员个体差异性。

四、三大营养物质代谢之间的关系

蛋白质、糖类和脂类三大物质是机体重要的结构物质和能源物质。它们在代谢上有独自的途径和特点,又有着广泛而复杂的联系。三大营养物质在物质代谢上通过中间产物的联系,可以互相转变;在能量代谢上又可互相替代。它们之间的互相联系和互相制约是机体进行正常的生命活动的基本保证。三羧酸循环和氧化磷酸化是实现三者统一的核心。任何一种物质代谢的障碍必然会引起其他物质代谢的失衡。

糖类代谢的中间产物乙酰辅酶 A 是脂肪酸合成的主要原料,糖代谢产生的磷酸甘油也是脂肪合成原料的主要来源。脂肪分解过程中产生占很少比例的甘油可以通过糖异生途径转化为糖类。糖可以大量地转化为脂肪,但脂肪不可以大量地转化为糖。因此长期高糖饮食会引发肥胖症和高血脂。

由蛋白质分解的大部分生糖氨基酸可经糖异生转变成糖类;而糖类的代谢中间产物可接受氨基生成非必须氨基酸。一般情况下,动物体内的脂肪不可以转化为氨基酸,而一些氨基酸可以通过不同的途径转变成甘油和脂肪酸进而合成脂肪。可见,蛋白质可转化成糖,但糖类不能生成必须氨基酸。

只有当糖类代谢发生障碍时才由脂肪和蛋白质供能,当糖和脂肪的摄入量都不足时,蛋白质的分解才会增加。糖异生的主要原料是氨基酸,为了补充血糖,蛋白质严重消耗,甚至威胁生命。糖尿病是典型的糖代谢障碍导致的全身性疾病。糖尿病患者饮食治疗和护理的一个重要原则就是提供充足、优质的蛋白质,同时还要保证糖类的摄入。

第四节　运动中的能量代谢

人体通过糖、蛋白质和脂肪等营养物质在体内的代谢而获得能量,从而用于维持体温、肌肉的收缩和神经兴奋的传导等生理活动。通常把各种能源物质分解代谢过程中所伴随的能量的储存、释放、转移和利用等称为能量代谢。单位时间内人体所消耗的能量称为能量代谢率。

一、能量代谢的基础及其测定

(一)基础代谢

基础代谢,指基础状态下的能量代谢。基础状态是指人体处在清醒、安静、空腹、室温在 20~25 ℃条件下的状态。基础代谢率(BMR)是指单位时间内的基础代谢,即在基础状态下,单位时间内的能量代谢,它反映了机体维持最基本的生命活动所需的最低能量消耗。基础代谢的单位通常用每小时每平方体表面积的产热量来表示,即 $kJ/(m^2 \cdot h)$。正常男子的基础代谢率约为 $170\ kJ/(m^2 \cdot h)$,女子约为 $155\ kJ/(m^2 \cdot h)$。运动员过度训练时,可出现基础代谢率升高。

(二)食物热价与氧热价

通常把 1 克食物完全氧化分解所释放出的热量称为食物热价。食物的热价分为物理热价和生物热价。前者指食物在体外燃烧时释放的热量,后者指食物在体内氧化所产生的热量。糖的热价为 17.16 kJ (4.1 kcal),脂肪为 38.93 kJ(9.5 kcal),由于蛋白质在体内不能完全被氧化分解,因此蛋白质的生物热价为 18.00 kJ(4.3 kcal),而物理热价为 23.44 kJ(5.6 kcal)。

某种食物在体内氧化分解时,消耗 1 升 O_2 所产生的热量称为该物质的氧热价。由于糖、脂肪和蛋白质中碳、氢和氧元素之间的比例不同,所以在体内氧化时所消耗的氧也不同。糖的氧热价为 21 kJ(5.0 kcal),脂肪的氧热价为 19.7 kJ(4.7 kcal),蛋白质的氧热价为 18.8 kJ(4.5 kcal)。

(三)呼吸商

机体在进行代谢时,一方面依靠呼吸从外界摄入以满足生理需要;另一方面必须将代谢产生的 CO_2 排出体外。各种营养物质在细胞内氧化供能,属于细胞呼吸过程,因而将各种物质氧化时产生的 CO_2 与消耗的容积比称为呼吸商(RQ)。

糖在氧化时产生的 CO_2 分子数与消耗的 O_2 相等,故呼吸商为 1。脂肪和蛋白质的呼吸商则分别为 0.71 和 0.8。一般情况下,人类摄取的食物为混合食物,其呼吸商约为 0.85。我们可以根据呼吸商的大小来推测出能量的主要来源。

在一般情况下,体内能量主要来自糖和脂肪,蛋白质可以忽略不计。为了方便计算,根据糖和脂肪按不同比例混合氧化时所产生的 CO_2 量以及消耗的 O_2 量计算出相应的呼吸商,这种呼吸商称为非蛋白呼吸商。

(四)代谢当量

运动时的耗氧量与安静时耗氧量的比值称为代谢当量(MET)。安静时机体耗氧量约为 250 ml/min 或 3.5 ml/kg·min,故 1MET 等于 250 ml/min 的耗氧量。因此,代谢当量反映了机体运动的不同强度,也可用已知的代谢当量来控制运动的强度、评价机体运动时的相对能量代谢水平。

(五)能量代谢的测定

根据热力学第一定律,能量在转化过程中,既不增加,也不减少,总能量守恒。这是所有形式的能量互相转化的一般规律,机体的能量代谢也遵循这一规律,即能量守恒定律。在整个能量转化过程中,蕴藏在食物中的化学能(供给机体利用)与所转化成的热能及所完成的外功,按其能量来折算是完全相等的。因此,测定在一定时间内机体所消耗的食物,或测定机体所产生的热量与所做的外功,均可测算出整个机体单位时间内所消耗的能量。能量代谢的测定有直接测试和间接测试两种方式。

二、能量代谢的主要影响因素

(一)肌肉活动

肌肉活动对能量代谢的影响最为显著,机体任何轻微的活动都可以提高代谢率。人在运动时能量消耗明显增加。机体能量代谢的增加与肌肉活动的强度成正比例关系,因此可以把能量代谢率作为评估运动强度的指标。运动中机体耗氧量增加,消耗能量增多,产热量增加,能量代谢率增高。

(二)精神活动

在安静状态下,100 g 脑组织的耗氧量接近同重量肌组织耗氧量的 20 倍。脑组织的代谢率虽然如此之高,但在睡眠中和在活跃的精神活动情况下,脑中葡萄糖的代谢率却几乎没有差异。人在平静地思考问题时,能量代谢所受的影响并不大,产热量略有增加,一般不超过 4%。但在精神紧张如烦恼、恐惧或情绪激动时,产热量显著增加。这是由于伴随情绪变化出现了无意识的肌紧张及促进代谢的激素释放增多等原因所致,因此在测定基础代谢率时,受试者必须摒除精神紧张的影响。

(三)食物的特殊动力作用

人在进食之后的一段时间内,(进食后 1 h 开始,延续至 7~8 h 左右),同样处于安静状态,但机体所产生的热量比进食前有所增加。可见这种额外的能量消耗是由于进食所引起的,食物的这种刺激机体产生额外能量消耗的作用,称为食物的特殊动力作用。糖类或脂肪的食物特殊动力作用为其产热量的 4%～6%,而混合食物可使产热量增加 10% 左右。

(四)环境温度

人体安静时的能量代谢在 20～30 ℃环境中最稳定。当环境温度低于 20 ℃时,代谢率开始增加;低于 10 ℃时,代谢率显著增加。这主要是由于寒冷刺激反射地引起寒颤及肌肉紧张增强所致。当环境温度 30～45 ℃时,由于体内化学反应加速的缘故,这时还有发汗功能旺盛及呼吸、循环功能增强等因素的作用。因此,环境温度过高或过低均可使机体能量代谢率升高。

另外,激素的种类和分泌水平对能量代谢也有影响。

三、人体的能源系统与能量供应

(一)肌肉收缩的直接能源物质

1.高能化合物

营养物质氧化过程中释放的能量,约有 40% 是以化学能的形式储存于高能化合物中。高能化合物中含有高能键,水解时释放的能量大于 21 kJ/mol,常用"～"表示。高能键主要有磷酸键(～P)或硫酸酯键(～SCoA)。ATP 是体内最重要的高能磷酸化合物,它是生命活动所需能量的直接来源。人体内还有一些高能化合物,如 GTP、UTP、CTP、磷酸肌酸、磷酸烯醇式丙酮酸、琥珀～SCoA 等。

2.ATP 的贮备与输出

当 ATP 充足时,肌酸激酶催化将其～P 转给肌酸,生成磷酸肌酸(CP),成为肌肉和脑组织中能量的主要储存形式。当机体 ATP 大量消耗时,CP 又将～P 转给 ADP 生成 ATP,以迅速补充 ATP 之不足。

人体细胞内 ATP 的浓度很低,肌肉活检测定,安静肌肉 ATP 含量约为 4.7～6.7 mmol/kg 湿肌。ATP 的最大输出功率达 3.0 mmolATP/kg/s(每千克肌肉每秒动用 ATP 的毫摩尔数),启动极为迅速。但由于 ATP 贮量有限,运动中 ATP 消耗后的补充速度成为影响运动能力的重要因素。

（二）供能系统

人体的生命活动每时每刻都需要消耗能量。了解各个能源系统的供能特点以及它们之间的关系有利于人们更好地进行体育锻炼和运动训练。在人体内有两大类供能系统，即有氧供能系统和无氧供能系统。无氧供能系统又可分为 ATP-CP 无氧供能系统、无氧酵解供能系统。

1. ATP-CP 供能系统

ATP-CP 系统又称为磷酸原系统，是 100 m 跑、跳跃、举重等极量强度运动项目的主要供能系统。此系统产生 ATP 的过程中无需氧的参与。在实际运动中，最初的 2～3 s 是肌肉中储存的 ATP 供能，储存的 ATP 用完后，就开始分解 CP 合成 ATP，直到 CP 消耗完，该过程大概可供能 6～8 s 的时间。CP 在肌肉中贮存量很少，约 20～25 mmol/kg 湿肌。虽然维持运动的时间仅仅 6～8 s，但却是不可替代的快速能源。运动训练中及恢复期，应设法提高肌肉内磷酸原的贮备量和提高 ATP 再合成的速率。

2. 糖酵解供能系统

糖酵解供能系统所提供的 ATP 是在无氧的条件下分解糖而获得的，这个过程中会产生副产品——乳酸，所以又被称为无氧酵解系统。一般认为，在极量强度运动的开始阶段，该系统即可参与供能，在运动 30 s 左右供能速率达到最大，其输出功率可达 $1.0～1.6\ mmolATP/kg \cdot s$，维持运动时间 2～3 min。

无氧酵解供能系统的特点是：供能总量较磷酸原系统多，输出功率次之，不需要氧，产生乳酸。所以血乳酸水平是衡量无氧酵解系统供能能力的最常用指标。当乳酸在体内聚积过多，超过了机体缓冲及耐受能力时，会破坏机体内环境酸碱度的稳态，进而又会限制糖的无氧酵解，直接影响 ATP 的再合成，导致机体疲劳。无氧酵解系统供能的意义在于保证磷酸原系统最大供能后仍能维持数十秒快速供能。

无氧酵解系统与磷酸原系统共同为短时间高强度无氧运动提供能量，中距离跑等运动持续时间在 2～3 min 左右的项目，主要由无氧酵解系统供能。而篮球、足球等非周期性项目在运动中加速、冲刺时的能量亦由磷酸原及无氧酵解系统提供。

3. 氧化能供能系统

氧化能供能系统是指糖类、脂肪和蛋白质在细胞内彻底氧化成水和二氧化碳过程中,伴随合成 ATP 的能量系统。该能源系统以糖和脂肪供能为主,其特点是:ATP 生成总量很大,但速率很慢,需要氧的参与,不产生乳酸类的副产品。因此,该系统维持运动的时间较长(糖类可达 1.5~2 h,脂肪供能时间更长),成为长时间耐力运动的主要能源。

(三)供能系统的相互关系

通常,磷酸原、糖酵解和有氧氧化系统又统称为三大供能系统。在运动实践中,这三个系统组成能量利用的统一体系。运动项目不同,机体的能量利用也各具特点,单一能源供能项目的项目很少,多是以某一系统为主,其余为辅;磷酸原系统的功率输出最大,能维持极量强度运动 8~10 s;糖酵解的功率输出是磷酸原的一半,可维持亚极量强度运动 2~3 min;有氧代谢系统功率输出最低,但维持运动的时间较长:肌糖原的有氧氧化可满足高强度运动 1~2 h,脂肪的有氧氧化可维持更长时间的运动。有氧氧化系统是运动后恢复期主要的代谢方式。

四、运动时能量消耗的计算

运动时的能量消耗在运动生理学中,特指因某项运动而引起的净能量消耗,即总能量消耗减去同一时间内安静状态下的能量消耗,而总能耗量包括运动时的能耗量和运动后恢复期的能耗量。

在实际测量和计算中,必须考虑到不同强度运动产生的能量消耗。具体步骤包括:① 测定安静、运动、恢复期的消耗的氧和产生的二氧化碳;② 求出各阶段的呼吸商;③ 根据呼吸商,查氧热价对照表;④ 以该氧热价乘以所计算时间段内机体的总耗氧量,再减去同一时间安静状态时的能量消耗,即为该运动阶段的净能量消耗。

计算步骤如下:

第一,根据各阶段呼出气体的分析,计算各阶段的耗氧量和二氧化碳产生量。

第二,根据各阶段的耗氧量和二氧化碳产生量计算各阶段的呼吸商。

$$\text{安静状态的呼吸商} = \text{安静时 } CO_2 \text{ 呼出量} \div \text{安静时 } O_2 \text{ 耗量} \quad (2\text{-}4)$$

$$\text{运动时的呼吸商} = \text{运动时 } CO_2 \text{ 呼出量} \div \text{运动时 } O_2 \text{ 耗量} \quad (2\text{-}5)$$

$$\text{恢复期内的呼吸商} = \text{恢复期 } CO_2 \text{ 呼出量} \div \text{恢复期 } O_2 \text{ 耗量} \quad (2\text{-}6)$$

第三,根据各阶段的呼吸商,查各阶段的氧热价。

第四,计算各阶段的能耗量。

$$安静状态的能量消耗＝安静时 O_2 耗量×氧热价 \qquad (2-7)$$

$$运动时的总能量消耗＝运动时 O_2 耗量×运动时氧热价 \qquad (2-8)$$

$$恢复期内的总能量消耗＝恢复期 O_2 耗量×恢复期氧热价 \qquad (2-9)$$

$$运动的净能量消耗＝运动时总能量消耗＋恢复期内的总能量消耗$$

$$－运动时和恢复期安静状态下的能量消耗 \qquad (2-10)$$

第二篇 运动训练生理学

第三章 运动技能学习与感觉变化

第一节 运动技能学习及其影响因素

一、运动技能的分类及生理学原理

（一）运动技能的概念

"运动技能教学是体育教学实践的本质体现，通过对运动技能教学追求的是运动技术还是运动项目的反思，提出运动技能教学需要尊重和保持运动项目文化的完整性。"[①]运动技能指的是人体掌握和能够有效完成的专门运动动作的能力，以及不同肌群之间的协调性。也就是说，运动技能是大脑支配肌肉在准确的时间和空间内收缩的能力。优秀的运动能力是以力量、速度为保障的，还需要按照一定的时间顺序去完成动作。

（二）运动技能的学习和记忆

1. 学习和记忆

学习和记忆是脑的重要功能之一，学习是通过神经系统不断地接受环

---

① 尚力沛,程传银.论运动技能教学的文化完整性[J].沈阳体育学院学报,2020,39
(05):58-65.

境变化的刺激,获得新的行为习惯(或称经验)的过程;记忆是将获得的新行为习惯或经验贮存一定时期的能力。条件反射的建立是一种最简单的学习和记忆过程。学习和记忆既有区别,又是不可分割的神经生理活动的过程,是适应与改造环境的重要方式。

(1)学习和记忆的突触可塑性与泛脑网络机制。

第一,突触的可塑性机制。学习和记忆是脑的高级功能,其神经基础是中枢神经系统的可塑性。近年来,认为突触的可塑性或突触的变化是学习和记忆的神经基础。可塑性即可变性或可修饰性。可塑性主要是指各种因素和各种条件经过一定时间的作用后引起的神经变化,包括神经网络、神经环路及突触连接等不同水平的可塑性。其中,突触连接是神经元之间连接最关键的部位,让神经元之间能够传递信息,使神经具有了一定的可塑性。突触的可塑性表现为,在一定的条件下突触所具有的改变形态与数量,以及调整功能的能力。无论是改变形态结构还是改变传递效能,物质基础都在于神经元和突触中蛋白质、神经递质、离子及信使分子等物质的物理变化和化学变化。

第二,突触连接的泛脑网络机制。泛脑网络是指由大量各种类型的神经元分级构成的高度错综复杂的非线性系统,表现为在生理上不同细胞的反应特异性与同类细胞不同突触输入的有效程度的差异的一致性,以及在神经网络中无数神经元与神经元之间的突触之间的构成的极为复杂的多维空间结构,形成突触在脑空间中的功能矩阵等特征。突触连接的泛脑网络结构,目前用以解释运动技能学习、形成和记忆等极其复杂过程的机制。

(2)学习和记忆的条件反射机制。由学习和记忆的条件反射机制衍生出了暂时性联系接通的概念,在条件反射的建立过程,意味着在脑不同部位间建立了新的功能联系。在条件反射形成后,条件刺激的神经通路与非条件反射的反射弧之间必定发生了一种新接通的暂时联系。在哺乳动物中,暂时联系发生在大脑皮质的有关中枢之间,即在条件刺激的皮质兴奋灶与非条件刺激的皮质兴奋灶之间,由于多次结合强化而建立了暂时联系,但这种推想并没有实验加以证实。条件反射具有极大的易变性,可以新建、消退、分化和改造,使动物和人具有更完善的适应性。

2.运动条件反射的形成与运动技能

(1)人运动条件反射形成的生理机理的假设。生活中有很多简单的非条件反射活动,比如食物反射、防御反射等,在这些非条件反射的基础上,人的视觉、听觉、触觉和本体感觉与这些条件反复结合,运动条件反射就形成了,是简单的反射。当与简单条件反射相关的中枢在人的大脑中建立神经联系时,就能够形成较为复杂的、具有连锁性的运动条件发射,也就是形成运动技能。

(2)运动技能和运动条件反射的区别主要包括以下三点:

第一,复杂性。运动条件反射比运动技能更复杂,条件反射活动有多个中枢参与形成。

第二,连锁性。反射活动是连续的、环环相扣的,一个动作的结束与下一个动作的开始紧密相连,时序特征十分明显、严格。

第三,本体感受性。本体感受性冲动即肌肉的传入冲动,它在反射过程中的作用十分重要,传入冲动是形成并强化条件反射、掌握运动技能的必备条件。

(3)运动动力定型。在大脑皮质运动中枢的支配下,部分肌肉活动的神经元在机能上排列组合,使得运动中枢中的兴奋与抑制交替发生,形成一种具有规律的、时间间隔严格的、具有一定形式和格局的系统,也就是使条件反射变得系统化,这就是运动动力定型。

3.运动机能的信息传递与处理

如果把人体看成是一个处理器,人体从外界接受到刺激(信息源)并发生一定的反应,就是信息处理的过程。对于运动技能的学习过程也可以这么看待。形成运动技能的信息源可以分为两个方面:体内和体外。

(1)体外信息源。体外信息源主要是从教学过程中获取,教师通过讲解、示范等手段将信息发出,学生通过感官接收信息,经过大脑皮质分析后形成初步概念。

(2)体内信息源。体内信息源来自于大脑皮质一般解释区,该区域位于颞叶后上方,角回的前方,是动觉、视觉、听觉的汇合区,在对不同的感觉进行体验和分析后发出信号,大脑的运动部位接收到这些信号后具体地控制身体运动。

二、影响运动技能形成与发展的因素

(一)动机

人的行为具有目的性,为实现某种目的而实施某种行为的原因被称为动机。动机和行为之间的关系表现为一个循环:内环境和外环境的刺激引起动机状态,达到满意或不满意的状态时再激起新的动机。可见,动机状态是由内外环境的刺激引起的,动机和行为之间的关系包含三种因素。内环境的刺激包括生理需要和心理需要。外环境的刺激包括环境变化和社会要求等。

1.动机的形成

动机的形成是循环的第一阶段;动机形成导致行为产生,这是第二阶段;行为结束后是第三阶段。在第三阶段有可能出现两种情况:其一,行为的目的已经达到(满意),此时第三循环结束;其二,行为的目的未能达到(不满意),此时会再一次产生动机,由此新入新一轮循环,直到达到目的。需要注意的是,有时候动机也会具有负效应,这就需要通过个人努力使负效应转变为正效应。

2.动机与运动技能形成的关系

动机与运动技能形成、运动成绩提升之间具有密切的关系,但是这种关系十分复杂。如果从线性关系的角度简单思考,那么动机越强烈,运动技能所形成的速度就应该越快,运动成绩也就会越来越好。但从事情情况来看并不是这样,在学习或者比赛过程中,需要找到一个最佳动机水平位置,只有处于这个水平的时候,才能取得最佳的学习效果和比赛成绩。而无论动机是不够强烈还是过于强烈,都对学习效果和比赛成绩具有负面影响。

此外,还有一个与动机密切相联系的因素——抱负,也直接影响运动技能形成和发展。抱负指的是远大的志向、愿望和理想,在运动比赛中,就是指运动员所希望自己达到的水平和取得的成绩。影响抱负水平的因素包括个人能力水平、个人实践经验、客观环境条件等,因此,在对自己的行为结果有所期待并制定目标时,要从主观与客观两个方面去考虑。

动机与抱负都在一定程度上对运动技能和运动成绩产生着影响,当学生处于最佳动机水平且具有较高的抱负水平时,学习欲望和学期热情也就越高,运动机能的形成就越快,学习过程所需要的时间就越短。

(二)反馈

反馈既属于输出信息,又能返回到输入信息中,这部分信息通过伺服机构调整而输出更加精确的信息。因此可以说,反馈就是效应器在反应过程中产生信息又传回控制部分,并影响控制部分的功能。

1.反馈的分类

运动机能学认为,以不同信息为依据可以将反馈分为固有反馈和非固有反馈两种。

（1）固有反馈指的是由练习和动作本身提供的信息的反馈,比如足球门、球场边界等为练习者提供位置信息,足球门和边界都属于练习本身的一部分,这些信息也是练习本身要求所固有的。

（2）非固有反馈指的是在练习中或练习后由外部提供信息的反馈,比如为了提高动作质量,教练员会通过语言、动作等对练习者的动作做出提示,这些信息是练习本身要求所非固有的。

（3）固有反馈和非固有反馈都可以分为同步反馈和终末反馈。同步反馈指的是在练习的过程中,练习者根据各种反馈信息来决定自身的运动和动作,比如羽毛球运动员会根据对方来球的速度、角度、力量和落点等来决定自己的回球动作。终末反馈指的是在一个动作结束后产生的反馈,比如足球运动员的射门动作,只能在射门后瞬间看球是否射进来分析射门的力量、方向、角度、时机等。

2.反馈的作用

（1）提供信息。对于反馈的看法主要有两种:第一种看法认为反馈的主要作用并不是强化,而是提供信息;第二种看法认为最初的反馈经过具有一连串误差感应器的系统调整后,产生了新的信息,新的信息有利于纠正和改进动作以提升动作质量。

（2）强化。反馈在学习应答技能时具有强化作用。反馈的强化作用可以分为阳性和阴性:阳性的强化作用指的是通过鼓励性的语言或措施来达到增强效果的作用;阴性强化作用指的是通过批评的语言或措施来达到减弱效果的作用。两种强化都是以提高运动机能为最终目的。

（3）激发动机。反馈还具有激发动机的作用,在运动实践中,反馈可以有效激发运动员的情绪与斗志,帮助运动员提升竞技状态,增强运动员的信心。

（4）运动机能形成的信息反馈通道。小脑是运动机能反馈通道中的耦合器,要接收来自方方面面的信息,比如本体感受器所传递的肌肉收缩的信息和大脑皮质的指令信息。两种信息在小脑中进行比较,以找出动作的偏差,然后小脑再将比较后的信息返回到大脑皮质,继而发出指令对动作进行纠正。因此,在体育教学、训练中,首先必须使学生建立正确的概念,才有可能准确纠正错误动作。

（三）感觉机能住运动技能形成中的作用

运动技能形成的过程其实就是感觉细胞与大脑皮质动觉细胞建立联系

的过程。本体感觉对于运动技能的形成有着至关重要的意义,因为人体的各种感觉都能够帮助肌肉产生正确的感觉与"记忆",只有拥有了正确的肌肉感觉,才能够形成运动技能。也只有随时了解肌肉瞬时收缩性与运动皮质下传的相应的神经冲动间的对比、综合,才能使运动动作不断校正和完善,从而形成运动技能。

1.视觉与本体感觉建立联系

人体接受外部信息最主要的感觉之一就是视觉,充分利用视觉并使视觉与本体感觉之间建立起紧密的联系,对快速形成运动技能有着十分重要的作用。比如,如果练习者对着镜子练习,那么对改进错误动作、形成正确动作就会有着显著的效果。

2.听觉和本体感觉建立联系

比如在做发力动作时,教师有时候会通过击掌或者发出声音对学生进行提示,帮助学生抓住正确的发力时机。教师通过"好""对""不好""不对"等词语对动作进行点评,也是通过声音来帮助学生加强或改进动作,从而提升动作质量。

3.位觉在形成运动技能中很重要

如空中翻腾动作,对三维位觉和多维位觉的适应能力的要求都很高。在本体感觉中,对空间、时间的精确分化与位觉息息相关。可以通过缓慢进行或者停顿动作来培养三维位觉和多维位觉的敏感性。此外,还有一些因素也对位觉的形成有所影响,比如:在踢足球时,通过脚掌压力可感知身体重心位置,从而能够调节平衡;在跑步时,通过触觉可以感受到迎面而来的空气压力的大小,从而可以调节身体倾斜度;等等。

第二节　运动感官与脑的功能

一、运动感官

人的感觉机能对完成运动动作具有重要意义,是提高运动能力的重要生理基础之一,在长期从事运动训练的过程中,人体的感觉功能也会相应得到提高。

（一）感受器生理特征

感受器是指分布在体表或组织内部的一些专门感受机体内、外环境改变的结构或装置。例如,视网膜中的视杆细胞和视锥细胞是光感受细胞;耳蜗中的毛细胞是声波感觉细胞。感受器官是指感受器与其附属装置共同构成的器官。如眼、耳、鼻、舌、皮肤等。感受细胞把机体内、外环境中的各种刺激转变为电位变化,以神经冲动的形式通过感觉神经纤维传向中枢特定部位,最后在大脑皮质上产生各种感觉。感受器的一般生理特征如下。

1.适宜刺激

每种感受器都有它最敏感的刺激,这种刺激就是该感受器的适宜刺激。例如,视网膜上视锥细胞和视杆细胞的适宜刺激是 300～800 nm 光波。耳蜗毛细胞的适宜刺激是 16～20 000 Hz 的声波等。

2.换能作用

各种感受器可将其所接受的各种形成的刺激能量,转换为神经冲动传向中枢,故称为感受器的换能作用。

3.编码作用

感受器不仅将外界刺激能量转变成电位变化,同时将刺激的环境信息转移到动作电位的排列组合之中。把这一作用称为编码作用。人的各种主观感觉的产生正是各感觉中枢通过感受器的编码作用,进行分析综合而获得的。

4.适应现象

当一定强度的刺激作用于感受器时,其感觉神经产生的动作电位频率,将随刺激作用时间的延长而逐渐减少,称此现象为适应。感受器不同而适应的速度也不同。例如,皮肤触觉感受器的适应过程发展得快,称为快适应;而肌梭、腱梭及颈动脉窦压力感受器的适应过程发展慢,称为慢适应。

（二）感觉信息的传导

当机体各种感受器接受内外刺激时,便产生神经冲动沿一定的传导途径到达中枢,经过多次的更换神经元,最后到达大脑皮质的特定区域形成相应的感觉。

1.特异性传入系统

各感受器传入的神经冲动都要经脊髓或脑干,上行至丘脑换神经元,并按排列顺序,投射到大脑皮质特定区域,引起特异的感觉,故称为特异性传入系统。每种感觉的传导投射系统都是专一的,并具有点对点的投射关系。特异性传入系统的功能除了引起特定的感觉外,并激发大脑皮质发出神经冲动。

2.非特异传入系统

特异投射传入系统的神经纤维经脑干时,发出侧枝与脑干网状结构的神经元发生突触联系,通过多次更换神经元之后,上行抵达丘脑内侧部再交换神经元,发出纤维弥散地投射到大脑皮质的广泛区域,此投射途径称为非特异投射传入系统。非特异投射系统不具有点对点的投射关系,并失去了专一的特异传导功能,是不同感觉的共同上传途径。其主要功能是维持和改变大脑皮质的兴奋状态,对保持机体醒觉具有重要作用,但不能产生特定的感觉。

(三)大脑皮质的感觉分析功能

各种感觉传入冲动在大脑皮质进行分析和综合,产生相应的感觉。大脑皮质的不同区域在功能上具有不同的作用,称为大脑皮质的功能定位,皮层体表感觉区神经细胞的纵向柱状排列构成大脑皮质的基本功能单位为感觉柱,同一柱状结构内的神经元都具有同一种功能。

1.体表感觉

全身体表感觉的投射区域主要位于中央后回,称为第一体表感觉区。其特点如下。

(1)感觉冲动向皮质投射呈左右交叉,但头面部感觉冲动投射到左右双侧皮质。

(2)投射区域的空间位置是倒置的,即下肢的感觉区在皮质顶部,上肢感觉区在中间,头面部感觉区在底部。

(3)投射区的大小与不同体表部位的感觉灵敏程度有关。如拇指、食指、唇的感觉灵敏,其代表区大,感觉迟钝的背部,则代表区小。

2.运动感觉区

运动感觉投射代表区位于中央前回,该区是运动区,也接受关节和肌肉的感觉投射。刺激人脑中央前回,可引起受试者产生企图发动肢体运动的主观感觉。

3．视觉感觉区

视觉的投射区位于枕叶距状裂上下缘。起源于鼻侧视网膜的传入纤维，经视交叉投射到对侧枕叶，而起源于颞侧视网膜的传入纤维，则不交叉投射到同侧枕叶。因此，如一侧枕叶皮质受损，造成两眼偏盲，双侧枕叶皮质受损，将造成全盲。

4．听觉和前庭觉

听觉的投射区域位于颞叶的颞横回和颞上回，听觉皮质代表区是双侧性的。前庭感觉的投射区域可能位于大脑皮质颞叶后部。

5．内脏感觉

内脏感觉的投射区位于第一和第二感觉区。此外，边缘系统的皮质部位也有其投射区域。

（四）视觉器官

视觉器官是视觉系统活动的基础，它可分为折光系统和感光系统两个部分。前者包括角膜、房水、晶状体和玻璃体；后者指视网膜。平行光线首先通过眼内折光系统发生折射后，在视网膜上成像。视网膜上的感光细胞将物理的光刺激转变成神经冲动，经视神经传到丘脑，再向大脑皮质感觉区投射形成视觉。视觉在人体运动中具有极重要的意义。

1．眼的折光系统及调节

（1）眼折光系统及成像。光线由一种介质进入另一种折射率不同的单球面折光体时，只要不与折光体介面垂直，光线便会产生折射。人眼的折光系统是由多个折光介面组成的复杂光学系统。通常将人眼设计为一个单球面折射系统，其折光原理与实际眼的折光效果基本相同，称为简化眼。

（2）视调节。正常眼看无限远时（6 m 以外），进入眼内的光线近似平行，恰好成像于视网膜上。当物像距离小于 6 m 时，入眼简化眼假定眼球的前后径为 20 mm，折光指数为 1.333。光线入眼时只在角膜前球形界面折射一次，节点在角膜后方 5 mm 处。此模型和正常安静时的人眼一样，6 m 以外的物体 A、B 两点发出的光线，经过节点不折射。这两个光线在节点交叉，在视网膜上形成 a、b 两点，成为物体为 A、B 的一个倒立实像。将移至视网膜之后，造成视物模糊。正常人的眼球折光系统的折光能力，能够随物体的移近而相应地增强，使物像落在视网膜上而看清物体，这一调节过程称为视调节。

2.眼的感光机能

(1)视网膜的感光机能。人的视网膜上存在两种感光细胞,即视锥细胞和视杆细胞。视锥细胞主要分布在视网膜的中央凹处,能接受强光刺激,形成明视觉和色觉,并能看清物体表面的细节与轮廓,有很强的空间分辨能力。视杆细胞主要分布在视网膜的周边部分,对光的敏感度高,能接受弱光刺激,形成暗视觉。

(2)色觉。光线本身无颜色,但作用于视网膜的视锥细胞后,就能引起大脑产生色觉。人眼可在光谱上分辨出100多种颜色,但主要是红、橙、黄、绿、青、蓝、紫七种颜色。人眼区别不同颜色的机理,目前仍用杨格(Young)、亥姆霍兹(Helmhlotz)提出的三原色学说来解释。三原色学说认为视网膜上有三种视锥细胞,分别含有对红、绿、蓝三种色光敏感的感光色素,不同波长的光线对三种感光物质的刺激程度不同,故可引起不同的颜色。凡不能识别三原色中的某一种颜色者均称色盲。而对某种辨别能力较正常人差者,称为色弱。色盲和色弱的患者,不适宜从事与颜色有关的职业。

(五)听觉与位觉

耳是听觉器官,也是位觉(平衡)器官。从结构上,耳分为外耳、中耳、内耳三部分,外耳和中耳是声波的传导器官。内耳又称迷路,包括耳蜗、椭圆囊、球囊和三个半规管,后三部分统称为前庭器官。耳蜗中有接受声波的听觉感受器;前庭器官中有接受头部位置改变和加减速运动刺激的感受器。内耳是听、位觉器官的主要部分。

1.听觉

听觉的适宜刺激是声波。外界的声波振动经外耳道、鼓膜、听骨链,引起外淋巴和基底膜振动,刺激毛细胞产生去极化感受器电位,再通过突触传递,在听神经纤维末梢产生总和电位和动作电位,当动作电位沿听神经传向皮层听觉中枢时、则产生听觉。听觉在人类利用语言进行社会交往方面起着重要作用。

(1)听阈与听域。声音必须达到一定响度才能被人感知。人能听到的最低声强称为听阈。当声强增加到一定数值时被检者会出现压迫感,甚至痛感,此强度极限称为最大可听阈。从可听阈到最大可听阈曲线之间包括的面积称为听域。正常人在音频为 1000～3000 Hz 时听阈最低,也就是听觉最敏感。随年龄增长可听阈逐渐升高。

(2)外耳与中耳的传音功能。外耳包括耳廓与外耳道,耳廓有集音作用。成人外耳道长约 3.5 cm,声波可以通过它无减衰地传向鼓膜,使鼓膜发生振动,其振动能量经听骨链增压效应后,作用在内耳卵园窗上,从而引起内淋巴液振动。

(3)耳蜗的功能。耳蜗是感音器官,在耳蜗内有一条基底膜,位于基底膜上的螺旋器是声音感受器,基底膜上螺旋器有支持细胞和毛细胞两种,毛细胞的顶部上有百条排列整齐的听纤毛。听纤毛与盖膜直接接触或埋植在盖膜的胶状物质中。基底膜振动时听纤毛弯曲,使毛细胞产生神经冲动,神经沿听神经传向听中枢产生听觉。

人对声音性质的分辨除了耳蜗功能外,还决定于中枢神经各部位的功能。在体育运动中,运动员借助于听觉、视觉分析活动,可控制动作的节律和速度,提高大脑皮质兴奋情绪,减轻大脑神经细胞的疲劳。

2. 位觉

身体进行各种变速运动(包括直线加速运动和角加速运动)时会引起前庭器官中的位觉感受器兴奋并产生的感觉,称为位觉(或前庭感觉)。其感受器位于颞骨岩部迷路内,由椭园囊、球囊、和三个半规管构成。

(1)前庭器的感受装置与适宜刺激。球囊、椭圆囊和半规管之间以充有内淋巴的细小管道互相联系。椭圆囊和球囊的壁上有囊斑,分别称为椭圆囊斑和球囊班。囊斑中有感受性毛细胞,其纤毛插入耳石膜内,膜表面附着的许多小碳酸钙结晶称为耳石。其适宜刺激是耳石的重力及直线正负加减速运动。当头部位置改变,如头前倾、后仰或左、右两侧倾斜时,由于重力对耳石的作用方向改变,耳石膜与毛细胞之间的空间位置发生改变,使毛细胞兴奋,冲动经前庭神经传到前庭神经核,反射性地引起躯干与四肢有关肌肉的肌紧张变化。同时,冲动传入大脑皮质前庭感觉区,产生头部空间位置改变的感觉。当人体做直线运动的开始、停止或突然变速时,耳石膜因直线加速度或减速度的惯性而发生位置偏移,使毛细胞的纤毛弯曲、兴奋,通过反射活动调整有关骨骼肌的张力,以维持身体平衡。同时也有冲动经丘脑传入大脑皮质感觉区,产生身体在空间的位置及变速的感觉。

三个半规管互相垂直,分别称前、后与水平半规管。每个半规管均有膨大端为壶腹,壶腹壁上有壶腹嵴,壶腹嵴也含有感受性毛细胞。毛细胞的纤毛上覆盖着许多胶状物质,形如帽状,称为终帽。半规管壶腹嵴的适宜刺激是旋转正负加速度。当旋转运动开始、停止或突然变速时,由于内淋巴的惯性作用,使终帽弯曲,刺激毛细胞而兴奋,冲动经前庭神经传入中枢,产生旋转运动感觉。在内耳迷路中,水平半规管主要感受绕垂直轴左右旋转的变速运动,而前、后半规管主要感受绕前后轴和横轴旋转的变速运动。因此,人们可以感受任何平面上不同方向旋转变速运动的刺激,并做出准确的反应。

(2)前庭反射与前庭机能稳定性。前庭反射是指前庭器官受到刺激产生兴奋后,除引起一定位置觉改变以外,还引起骨骼肌紧张性改变、眼震颤及植物性功能改变。例如,眩晕、恶心、呕吐和各种姿式反射等。

刺激前庭感受器而引起机体各种前庭反应的程度,称为前庭功能稳定性。前庭功能稳定性较好的人,在前庭器官受到刺激时所发生的反应就较弱,有利于提高人体的工作能力。在体育运动中,赛艇、划船、跳伞、跳水、滑雪、体操、武术、链球、投掷及各种球类运动项目,运动员的前庭功能稳定性较高。所以,经常参加这类体育运动的训练,有利于提高前庭功能稳定性。

二、脑的高级功能

(一)学习和记忆的过程及机制

学习和记忆是两个有联系的神经过程。学习指人和动物依赖于经验来改变自身行为以适应环境的神经活动过程。记忆则是学习到的信息贮存和"读出"的神经活动过程。这些过程的建立,本质上都是条件反射建立的过程。

1. 学习过程

在动物实验中,给狗吃食物会引起唾液分泌,这是非条件反射。给狗以铃声刺激则不会引起唾液分泌,因为铃声与食物无关,这种情况下铃声称为无关刺激。但是,如果每次给狗吃食物以前先出现一次铃声,然后再给食物,这样多次结合以后,当铃声一出现,动物就会出现唾液分泌。铃声本来是无关刺激,现在由于多次与食物结合应用,铃声具有了引起唾液分泌的作用,即铃声已成为进食的信号。所以这时铃声就成了条件刺激。这样的反射称为条件反射。可见,条件反射是后天生活中形成的。形成条件反射的基本条件就是无关刺激与非条件刺激在时间上的结合,这个过程称为强化。在建立条件反射时,条件刺激要先于非条件刺激出现。任何无关刺激与非条件刺激结合,都可以形成条件反射。

2.记忆过程

通过感觉器官进入大脑的信息量是很大的,但估计仅有10%的信息能被较长期地贮存记忆,而大部分却被遗忘。能被长期贮存的信息都是对个体具有重要意义的,而且是反复作用的信息。因此,在信息贮存过程中必然包含着对信息的选择和遗忘两个方面。信息的贮存需经过多个步骤,但简略地可把记忆划分为两个阶段,即短时性记忆和长时性记忆。人类的记忆过程可细分成四个阶段,即感觉性记忆、第一级记忆、第二级记忆和第三级记忆,前两个阶段相当于短时性记忆,后两个阶段相当于长时性记忆。短时记忆时间很短,平均约几秒钟;长时性记忆时间较长,一般不容易遗忘,如经常操作的手艺或动作,通过长年累月的运用,是不易遗忘的。

3.学习和记忆的机制

(1)神经元活动的后作用是记忆的基础。在神经系统中,神经元之间形成许多环路联系,环路的连续活动也是记忆的一种形式。

(2)较长时性的记忆与脑内的物质代谢有关,尤其是与脑内蛋白质的合成有关。在金鱼建立条件反射的过程中,如用嘌呤霉素注入动物脑内以抑制脑内蛋白质的合成,则动物不能建立条件反射,学习记忆能力发生明显障碍。此外,中枢递质与学习记忆活动也有关。动物学习训练后注射拟胆碱药毒扁豆碱可加强记忆活动,而注射抗胆碱药东莨菪碱可使学习记忆减退。

(3)持久性记忆可能与新的突触联系的建立有关。动物实验中观察到,生活在复杂环境中的大鼠,其大脑皮层较厚度,而生活在简单环境中的大鼠,其大脑皮层较薄。说明学习记忆活动多的大鼠,其大脑皮层发达,突触的联系多。人类的第三级记忆的机制可能属于这一类。

(二)条件反射的抑制

"脑功能研究虽已有引人瞩目的进展,然而对脑的高级功能(脑的认知功能),还几乎没有多少深入认识。巴甫洛夫的条件反射学说,在我国至今未能被人们从脑的认知功能的角度来认识和研究,重新思考和再认识条件反射学说十分必要,也具有现实意义。"①

条件反射的抑制可分为非条件性抑制和条件性抑制。条件性抑制的本质也是建立条件反射(阴性条件反射)。

1.非条件性抑制

非条件性抑制是先天性的,是不需要后天学习训练就具有的,可区分为外抑制和超限抑制两种。

(1)外抑制。在动物进行条件反射的实验时,突然出现一个新异刺激,将会引起实验动物的朝向反射,使原来条件反射活动减弱或消失。由于引起条件反射抑制的刺激是在条件反射中枢以外,故称为外抑制。

(2)超限抑制。当刺激强度或时间超过某个界限时,条件反射量减小,甚至完全消失。这种由于过强或过长的刺激超过了大脑皮质神经细胞的工作承受能力,为防止皮质细胞受损害而产生的保护性抑制,通常把这种抑制称为超限抑制。

2.条件性抑制

条件抑制是后天获得的,它需要逐渐训练使之形成和巩固。

(1)消退抑制。在条件反射形成后,如果反复应用条件刺激而不给予非条件刺激强化时,已形成的条件反射就会逐渐减弱,直至消失,这种现象称为消退抑制。运动员纠正错误动作,本质上是消退抑制。

(2)分化抑制。在条件反射形成初期,一些与条件刺激相似的刺激也或多或少地产生条件反射的效应。例如,用 120 次/min 的节拍声音刺激与食物相结合形成的唾液分泌条件反射,若用 110 次/min 或 130 次/min 节拍音响刺激,也能引起该动物唾液分泌反应,此为条件反射的泛化。如果以后只对 120 次/min 节拍的音响刺激强化,而对其他刺激不予强化,最终只对 120 次/min 节拍音响产生分泌反应,这称为条件反射的分化。分化的结果是对强化的刺激产生反应,而对未被强化的近似刺激产生抑制,故把这种抑制称为分化抑制。在学习动作开始阶段,由于泛化现象会产生错误或多余的动作,通过对正确动作的强化(肯定)和对错误动作不强化(否定),可以加速正确动作的掌握。

(3)延缓抑制。建立条件反射的过程中,给以条件刺激后,再间隔一定时间才给予非条件刺激强化,如此反复多次以后,便形成延缓条件反射。这

① 梅镇彤.关于巴甫洛夫条件反射学说的新思考[J].科学,2022,74(04):30-32+4.

是在反射中枢产生了一定时间的抑制过程后才发生的反应,这种抑制称为延缓抑制在体育运动中,有很多运动技术要求形成延缓抑制。例如,排球的扣球,过早或过迟起跳都会使扣球失误。因此,建立适合各种扣球技术的延缓抑制过程,才能形成准确的刺激—反应时空判断。

(4)条件抑制。已建立起的条件反射,用条件刺激与附加刺激同时作用(复合刺激)时不予强化,只对原条件刺激单独作用时给予强化,多次重复后,对单独的条件刺激仍能产生兴奋反应,而对复合刺激则不产生兴奋反应,这种由于附加刺激,不予强化而引起的抑制就称为条件抑制,例如,在球类运动中,许多限制性规则都具有条件抑制作用。

(三)睡眠

睡眠是生命活动所必需的一个主动过程。人的一生中有三分之一的时间是在睡眠。通过睡眠,可以使人体精力和体力得到恢复,保持良好的机能状态。在睡眠时,人的感知觉能力出现暂时性减退,骨骼肌紧张性下降,并伴有植物性功能改变。如:心率、血压、呼吸频率、代谢率及体温均下降,而生长素分泌则增多,糖原和蛋白质合成代谢加强,这些都对机体积蓄能量、休整恢复十分有利。

睡眠具有两种不同的时相,即慢波睡眠(正相睡眠)和快波睡眠(异相睡眠),前者为浅度睡眠状态,后者为深度睡眠状态。在整个睡眠期间,两种睡眠交替发生 4～5 次。异相睡眠是正常生活中不可缺少的生理过程,它与神经系统的成熟、发展及学习记忆活动关系十分密切,特别是在儿童生长发育过程中尤为重要。

一般认为年龄、工作性质及个体差异是影响睡眠的主要因素。成年人每天需要 7～9 h,新生儿约需 18～20 h,儿童约需 12～14 h,老年人 5～7 h。体力劳动者较脑力劳动睡眠时间长,运动员大强度运动后需 10 h 以上睡眠,故运动训练和比赛期间保证足够睡眠是取得良好的训练效果和优异成绩的前提条件。

睡眠产生的机理仍然有两种看法:一种是根据巴浦洛夫有关条件反射的研究结果而提出来的,认为睡眠是一种主动抑制过程、当抑制过程在大脑皮质内广泛扩散,并扩布到皮质下中枢时就引起睡眠;另一种认为,在脑干尾端存在着能引起睡眠和脑电波同步化的中枢,这一中枢向上传导可作用于大脑皮层,并与上行激动系统的作用相对抗,从而产生睡眠。

第三节　运动过程中人体机能的变化规律

一、赛前状态与准备活动

（一）赛前状态

人体参加比赛或训练前身体的某些器官、系统产生的一系列条件反射性变化。我们将这种特有的机能变化和生理过程称为赛前状态。赛前状态可以发生在比赛前数天、数小时或数分钟内。

1. 赛前状态的特征及其产生机理

比赛之前，生理方面可能会出现的变化有：神经系统更加兴奋，物质代谢速度更快，体温快速提升，内脏器官加强活动频率。举例来说，心脏和呼吸系统的工作频率明显提升，身体分泌出更多的汗液，动脉血压有所提高。在越接近比赛的情况下，这些特征越明显。

赛前强烈程度和本次比赛、本次参与比赛的运动员自身有关，如果比赛规模比较大，那么在临近比赛时间的情况下，运动员会展现出更为明显的赛前反应，如果运动员自身没有丰富的比赛经验，平时没有进行高强度的训练，情绪不放松，那么赛前反应会更为强烈。当赛前反应处于合理水平的情况下，运动员可以从中受益，以更好的状态参与比赛。相反，如果反应超过了正常水平，运动员可能会比赛失常。

之所以在比赛之前会出现上述生理反应，主要是因为条件反射。运动员在比赛的过程中会受到场地因素、器材因素、声音因素以及对手的影响，在长期的影响下，这些因素就会转变成外在的条件刺激。当运动员接收到这种类型的信息之后，就会出现一系列的生理变化，运动员的生理变化主要是日常训练以及比赛等过程当中出现，也就是说，形成于自然环境，所以，运动员的条件反射是自然条件反射。

2. 赛前状态对运动能力的影响及调整

按照生理反应具体特点的不同，可以对赛前状态作出以下类型划分：

第一，准备状态类型。此种类型的主要特征是中枢神经系统会在一定程度上处于兴奋状态,内脏器官以及植物性神经系统本身的惰性可以在一定程度上有所减轻,机体可以更快地转换成工作状态,这在一定程度上有助于运动员取得更好的成绩。通常情况下,优秀运动员属于这种类型。

第二,起赛热症型。这种类型的主要特征是中枢神经系统会很大程度地展现出较高的兴奋性,也就是说,中枢神经系统非常紧张,运动员可能会四肢无力,很难入睡,没有食欲,甚至可能会出现其他的不良生理反应,这在一定程度上影响了运动员实力的发挥。一般情况下,比赛经验不多的年轻运动员可能会属于这种类型。除此之外,一些经验丰富的运动员在参加极为重要的比赛时也可能会在赛前转变为这种类型。

第三,起赛冷淡型。这种类型的主要特征是中枢神经系统没有表现出太多的兴奋,运动员甚至可能出现心情不佳、不振奋、四肢无力的情况,严重地影响了比赛实力的发挥。通常情况下,在转变成第二种类型之后,运动员容易出现这种状况。所以,可以把它理解成第二种类型所引发的后续反应。

(二)准备活动

准备活动指的是在上课比赛以及训练之前进行的身体练习,准备活动可以让内脏器官本身的生理惰性得到一定程度的克服,让身体快速转变成工作状态。做好准备活动之后,可以更好地适应接下来的剧烈运动。

1.准备活动的生理作用和产生机理

(1)准备活动的生理作用。

第一,调整比赛前的状态。在做准备活动的时候,中枢神经系统会在一定程度上变得兴奋,这有助于让运动员在比赛之前获得良好的状态,加快大脑的反应,帮助身体更好地调整各个部位的功能,做好中枢系统之间的协调。

第二,帮助内脏器官克服自身的生理惰性。在准备活动过程中,呼吸系统、心血管系统会受到充分的调动,肺部会吸入更多的空气,心脏也会输出更多的血量。与此同时,毛细血管也会实现扩张,这可以帮助身体获得更多的氧气,让内脏器官加速步入工作状态。

第三,加快机体代谢,帮助身体升温。准备活动也经常被称为热身活动,这也足以说明在准备活动过程中身体容易升温。

体温升高的情况下,肌肉的黏滞性会有所降低,肌肉会以更快的速度收缩和扩张,肌肉会更加有力量,而且体温升高的情况下,蛋白当中会产生更多的氧气,肌肉可以获得更多的氧气供应。与此同时,体温升高有助于酶活性的升高,加速身体的物质代谢,保证运动过程当中可以获得足够的能量支持。与此同时,体温升高的情况下,中枢神经系统也会变得更加兴奋,肌肉会显现出更大的弹性、柔韧性以及伸展性,这在一定程度上有助于避免运动损伤的出现。

第四,皮肤血流量会有所增加,身体可以更好地散热。

(2)准备活动作用的生理机理。事先进行准备活动,神经中枢就会处于兴奋状态,神经中枢部位就会存在兴奋过的痕迹,该痕迹会对后续的正常比赛产生影响,可以发挥一定的生理效能,让后续运动员比赛的时候中枢神经系统一直保持在适合的兴奋水平。而且内脏器官本身的惰性得到克服之后,身体快速进行新陈代谢,身体在此时可以处于最佳状态。但是,需要注意,神经中枢系统的兴奋痕迹并不能够长久发挥效用,一般情况下只能维持 45 min。因为准备活动过程中,身体也会形成条件反射,因此,在正式比赛过程中,身体机会受到生理效应的作用,也会受到条件反射的影响。

2.做准备活动的生理负荷

准备活动。生理效应会受到准备时间、准备内容、准备强度以及准备活动和比赛之间的时间间隔等因素的影响。通常情况下,准备活动和比赛的时间间隔最好是不低于 10 min,不高于 30 min,准备活动过程中,心率每分钟不低于 100 次,不高于 120 次。与此同时,运动员还应该考虑自己的习惯和身体进行一定的调整。如果是在教学课程之前进行准备活动,那么课程开始和准备活动结束之间最好不要超过 3 min。

二、进入工作状态与稳定工作状态

(一)进入工作状态

人在参与体育活动的时候没有办法一步提升机能,需要在参与活动的过程中慢慢提升身体机能,机能逐渐提高一直到达理想机能状态的过程就被叫做进入工作状态。分析进入工作状态的本质,可以发现它是在调动人体机能。

1.产生进入工作状态的机理

分析人的运动过程可以发现,主要受到物理惰性以及生理惰性的影响。生理惰性主要是受到植物性神经纤维的影响,具体来讲,影响体现在以下几个方面：

第一，人的所有活动都属于反射活动。反射活动的完成需要花费一定的时间，如果动作比较复杂，反射时间就会比较长，运动员就需要较多的时间进入工作状态。

第二，内脏器官具有生理惰性，各项运动动作的完成需要内脏器官配合，而内脏器官所开展的活动主要是受到植物性神经的控制，植物性神经机能有更大的惰性，而且在控制内脏器官的过程中，神经传导速度相对较低，需要引发更多的突触联系。

除此之外，神经体液调节也会在内脏器官活动当中发挥作用。神经系统会对激素进行调节，进而影响到其他的器官，这样的调节也需要克服较大的惰性。

所以，想要进入工作状态，必须克服内脏器官本身具有的生理惰性，如果没有做任何的准备活动就开始跑步，那么在跑步的前 $2\sim3$ min 之内，各项内脏器官才能准备好达到理想状态。

2.影响进入工作状态的因素

进入工作状态需要花费的时间很大程度上受到工作性质、工作强度、个人身体状态、个人训练水平的影响，如果其他条件相对正常，那么运动活动相对复杂时，进入工作状态也需要花费更长的时间。如果运动员平时的训练程度比较大，那么所需的进入工作状态时间可能会有所降低。此外，天气也会影响到进入状态时间，在适宜的温暖的气候下，可以更快进入工作状态。

(二)稳定工作状态

运动员进入工作状态之后，会在较长的时间维持较为稳定的身体机能水平。这时的状态就可以被叫做稳定工作状态，稳定工作状态有两种形式：

1.真稳定工作状态

如果运动强度比较小，而运动时间相对较长，那么当运动员进入工作状态之后，身体可以获得较为充足的氧气，这时的身体状态就是真稳定工作状态。在这种情况下，人身体的各项指标中都能够处于相对稳定的状态当中，身体也主要是进行有氧呼吸，身体当中不会产生较多的乳酸，血液也会维持酸碱平衡。真稳定工作状态可以维持的时间长度主要是受到氧气运输系统功能的影响，如果氧气运输系统可以高效发挥作用，那么真稳定工作状态就可以维持较长的时间。

2.假稳定工作状态

如果运动强度比较大,并且维持的时间比较长,那么运动员进入工作状态之后,所吸收的氧气数量可以达到最大水平,但是,这时身体需要的氧气仍然不足,此状态就是假稳定工作状态。

假稳定工作状态下,身体会进行无氧呼吸,这时,身体机能就不能较长时间地维持平衡,维持稳定,机体会感觉到疲劳。在进行无氧呼吸的情况下,身体当中产生的乳酸数量会比较多,会导致乳酸累积,进而影响到血液的酸碱质。在乳酸增多的情况下,血液的 pH 值肯定会下降,这时其他生理功能就会受到影响,各项生理器官就会在极限情况下维持工作。这种状态不利于运动活动的开展,运动很难长时间维持。

三、运动性疲劳

(一)运动性疲劳的特点及分类

1.运动性疲劳的特点

运动性疲劳指的是运动过程当中,身体机能没有办法维持正常运动需求的生理过程。在运动过程中可能会出现运动性疲劳,这是专门属于运动的生理现象。具体来讲,运动性疲劳主要有以下特征:

第一,判断运动疲劳达到的程度时,需要综合判断各个组织器官的运动能力水平以及机能水平。

第二,有了运动性疲劳概念之后,可以客观地确定疲劳评定的指标,可以综合运用多项指标来判断疲劳程度。

2.运动性疲劳的分类

运动性疲劳之所以产生是因为身体和肌肉进行了一定程度的活动。运动性疲劳出现之后,运动能力会有所下降,不同的运动所引起的运动性疲劳程度不同,运动员可能会局部疲劳,也可能会全身感觉疲劳。按照运动性疲劳出现的机理以及具体表现特征的不同,可以将运动性疲劳划分成外周性、混合性以及中枢性三种类型。当活动方式存在差异时,运动性疲劳也会呈现出不同的症状。举例来说,激烈运动之后,肌肉可能酸痛,身体可能感觉乏力。棋类运动结束之后,大脑可能陷入混沌,反应较慢。运动过程中,身体和心理有紧密的联系,所以,身体疲劳也会引发心理疲劳,也就是说运动过程中容易身心俱疲。

(二)运动性疲劳的产生机理

19世纪80年代,莫索最初开始开展疲劳方面的研究。随后人们提出了多种运动性疲劳的形成机理,其中比较经典的假说有以下几种。

1. 自由基学说

自由基有很多,比如说过氧化氢及单线态氧、氧自由基,等等。在人体细胞当中可以找到很多自由基,而且细胞当中的很多物质也可以生产自由基,自由基因为没有和其他的电子配对,所以,它在化学反应当中表现相对活泼,可以和身体当中的核酸、糖、蛋白质以及各种酯类发生反应。它在一定程度上可以改变细胞结构、细胞功能,甚至破坏细胞。

当运动比较激烈时,肌纤维膜会发生破裂,内质网膜也会发生性质变化,这会导致血浆纸质过氧化水平有较大程度的提升,会影响酶的活性。除此之外,还会影响到线粒体的工作。在这样的情况下,肌肉工作能力会有明显的下降,身体就会疲劳。

虽然现在人们还没有在自由基和运动性疲劳的关联方面进行太长时间的探索,但是已经明确了氧自由基具有的毒性以及肯定了氧自由基在疲劳发生过程当中的重要作用。

除此之外,运动性疲劳还会受到内分泌功能、免疫功能的影响,疲劳的形成并不是单一原因导致的,它涉及很多复杂的过程。

2. 神经递质的化学机制

运动能够影响中枢神经系统某些神经元的生理活动,包括多巴胺能神经元、去甲肾上腺素神经元、5-羟色胺能神经元、谷氨酸能神经元和丁-氨基丁酸神经元等。由于不同的实验采用的动物、运动方式、取样时间与方法(如组织匀浆和微透析)的不同,导致很多实验结果不一致,甚至相互矛盾,但运动能改变这些神经元的神经递质的代谢活动。运动诱导了某些神经递质的合成、释放与降解的改变,影响神经系统的机能。最早报道运动对脑神经递质的影响见于20世纪60年代,当时将运动作为一个应激模型,或者把运动应激源与其他应激源,如寒冷暴露或电激等应激源进行比较,探讨应激过程神经递质的变化。从那时起,对于运动过程中、运动后即刻及在运动后恢复期内神经递质的变化进行了大量研究,但这些研究大多观察的是脑组织匀浆中神经递质的含量变化,是一种间接检测方法。自从脑微透技术应用到研究运动对神经递质的影响中来,才能够直接观察到脑神经递质的变化情况、

(1)5-羟色胺的生理作用。5-羟色胺是中枢神经系统中的典型神经递质,5-羟色胺能神经元几乎遍及整个中枢神经系统。5-羟色胺对机体的多种生理机能具有调节作用。它对心血管、呼吸、内分泌、体温、睡眠、性活动具有调节作用。它还与疼痛和精神活动有关,在外周5-羟色胺是致痛物质,而在脑内注射微量5-羟色胺可产生镇痛作用。减弱中枢神经系统中5-羟色胺能系统的功能,可缓解焦虑,而提高5-羟色胺能系统的功能可导致焦虑。

(2)运动引起5-羟色胺增加。运动能使脑内5-羟色胺及代谢产物5-羟吲哚乙酸增加。3 h低强度游泳运动使大鼠全脑内的5-羟色胺浓度增加;90 min的跑台运动使大鼠全脑中5-羟色胺增加30%。跑台运动(20 m/min,90 min)使大鼠中脑、海马与纹状体5-羟色胺与5-羟吲哚乙酸增加。大鼠以20 m/min的速度进行一个小时的运动,引起脑内和脑脊液中5-羟色胺的前体物质色氨酸增加,并伴随5-羟吲哚乙酸增加,色氨酸与5-羟吲哚乙酸的浓度在运动后一个小时恢复到正常值。这说明跑台运动增加了5-羟色胺合成与分解过程经过训练的大鼠和没有经过训练的大鼠尽管运动至力竭所用的时间长短不同,但血浆中游离色氨酸、脑内色氨酸、脑内5-羟色胺和5-羟吲哚乙酸浓度都增加。长时间的适量运动或力竭性运动增加了不同脑区的5-羟色胺的合成与分解。这可能是由于血浆中游离色氨酸的浓度升高的结果。

大鼠1 h运动后中脑、纹状体与下丘脑中的5-羟色胺与5-羟吲哚乙酸增加,在运动至疲劳时,中脑、纹状体与下丘脑中的5-羟色胺进一步增加,并且5-羟吲哚乙酸在中脑与纹状体增加得更多,提示5-羟色胺与疲劳有关。在1 h的运动后多巴胺及其代谢产物与3,4-双羟苯乙酸在中脑、纹状体、下丘脑和海马都增高,而在疲劳后下降。多巴胺的生理作用主要是提高觉醒程度,增强动机,增加肌肉协调,提高运动能力。在长时间运动后多巴胺下降,提示多巴胺的下降也可能与疲劳有关。5-羟色胺与多巴胺在疲劳发展过程中呈负相变化。运动引起5-羟色胺与5-羟吲哚乙酸的增多,可在运动前服用安非他明抑制(安非他明可激发多巴胺与去甲肾上腺素的释放)。这说明运动诱导的脑5-羟色胺的增加可被多巴胺能和去甲上腺能神经元的活动抵制。当多巴胺下降时,5-羟色胺升高。

(3)运动使脑内 5-羟色胺增加的机制。长时间运动导致脑内色氨酸增加是脑内 5-羟色胺合成增加的重要原因。色氨酸是 5-羟色胺的合成前提，在生理条件下，神经元利用色氨酸合成 5-羟色胺的过程不受 5-羟色胺合成酶的饱和程度限制，也就是说，只要合成 5-羟色胺的前体物质色氨酸增加，5-羟色胺的合成就会增加。色氨酸在血浆中以与铝离子松散结合的形式存在，少量的色氨酸以游离状态存在。游离色氨酸可通过血—脑屏障进入脑内，其运转方式与其他大分子中性氨基酸运转方式一致，主要是支链氨基酸（亮氨酸、异亮氨酸和缬氨酸）。因此当游离色氨酸与支链氨基酸的浓度比值增大的时候，游离色氨酸有更多机会透过血—脑屏障进入脑组织内。脑内 5-羟色胺合成前体物质游离色氨酸的增加，使 5-羟色胺的合成增加。长时间运动游离色氨酸与支链氨基酸的浓度比值增加，其原因为：① 在长时间运动时，血中支链氨基酸参与肌肉氧化供能，造成支链氨基酸浓度下降；② 长时间运动使血中自由脂肪酸增加，自由脂肪酸能将色氨酸从与铝离子的结合状态中置换出来，导致血中游离态色氨酸长时增加。

(4)5-羟色胺与中枢疲劳。药理学方法证实脑内 5-羟色胺增加是导致运动性疲劳发生的因素之一，即通过 5-羟色胺的阻断剂与激动剂改变 5-羟色胺的活动，观察 5-羟色胺与运动的关系。用 5-羟色胺的激动剂来处理大鼠，发现大鼠的运动能力下降。而用 5-羟色胺阻断剂处理大鼠，大鼠疲劳延迟发生。这种现象在人体实验上得到了证实。让受试者以 70% 最大摄氧量的强度长时间运动，受试者在服用 5-羟色胺激动剂后没有明显的副作用，即在没有心血管、体温和代谢功能的变化前提下，与服用安慰剂相比，运动时间缩短。

(5)营养干预会影响到脑 5-羟色胺的浓度。营养干预之后，处于游离状态的色氨酸以及支链氨基酸所占的比值会有所降低，在这样的情况下，大脑当中可以获取到的游离状态的色氨酸数量会降低，大脑就不会合成更多的脑 5-羟色胺，这在一定程度上降低了运动性疲劳出现的速度。所以，可以通过补充糖的方式使身体当中的游离色氨酸比值降低、支链氨基酸比值降低。而且如果运动时间比较长，那么在过程当中补充一些糖，可以避免消耗脂肪，如此血浆当中就不会出现较多数量的游离脂肪酸，进而游离色氨酸就不会更多地从自由脂肪酸当中置换出来，游离色氨酸的数量就会有所降低。

在马拉松、越野滑雪和足球比赛前和比赛中补充 7.5～21 g 支链氨基酸可提高受试者的运动能力。但实验室研究否认了补充支链氨基酸能够提高运动能力的观点。采用双盲交叉实验,在运动前 70 min 灌注支链氨基酸 20 g,发现大鼠在递增负荷运动至疲劳时运动能力没有区别。而且服用支链氨基酸比服用水与葡萄糖更早出现疲劳现象。受试者饮用低浓度的支链氨基酸饮料,以 70% 最大摄氧量强度运动至疲劳,结果支链氨基酸补充没有改变受试者运动至疲劳的时间。受试者分别服用 6% 的糖溶液、7 g/L 支链氨基酸的 6% 的糖溶液及安慰剂,以 70% 最大摄氧量的强度在功率自行车上运动至力竭。除了安慰剂组,服用 6% 的糖溶液组和含支链氨基酸的 6% 的糖溶液组的运动时间都延长,而且两者没有区别。这说明补充糖可以延长运动时间,而补充支链氨基酸不会延长时间。

在运动中通过服用大量的支链氨基酸使血浆游离色氨酸与支链氨基酸比值下降的方法有副作用,即可诱导血浆中氨增加。氨是对大脑有毒性作用的物质,它对肌肉代谢有副作用。氨的毒性,虽然是一过性的和可逆性的,但对脑的特定区域会产生严重影响,影响中枢神经系统控制与协调运动的能力。同时肌肉对氨的缓冲机制也会使肌肉过早地出现疲劳现象,因为肌肉对氨的缓冲要消耗丙酮酸,并且消耗递质谷氨酸的水平,影响脑的机能。

对照组用水作安慰剂,运动组服用 6% 和 12% 的糖电解质饮料,以 70% 最大摄氧量强度进行功率自行车运动至疲劳。对照组血浆中游离色氨酸增加了 70%,支链氨基酸在运动过程中没有变化。运动组血浆游离色氨酸的增加程度明显小于对照组,并且疲劳的出现推迟了 1 h。因此补充糖比补充大剂量的支链氨基酸对延缓疲劳有效,因为游离色氨酸的浓度降低和游离色氨酸与支链氨基酸比值的下降可通过补糖来实现,同时没有因补充支链氨基酸所带来的副作用。通过补糖来抑制运动时脂肪酸的作用,使血浆中自由脂肪酸的浓度下降,这样减少了脂肪酸对色氨酸的置换作用,使脑内 5-羟色胺的生成减少。

第四章　身体素质

第一节　力量素质与速度素质训练

一、力量素质及其训练

（一）肌肉力量分类及其影响因素

肌肉力量的定义是当肌肉处于紧张或收缩状态时，抵抗阻力的能力。

许多运动项目取胜的基础和重要因素是运动员是否具备强大的力量。人体运动几乎都是与阻力对抗，人在进行跑步、跳高、游泳等运动时，都需要身体各部位发出很大力量。力量素质不仅影响其他因素，也制约其他因素，比如跑步的快慢、游泳的快慢等都由肌肉的力量大小决定。所以，力量素质的培养非常重要。

1.肌肉力量的一般分类

（1）相对肌力。相对肌力是指肌肉单位的肌纤维做最大收缩时形成的肌张力。

（2）绝对力量。绝对力量是指肌肉做最大收缩时形成的肌肉张力，通常表现为肌肉克服的最大阻力负荷以及对抗阻力的最大负荷。

（3）肌肉耐力。肌肉耐力是指肌肉长期收缩的能力，通常表现为肌肉克服固定负荷时所做的动力性运动或静力性运动。

（4）肌肉爆发力。肌肉爆发力是指在短时间内，肌肉收缩可以达到的最大张力，通常表现为肌肉单位时间内的做工量。

2.肌肉力量的影响因素

（1）肌源性因素。

第一，肌肉生理横断面。该影响因素是指横切某块肌肉时，全部的肌纤维所占的横断面积。一平方厘米的横断面大约可以形成 4.5~9 kg 的力。影响肌肉力量的重要因素就是生理横断面,肌肉的生理横断面越大,肌肉的收缩能力越强,产生的力量越大。

力量训练可以增加肌肉体积,并增大肌肉的横断面,因为肌肉中的肌纤维可以增粗。肌纤维增粗实际上是增加肌肉中的蛋白质含量。在训练力量的过程中,氨基酸的转运能力会增强,让肌肉组织增加蛋白质并加快蛋白质合成,为运动提供更多物质基础。

力量训练还伴随着其他形态结构方面的适应性变化,如肌肉的结缔组织增厚,毛细血管网增多和脂肪减少等。

在进行力量训练过程中,对肌肉的结缔组织造成附加的紧张和牵拉,使之变得厚而坚实,表现为肌纤维膜变厚,肌腱和韧带坚实,抗拉力增大。力量训练能使肌肉中毛细血管网增多,为肌肉进行力量性活动时供应充分的氧和营养物质。中等强度的力量训练,可以减少肌肉中的脂肪成分,提高肌肉收缩效率。

在力量训练过程中,随着肌肉肥大还引起一些生物化学方面的变化。如肌红蛋白含量增加,肌肉的贮氧能力得到提高;力量训练还可以增加肌糖元、磷酸肌酸(Creatine phosphate,CP)的含量,提高三磷酸腺苷(ATP)酶、磷酸果糖激酶的活性,为肌肉收缩提供更充足的能源,从而增大肌肉收缩力量。

第二,肌纤维类型。肌纤维按照收缩的特性可分为快肌和慢肌两大类,快肌纤维较慢肌纤维能产生更大的力量。

第三,肌肉收缩时动员的肌纤维数量。低水平运动者肌肉在每次最大动员时候,最多 60% 肌纤维参与活动;而水平高者,可以募集到 90% 肌纤维参与活动。而募集越多的肌纤维参与工作,则肌肉力量越大。

第四,肌纤维收缩时的初长度。肌肉力量的大小与肌肉收缩前的初长度有关。在一定范围内,肌肉收缩前的初长度越长,肌肉收缩产生的张力和缩短的幅度越大。其增力效应是由牵张反射和肌肉的弹性回缩机制实现的。拉长肌肉时,肌梭受到肌纤维的牵拉而兴奋,通过牵张反射机制来提高肌纤维的收缩来对抗拉力。

(2)神经系统调节肌肉的能力。肌肉力量不仅和肌肉的体积有关,还和神经系统调节肌肉的能力有关。

首先,激活运动中枢。力量训练,可以有效激活和改善运动中枢的机能,具体表现为运动中枢可以在运动的过程中产生兴奋,并形成频率较高的兴奋冲动,进而募集运动单位参与运动,让每个运动单位都产生最大紧张性变化。

其次,肌肉工作中的协调性。力量训练,可以有效改善神经中枢的协调性,让每一个神经中枢都可以及时、准确地产生兴奋或抑制兴奋,并及时相互转换,进而更好地协调各肌群的工作,增大肌肉力量。在做运动的过程中,训练有素的运动员的肌肉动作点位集中,说明运动员的肌肉协调能力较强,可以充分发挥身体各个部位的肌肉力量。

(3)其他影响因素。

第一,年龄和性别。10 岁前,男女肌肉力量随生长发育缓慢而平稳的增长;11 岁开始,男女生的最大肌肉力量差异明显增大,男生稍快于女生;青春期后,肌肉力量的增长速度很低,女生约在 20 岁,男生约在 20~30 岁时达最大力量。40 岁以后,人体大部分肌肉力量开始衰退;50 岁以后,每10 年肌肉力量下降 12%~14%;约 70 岁时候,人体多数肌肉力量只有鼎盛时期的 30%~60%。

第二,力量训练。力量训练可引起肌肉肥大、发送肌肉神经控制、肌纤维类型转变和肌肉代谢能力增强等。

第三,体重。体重大的人,特别是瘦体重大的人,其绝对力量较大;同样的绝对力量,则体重较轻的人则较大的相对力量。

(二)肌肉力量的测评

肌肉力量的测评是指对肌肉力量的大小、变化的速度与幅度进行测量与评价。

1.等长肌力检查

在标准姿位下用测力器测定一个肌肉或肌群的等长收缩肌力。

等长肌力的测定通常指最大等长肌力。常用检查项目包括以下内容:

第一,握力。握力需要用大型握力计测定。测试的时候,上肢下垂在体侧,握力计的表面朝外,把手调适到合理的位置,测试 2 到 3 次,握力值取最大。

第二,捏力。将拇指和其余手指紧握,用指腹捏压握力计可以得到质量力,正常情况下,捏力是握力的 30%。

第三,拉力。拉力的测定用拉力计。测定背肌力时,两个膝盖伸直,把手放到膝盖位置,用力伸直身体,再拉把手。

第四,测定四肢的各组肌力。以标准姿势站立,用钢丝绳和滑轮拉固定的测力计,分别测定四肢各组肌力的等长肌力。

2.等张肌力检查

等张肌力检查指测定肌肉进行等张收缩使关节作全幅度运动时所能克服的最大阻力。

最大等张肌力的定义是:一次运动可以承受的最大阻力是 1 次最大阻力,如果是 10 次连续不断的运动,那么克服的最大阻力就是最大等张肌力,在测定最大等张肌力时,应该适当增加负荷力量,避免因为肌肉疲劳影响测试结果。

3.等速肌力检查

等速肌力是一种关节运动速度恒定、外加负荷阻力呈顺应性变化的动力性运动概念和动力性肌力评价的方法。

测试等速肌力用电脑的等速测力器。测试的过程中,肢体带动测力器做大幅度的反复运动。先用一起预定运动速度,肌肉发力时不做加速运动,只能让肌力的张力增加,力矩的输出也增加。等速测试法的数据合理精准,可以提供很多数据,是力学研究和检查肌肉功能的重要手段。

等速肌力检查常用指标:峰力矩、屈伸肌力矩比、总做功量、峰力矩角度、力矩加速能等。

(三)力量素质的训练

1.力量训练的原则

第一,超负荷原则。负荷可以直接影响和决定力量发展。超负荷指本人承受可以承受的最大阻力已经超过了往常的最大阻力或已经适应的阻力。超负荷训练可以刺激肌肉,让肌肉产生生理学适应,增加肌肉力量。在练习的过程中,如果只是用平常的阻力训练,肌肉只会一直保持原本的对抗水平。所以,在练习中采用接近最大限度的对抗力可以有效锻炼肌肉力量。与负荷训练一样,超负荷练习也是一个循序渐进的过程,如果过快或过大加大负荷力量,会造成肌肉损伤,反而不利于提高肌肉力量。

第二,渐增阻力原则。在力量训练时,肌肉的超负荷训练会增长肌肉力量,但是,在增长力量的同时,也应该逐渐增加阻力,在工作中让肌肉保持超负荷状态,进而保持和发展肌肉力量,直到挖掘出人体的最大力量。

第三,专门性原则。在力量训练的过程中,应该注重针对性,训练内容应该尽量和专项技术结构和要求保持一致,具体表现在训练肌肉力量时,不但要训练和运动项目相关的肌群的力量,还需要让这些肌群运动的形式和正式动作保持一致。

比如增加肌肉的最大力量、爆发力、肌肉耐力都应该制定不同的力量强度和组数进行专门性练习。

第四,练习顺序合理原则。在力量训练的过程中,应该充分考虑训练肌群的顺序,通常情况下,应该先练大肌群再练小肌群,因为在负荷中,小肌群容易发生疲劳,小肌群的疲劳会影响大肌群的工作能力,所以,在超负荷训练时,应该先训练大肌群的力量。

除此之外,肌肉还需要轮流交替训练。同一块肌肉不适合连续性练习。交替训练可以让肌群在练习后得到一些恢复,所以,当进入第二次练习时,可以承受的负荷量更大。正因如此,同一块肌肉应该轮流交替训练,进而增加肌肉体积和增长肌肉力量。

第五,系统性原则。合理安排力量训练的间隔频率可以形成不同的力量增长效果。

高频率训练、力量增长速度快的人停止练习后,力量的消退速度也快;相反,训练频率低、力量增长慢的人停止练习后,力量的保持时间更长。

肌肉训练的间隔频率和力量消退关系是:20 周训练之后,肌肉力量会明显增长,如果停止间隔频率训练,30 周之后,力量增长水平会完全消退;如果力量增长之后,每 6 周进行一次练习,可以大幅度延缓力量的消退速度;如果保持 2 周一次练习,就可以保持力量的增长水平。

2.力量训练手段的生理学原理

(1)动力性力量练习,即等张练习。动力性力量练习是肌肉在等张收缩的形式下做的抗阻力练习,包括引体向上、推举杠铃和哑铃等。等张练习是在肌肉收缩和放松下交替负重练习,不但可以发展肌肉力量,还可以有效改善神经肌肉协调能力。

动力性力量训练的效果和训练重复次数、符合大小、动作结构以及动作速度等因素息息相关:第一,阻力大、重复次数少的练习可以快速提升肌肉力量;第二,负荷强度中等、重复次数多的练习可以有效增肌;第三,阻力小、重复次数多的练习可以有效发展肌肉的耐受力。

(2)静力性力量练习,即等长练习。静力性力量练习是肌肉在等长收缩形式下做的抗阻力练习,例如直角支撑、悬吊训练等。静力性力量练习的生理效应是让神经细胞保持长时间的兴奋状态,可以提升神经细胞的工作效率,进而发展肌肉的静力耐力以及绝对力量。

在做静力性力量练习的过程中,肌肉不但可以节约时间,还能减少能量消耗,并提高肌肉力量,尤其是在练习中不经常锻炼的肌群,这些肌群的力量由此得到锻炼。但是,静力性力量也有不足之处,就是不利于发展动作速度和爆发力,此外,因为静力性力量练习缺少张弛有度的协调练习,改善神经肌肉的协调效果并不明显。所以,以上两种练习应该结合进行,值得注意的是,儿童少年不适合运用静力性力量练习

（3）等速练习。在力量训练的过程中,等速练习需要借助专门的练习器才能完成。器械产生的阻力与用力大小相互适应。在练习的过程中,身体各个关节的运动在各角度承受的负荷同等大小,由此,肌肉在练习的过程中才能产生较大的均能张力。

（4）离心练习。离心练习是指肌肉形成离心收缩力量的练习。这种力量练习的特点是当肌肉收缩被拉长的同时做张力运动,比如举杠铃之后缓慢放下的动作,离心收缩主要由相关肌群完成。

（5）超等长练习。当肌肉完成离心收缩之后,肌肉会进行向心收缩练习,就是超等长练习。比如训练中经常运用的多级跳以及"跳深"等运动练习,这种练习方法可以有效发展弹跳能力和爆发力。离心收缩之后进行向心收缩可以使肌肉产生更大的力量,主要原因是肌肉弹性体发生的肌牵张反射和张力变化加强了肌肉的力量。

（6）全幅度练习。全幅度练习指进行肌肉力量练习时,首先在关节所能达到的最大范围内,大幅度拉伸工作肌群,接着进行大幅度的向心收缩,即力量练习必须在关节所能达到的整个运动范围内进行的一种力量练习方法。

3.运动训练导致的肌肉酸痛

（1）肌肉酸痛的分类。运动所致的肌肉酸痛又分为急性运动酸痛和延迟性肌肉酸痛（Delayed Onset of Muscle Soreness,DOMS）。

第一,急性肌肉酸痛（又称肌肉痛）。急性肌肉酸痛是指在运动过程中和运动后即刻产生的肌肉疼痛,这种疼痛往往在运动后几分钟至几小时内消失,对运动训练和体育锻炼影响作用不明显。导致急性肌肉疼痛的主要原因是由于代谢产物的堆积（氢离子和乳酸等）和肌肉肿胀（血浆中的液体成分、肌肉组织）。经常在大强度耐力训练和力量训练后产生肌肉疼痛。

第二,延迟性肌肉酸痛。该肌肉酸痛指人体做不习惯运动之后产生的不适感或肌肉酸痛。延迟性肌肉酸痛并不是在运动之后立刻反应,而是在运动完之后的 24 h 到 48 h 之间产生不适感和酸痛感。除了有疼痛感以外,通常还会出现身体疲劳、肌肉僵硬以及放松能力下降等情况。这种感觉

与人体平时的运动形式、习惯和强度有关,和人体本身的健康状态以及身体技能等关系不大,当人体进行不习惯的中强度的体育活动时,都会出现DOMS,即使平时保持训练的人,进行不习惯的运动时,也会造成DOMS;在训练的过程中,高水平运动员不断增加训练的强度导致身体不适或出现不习惯反应,也会出现延迟性肌肉酸痛。

(2)肌肉酸痛的原因。DOMS主要是由于"过度"使用肌肉所致。肌肉收缩强度过大或持续时间过长,都可造成DOMS。其中肌肉收缩强度与DOMS的关系,更为密切。运动通过多种途径可诱发DOMS,如高张力导致的肌肉损伤,肌肉中代谢产物堆积、肌肉温度增加等。

第一,高张力导致的肌肉损伤:在运动过程中,由于高机械张力牵拉肌肉和连接组织造成损失,损伤肌肉及牵拉由于损伤所致的粘连组织而产生疼痛。

第二,肌肉中代谢产物堆积:肌肉收缩过程中代谢产物在肌肉组织中大量堆积造成DOMS。多数学者认为导致DOMS的代谢产物主要是乳酸。

第三,肌肉温度:提高肌肉温度可以导致肌肉组织损伤,造成肌肉纤维坏死和连接组织分解,造成DOMS。

(3)肌肉酸痛的防治。DOMS是一种暂时性的肌肉不舒适感觉,一般不经临床治疗,可自行恢复;但由于其运动技能的限制作用,可直接影响运动效果,因此减轻DOMS症状、缩短恢复时间可提高运动训练效果。

第一,牵拉活动:牵拉可缓解DOMS症状,但这种作用是暂时的,当牵拉活动停止后,DOMS恢复。

第二,电疗(电刺激):30 min电刺激可使DOMS症状明显减弱,而且酸痛时间明显缩短。在运动后恢复中较常使用的方法还有热敷、按摩等。

第三,准备与整理活动:运动前做好充分的准备活动可以减轻肌肉的损伤程度和运动时肌肉的不良刺激而使DOMS症状减轻,而运动后做好必要的放松整理活动则有助于加速血液循环、清除代谢产物,缓解由于运动导致DOMS。

二、速度素质及其训练

(一)速度素质的生理学基础

1.反应速度

首先,反应时。反应时指刺激出现到发生反应的时间。从人体的生理机制来看,反应时间的长短由反应的传递时间决定,即感受器将刺激反应沿反射弧传至效应器产生兴奋的时间。反应的时间越长,说明反应的传输速度越慢。在反射弧的五个环节中,传入神经和传出神经的传输速度基本不变,所以,反应速度由感受器的敏感程度决定,即中枢神经延搁兴奋的时间长短、肌组织的兴奋度以及兴奋值高低等。其中,最重要的是中枢神经的延搁时间。越复杂的反射活动,需要经历的突触越多,中间延搁的时间越长。

其次,中枢神经系统的灵敏度和兴奋度。反应速度和中枢神经系统的兴奋程度、灵敏度以及机能状态息息相关。中枢神经系统越灵活、越兴奋,对机体的刺激越大。当运动员处于比赛前的准备状态时,反应时呈缩短状态;当大脑皮层的反应程度降低时,反应时会延长。

反应速度还决定于运动技能的巩固程度。随着运动技能的不断熟练,反应速度将会加快。

2.动作速度

决定动作速度快慢的重要因素是肌纤维类型的面积和组成。动作速度的重要组成基础是快肌纤维在肌肉中所占的优势。从生理学的角度来看,动作时是动作速度的重要指标,动作时短的动作速度越快。快肌纤维占比越高,纤维越粗,肌肉收缩的速度越快。肌肉力量的影响因素也会影响动作快慢。

动作快慢还受肌肉组织的兴奋程度影响。当肌肉组织的兴奋度较高时,即使作用时间短,刺激强度低,也会产生肌肉兴奋。除此之外,动作快慢也受条件反射的巩固程度的影响。如果需要完成某种固定的动作,运动的条件反射越巩固,技能更熟练,机体的自动化水平更高,完成动作的速度越快。另外,神经系统调节主动肌和对抗肌的能力也会影响动作速度。在一些情况下,反应时与动作时并不一致,有些项目的运动员反应时较长而动作时较短,有些项目的运动员则相反。

3.位移速度

从生理学基础角度来看,周期性运动的位移速度比较复杂,且影响因素很多。从跑步运动来看,位移速度主要由步长、步频和动作的协调关系决定,并且,步长和步频又局限于各种不同的身体机能和人体形态。步长由腿的肌力大小、腿长、下肢关节的灵活度以及肢体的柔韧度决定;步频则由大脑皮层运动中枢神经的转换速度、快肌纤维的占比以及肌肉的肥大程度决定。另外,大脑皮层运动中枢神经灵活度、兴奋与抑制的转换速度是保证肢体动作交替的重要因素,肌群的相互协调可以有效减少对抗肌群的紧张,从而减少阻力,提升运动的速度。因此,在周期性运动项目中,特别是在较高水平的竞技情况下,肌肉放松能力的改善,对提高速度极为重要。

(二)速度素质的训练

1.速度训练的原则

(1)改善和提高神经系统的灵活性。体育运动中的反应时与中枢神经系统的视觉—动作反应和听觉—动作反应密切相关。非运动员的视觉—动作反应时平均为 0.25 s,运动员的视觉动作反应时平均为 0.15~0.20 s,部分优秀运动员可以达到 0.12 s;非运动员听觉—动作反应时平均为 0.17~0.27 s,优秀运动员可达 0.15 s,国际顶尖水平的短跑运动员可达 0.07 s。提高反应时的训练方法包括重复反应法与变换训练法等。前者是利用突然和反复发出信号,或通过不断改变方向的指令来训练准确应答的能力;后者是利用具有时间变化的信号训练运动员的选择性应答能力。

速度素质在很大程度上取决于高频率的动作重复与转换,而大脑皮质神经过程的灵活性是实现这一功能的重要因素因此,要提高步频必须改善和提高神经系统的灵活性,如牵引跑、下坡跑、顺风跑等借助外力提高动作频率的练习方法,能使练习者在尽量保持步长的情况下提高途中跑的步频。

(2)发展磷酸原系统供能的能力。速度性运动的能量来源主要依靠 ATP-CP 系统。要发展磷酸原系统的供能能力,必须采用强度大、时间短的无氧训练,一般的方法是以 10 s 以内大强度(极量强度)的重复训练。例如,30~60 m 的快速重复跑,30~60 m 起跑等,但每组之间必须有足够的间歇,一般不少于 30 s,这样可使 ATP-CP 系统能较快地恢复。

(3)提高肌肉协调放松能力。肌肉放松能力的提高,不仅能减少肌肉快速收缩的阻力,而且还有利于 ATP 的再合成,能使肌肉收缩速度和力量增加。力量练习后进行肌肉放松训练与单纯的肌肉力量训练相比,前者对肌肉力量与 100 m 短跑的成绩提高作用更为显著。

发展腿部力量和关节的柔韧性对提高速度也是非常重要的,因此,必须重视下肢力量的训练。改善关节的柔韧性一般可采用负重下蹲或一些超等长练习(如单脚跳、蛙跳、多级跳、上坡跑等)来发展腿部力量。

2.速度训练的方法

(1)速度动作练习。

原地摆臂练习:原地 30 s 快速屈肘摆臂由慢到快;原地快速屈肘摆臂 200 次。

起跑练习:10～30 m 跑的起跑练习,8～10 次。

直道 40～60 m 途中跑,强调后蹬与脚掌"扒地"动作。

加速跑 20～30 m,接终点冲刺。

(2)10 m×4 往返跑或 10 s 25 m 往返跑。10 m×4 往返跑以完成的时间为指标;10 s 25 m 往返跑以完成的距离为指标。其主要目的是锻炼反应时、灵活性、速度和速度耐力。

第二节　灵敏性与柔韧性素质训练

一、灵敏性素质训练

敏感性是指人们在突然变化时迅速、协调和准确地采取行动的能力。它显示了运动员广泛的运动能力和运动素质。训练时的敏感度取决于力量、速度(反应速度、移动速度)、耐力、柔韧性、协调性、节奏性等素质和能力。这些素质和技能取决于神经系统的灵活性和灵活性以及特定动作的储备数量。当运动员的身体素质在某个领域得到发展(或更多)并且运动技能得到专业训练时。敏捷性可以得到充分的发展和提高。

相对于特定运动的敏感度分为一般敏感度和特定敏感度。一般敏捷性是指运动员进行各种动作的能力。在体育活动发生突然变化时快速、明智和准确。它是发展特定机动性的基础。特定敏捷性是指运动员执行各种动作的能力。通过基于一般流动性的专业能力和技术连贯性的反复训练,在特定运动中快速、精确和协调。

(一)灵敏性训练的要求

1.训练手段应多样化并经常改变

灵敏度的发展与各种分析仪的改进密切相关。运动器官的功能,运动员可以显示精确的方向能力和时间以及在运动中准确快速移动的能力取决于分析设备的改进以及运动器官的功能。一旦运动员掌握了一定的运动技能到自动化水平,用运动来提高机动性是没有意义的。因此,使用不同且频繁变化的方法来提高灵敏度,可以提高各种分析仪的功能,有利于提高灵敏度。运动员的运动器官在具体训练过程中可以采用以下方法。

(1)使用各种交替运行速度。各种机动演习和突然启动。快速停止和所有类型的速度旋转练习。使运动员能够快速、准确、一致地进行所有类型的练习,以及跳跃练习。

(2)多做练习。调整身体位置,特别设计的复杂动态练习,如使用运动器械进行更复杂的动作,使用"躲避""曲折""穿梭"等组合练习。

(3)各种追逐游戏改变方向和响应各种信号的游戏或练习。

2.掌握大量运动技能并提高多种运动能力

只有掌握了动作技能后才能显示灵敏度。创建的运动技能的能量模式越多越好,机动性越强,动作越灵活。因此,需要反复练习。在训练期间,尽快创造条件反射和适当的力量计划。并练习很多运动技能,因为灵敏度是人体综合能力的表现。敏感性的发展必须从训练运动员的各种技能开始,在训练中广泛采用其他运动资格方法来提高敏感性,训练运动员控制动作的能力和技巧、反应能力、平衡技能等。

3.结合专项要求进行训练

灵敏性具有专项化的特点。例如,体操运动员可以在特定练习中表现出极大的敏捷性和协调性。但它不能在球练习中进行。因此,应根据运动员的具体需要和特点,采用不同的训练方法进行训练,使训练结果与具体要求相对应。

4.合理安排训练时间

在整个培训过程中,应系统地组织相应的敏感培训,练习时间不宜过长,并且练习的重复次数不宜过多。因为当身体疲劳时,运动员的力量水平会下降。速度变慢了,节奏感被打断了,平衡能力降低,这些条件都不利于敏捷性的发展。敏感训练通常在训练开始时进行,要让运动员拥有一个充满活力的健康身体和强烈的运动冲动。

5.消除紧张的心理状态

应采用多种有效的敏捷训练方法和方法,消除人们的神经系统疾病和焦虑。因为当人们精神紧张时。肌肉和其他运动器官的压力将不可避免地产生。这将导致反应迟钝和运动协调性降低。

（二）灵敏训练的方法

灵敏性反映身体的综合能力，受遗传因素影响较大，因此运动员在选择运动员时应慎重。为了提高敏感度，许多运动技能应该从小就同时学习和练习。因为此时运动员的神经系统要比成年人灵活得多。在提高灵敏度的过程中什么有利于全面的敏捷性，教师应该采用循序渐进的训练方法。还可以通过改变条件、设备和装备来增加工程运动的复杂性和难度。重点应放在训练和发展运动员熟练运动的能力上。

二、柔韧性素质训练

灵活性在运动中非常重要。它是有效技术改进的必要基础。也是保证体育技术水平提高的根本因素之一。当弹性不好时，学习运动技能的过程会立即减慢并变得更加复杂。并且通常不可能学习一些非常重要的技术来完成比赛。关节灵活性差会限制力量、速度和协调性的发挥。降低肌肉协调性、出汗并影响其他运动素质的发展，并且通常是肌肉和韧带损伤的原因。

柔韧素质是指运动员各个关节活动范围及肌肉、韧带的伸展能力。柔韧素质是运动员必须具备的重要身体素质之一，没有适宜的柔韧素质，运动员不可能具有最佳的机能水平。优秀的运动员不仅要有一般的柔韧素质，还必须具备符合专项技术特点要求的专项柔韧素质，这是掌握专项技术和提高运动成绩不可缺少的必要条件。同时，柔韧素质与其他素质存在着相互影响的关系，柔韧素质好不仅能有效防止运动损伤，而且有利于速度素质的提高。柔韧素质的提高一方面可以增大力的作用范围，增大肌肉的合力提高速度；另一方面减少肌肉的活动阻力，降低了能量的损耗，提高耐力能力。

（一）柔韧性素质训练的基础

第一，解剖学的条件。运动员各个关节的骨结构，决定了关节的活动范围。如肩关节是多轴关系，可以做绕环运动。膝关节属于椭圆关节，只能做小腿屈伸运动。训练无法改变关节的结构，只能通过训练使柔韧水平达到关节所决定的最大活动范围。

第二，神经肌肉的生理条件。主要是指肌肉韧带的弹性、紧张度、肌肉间和肌肉内部的协调性。

第三,年龄与性别。柔韧与年龄有关,年龄越小,柔韧性越好;女子的柔韧性比男子好。

第四,外环境的影响。温度对柔韧素质的影响十分明显,白天的柔韧性比晚上的好。

(二)柔韧性素质训练的要素

第一,完成动作的强度。柔韧练习的强度主要表现在运动员拉伸肌肉、韧带时用力的程度和负重的大小。练习的强度应接近关节韧带最大运动幅度的拉伸,动作频率适中,不要过快。运动员在拉伸肌肉、韧带时用力的程度以自己能控制的量度为原则,当肌肉感到胀痛时可稍加用力或保持用力程度,当肌肉感到酸时可减少用力程度,当肌肉感到麻时停止练习。

第二,单个动作的持续时间。在完成各种不同练习时,单个动作的持续时间,最好能保证关节最大限度的活动性,主要取决于动作的性质和动作的速度。练习的持续时间可从 20 s 至 2～3 min,主动积极的拉伸练习,一般持续时间不长,消极被动的拉伸可以持续较长的时间。

第三,动作的速度。柔韧素质训练的拉伸练习,可以用缓慢的动作速度进行,也可以用急速的速度进行。慢速的拉伸能有意识地放松对抗肌,很少引起牵张反射,不容易造成损伤。急速的拉伸体现出专项特点和比赛特点,能满足专项的需要。在训练实践中两者应有机地结合,以便有针对性提高柔韧素质,满足专项比赛对柔韧素质的要求。

第四,练习次数和组数。运动员的柔韧性逐渐增加,达到最佳状态后,保持一定时间后逐渐退步。为了使不同的关节达到最大幅度,动作重复的次数不同,为了保持最大幅度动作,重复的次数也不同。在制订各种练习计划时,不论在发展柔韧的提高阶段,还是在保持阶段,都要根据这一特点来安排动作的重复次数。

第五,间歇时间和方式。动作之间的休息时间,应该保证运动员在完全恢复的前提下进行下一个练习为原则。间歇时间的变化幅度比较大,一般10～15 s 至 2～3 min,主要取决于练习的性质,动作的持续时间和参与工作的肌肉数量。在训练实践中,可根据运动员的主观感觉来决定,当运动员自我感觉已经准备好做下一次练习时,这时的间歇时间是相对适宜的。间歇时间短进行一般的消极休息,间歇时间长可安排小强度练习,如放松练习,肌肉按摩或自我按摩。

（三）柔韧性素质训练的方法

1.静力拉伸练习法

静态拉伸运动被定义为通过缓慢运动使软组织（例如肌肉和韧带）拉伸到一定程度的运动。并且锻炼方法保持冷静。这种方法的一个重要特点是它可以长时间刺激肌肉和肌腱的伸展。

进行静态拉伸运动时，肌肉和软组织都有一定程度的拉伸。保持静止的时间一般为 8～10 s，重复次数为 8～10 次。伸展运动对肌肉和肌腱灵活性的发展有积极的影响，并且是培养弹性的主要方法。静态拉伸运动强度偏低，运动范围很大。这有助于保持身体的力量，并且可以轻松操作，不需要特殊的健身房和其他训练设备。

静态伸展运动有两种形式：主动伸展和被动伸展。主动拉伸法是指练习者主动进行所有练习的方法。常用的单项或多项练习、摆动或静止练习、负重和非负重练习，在各种条件下保持稳定姿势的静态练习。被动拉伸是一种使用外力（例如设备、辅助设备、重量等）的移动性锻炼。

2.动力拉伸练习法

动态伸展运动法是指有节奏地、快速地将同一事物重复多次的伸展运动法。

动态拉伸运动法的主要特点是在主动拉伸中，肌肉力量变化的最大值约为静态拉伸的两倍。动态拉伸是其他方法之一。在练习弯曲和伸展运动等各种运动时使用，结合个人属性的挥杆练习和柔韧性练习。

动态伸展运动可以触发牵张反射。这可以改善运动区域肌肉群的伸展和收缩。动态拉伸可以增加运动过程中的血流量，改善肌肉、肌腱和其他局部组织的营养。这将有助于提高肌肉灵活性和性能结果。

（四）柔韧性素质训练的要求

第一，全年系统安排柔韧素质训练。在全年训练的任何一个周期，都要安排发展或保持柔韧性练习。若停止柔韧性练习，柔韧素质会很快消退到原有水平或接近原有水平，应每天都安排柔韧性练习。

第二，在一年训练周期中，发展主动柔韧性和被动柔韧性的比例应有所变化。在开始阶段，主要发展被动柔韧性，为主动柔韧性的发展奠定基础，然后，以发展主动柔韧性的练习为主。

第三,发展柔韧性要与力量训练相结合。主要是通过改善肌肉的转换机制,提高肌肉的协调能力,这样不仅有利于力量素质的提高,而且使柔韧性得到最大幅度的发展。

第四,在做肌肉紧张的练习后应做些放松肌肉的练习。

第五,发展不同关节灵活性所需要的时间不同。肩关节、膝关节和踝关节的灵活性发展较快,而髋关节和脊柱关节的灵活性发展比较慢。

第六,静力性和动力性的柔韧性练习要交替进行。在训练实践中,一般先进行动力性柔韧性练习,然后进行被动柔韧性练习,最后再进行静力性柔韧性练习。

第三节 耐力素质训练

耐力是指生物体长时间工作以克服工作时的疲劳的能力。它是运动员身体素质的关键指标之一,任何运动都需要恒定的耐力水平。"田径运动是其他运动项目的基础运动,也是提高身体素质,提升战术水平的实践性运动。在田径运动中进行耐力素质训练,对整个项目运动具有非常重要的意义。"[1]对于一些运动,如中长跑和竞走等田径技术水平和比赛成绩的提高通常取决于耐力水平的提高。因此,运用现代科学方法培养耐力变得越来越重要。

一、耐力训练的方法

(一)持续负荷法

许多耐力运动(例如划船、游泳、骑自行车、中长跑等)经常采用连续负重的方式进行越野训练,并产生很好的效果(例如使用短跑)。Bompa 指出,通过变速训练,我们可以在运动中逐渐提高速度,例如:可以以较慢的速度覆盖前 1/3 的距离。然后可以将速度提高到略低于中等强度的水平,并且可以以中等强度速度覆盖最后 1/3 的距离。此外,强度可以从中间到第二高水平连续变化。例如:每 1～10 min 最大运动强度后,可以交替进行中

---

① 郭卉娟.田径运动耐力的训练方法研究[J].黑龙江科学,2013(10):61.

级运动,以确保在下一次增加负荷前身体稍有调整。以最高速度心率可达到约 180 次/min,恢复时间减少至约 140 次/min。脉动波状强度的交替排列对于负重训练很有用,能有效改善心脏和中枢神经系统的机能。

(二)间歇训练法

间歇训练法对速度耐力和短跑耐力水平影响较大。周期性的方法包括所有的休息方法,如慢跑或步行。但放松练习也是其中的一部分。当心率恢复到 120～130 次/min 时,开始下一个锻炼。

这是因为间歇训练法是运动员身体无法完全恢复时的下一个练习。它对身体有以下影响:

第一,可有效提高人体每分钟的生产力。增加心肌收缩力和心输出量。

第二,能有效改善人体的呼吸功能。尤其是最高的摄氧量。

第三,适用于压力时间相对较长、压力强度相对较低的长跑或中长距离跑。间歇性运动方法可以有效提高有氧消化能力和糖原的有氧耐力水平。

第四,适用于负重时间相对较短、强度相对较高的中距离跑步,有时也适用于较长时间的跑步。

(三)重复训练法

重复训练法是指以给定的距离、持续时间和重量强度重复锻炼的方法。在不改变动作结构和有效载荷体积的情况下,这种训练方法的主要作用是提高无氧代谢的短跑运动员的耐力水平和混合代谢的中级跑者的耐力水平。

200 m、400 m 等短距离长跑,可以有效地发展和提高乳酸动力供应系统的水平。由于项目对高速耐久的要求,即使在长距离(300～500 m)反复跑一段时,身体也会产生负氧量。

中距离比赛中的短距离比赛,如 800 m 比赛,无氧代谢的比例较高。因此,在 500～150 m 内重复,不仅可以提高身体对缺氧的耐受性,还可以增加大量乳酸的积累。

长跑训练负荷高。每分钟的氧气含量和循环系统必须充分调动。因为长时间的循环和呼吸系统有时间克服惯性,逐渐提高工作水平,所以通过反复长跑,可以提高循环和呼吸系统的机能水平。

重复训练法是比赛期间训练的主要方法,并且主要在比赛开始时使用。根据运动员的实际情况,刺激的量和刺激的强度可以在一定范围内变化。但一般情况下,刺激量和刺激强度是相对恒定的。

重复训练法的一个特点是在运动时间内心率恢复到 100～120 bpm 时进行下一个运动,运动距离运动重量和动作有明显的特点。

(四)高原训练法

高原训练法是指在海拔较高、空气中含氧量较低的高原地区进行训练。比如我国在青海多巴、云南昆明等地都有高原培训基地。2000 m 左右的海拔高度可以培养人们的有氧代谢能力,提高人们到达高原后刻苦训练和参加激烈比赛的能力。

高原训练期间,因为高原空气中的含氧量比平原少。这增加了对身体心血管和呼吸系统的需求。提高运动员在训练和适应过程中的通气和呼吸效率。这种改善促进了呼吸和循环的功能。

高原训练后运动员血液中的红细胞和血红蛋白会增加。这增加了身体向血液输送氧气的能力,同时扩张和增厚肌肉的毛细血管。因此,它大大改善了肌肉细胞的能量代谢和有氧能量供应。

(五)循环训练法

循环训练是基于特定训练任务建立多个或多个练习"站"的目标。每个"站"包含一个或多个与一般耐力发展相关的链接。为使运动员能够遵循给定的顺序和路线,为每个站设置的练习次数、方法和要求每个站进行一个训练,可以进行一周或数周。这是因为循环训练中下一站的锻炼是在上一站的锻炼对身体的刺激上留下了"痕迹"的基础上进行的。从第二次练习到站立,每个站的锻炼量几乎超过了前一站的负荷。因此,心血管训练对循环系统和全身功能的改善和发展有很大的影响。气道,同时可以充分攻击运动员不同部位的肌肉,局部肌肉拉伤和恢复可以交替进行。运动员对训练的兴趣正在增长,因此心血管训练对整体耐力的发展产生了有益的影响。

此外,许多其他综合速度游戏、轻重练习等也是提高综合耐力的有效途径。

二、耐力训练的类型

(一)有氧耐力训练

1.有氧耐力训练的途径

人们有氧耐力水平主要取决于机体有氧供能能力,体内能源物质的储备,运动器官承受长时间负荷能力和对疲劳的耐受程度。因此,提高人们的摄氧能力,保持人们体内适宜的能源物质的储备量,提高运动器官承受长时间的负荷能力和改进人们在疲劳状态下充分发挥机体潜力,坚持继续工作的能力是发展有氧耐力的基本途径。

长时间的单一练习,如跑步,既能发展人们机体有氧代谢能力,又能发展肌群、关节和韧带的工作能力。长时间变换内容的练习,可以减轻局部肌肉的负荷,全面发展人们的有氧代谢的能力。如果进行长时间的练习,应该采用强度较小负荷进行练习。

2.有氧耐力训练的手段

发展有氧耐力主要是通过持续练习和间歇练习。负荷的安排要求负荷量大,负荷强度相对较小。采用间歇练习心率控制在 $170\sim180$ 次/min,分段练习的工作时间不超过 $1\sim2$ min,组间休息时间以机体还没有完全恢复状态下进行下一组练习而定,整个练习应该持续在 30 min 以上。采用持续练习心率控制在 $150\sim170$ 次/min,持续时间根据人们的训练水平而定,高水平的人群持续时间可长达 2 h,一般持续时间也应在 20 min 以上。

3.发展一般耐力常用手段举例

(1)长时间单一运动项目的练习。如越野跑 $20\sim120$ min。

(2)多种变换和组合的耐力练习。如"法特莱克"跑和循环练习。

(3)在各种器械上完成耐力练习。如在跑台上跑 $10\sim30$ min。

(4)各种形式的长跑。

(5)反复做克服自身体重的练习,坚持较长时间的克服阻力的练习。

4.有氧耐力训练的要求

有氧耐力训练的强度应随人们训练水平的提高而提高;根据运动项目的需要针对性地发展有氧耐力;有氧耐力训练内容单一,应集体进行练习,避免练习过于单调和枯燥;野外练习要注意安全。

(二)无氧耐力训练

1.无氧耐力训练的途径

人们的无氧耐力主要取决于 ATP 和 CP 的储备量,无氧代谢供能的能力,运动器官承受大强度工作的能力以及人们对疲劳的心理耐受程度。因此,提高人们的无氧代谢供能能力,保持人们体内 ATP、CP 的储备量,提高运动器官承受大强度的负荷能力和改进人们在疲劳状态下继续大强度工作的能力是发展无氧耐力的基本途径。

2.无氧耐力训练的手段

(1)原地做快速高抬腿练习。如发展非乳酸性无氧耐力,每组做 5 s、10 s、30 s 的快速高抬腿练习,一次训练做 6～8 组,组间间歇 2～3 min,强度为 90%～95%。为发展乳酸性无氧耐力,则可做 1 min 练习,或 100～150 次为一组,6～8 组,每组间歇 2～4 min。

(2)行进间高抬腿跑 20 m 左右接加速跑 80 m。重复 5～8 次,间歇 2～4 min。强度为 80%～85%。

(3)反复起跑。蹲踞式起跑 30～60 m,每组 3～4 次,重复 3～4 组,每次间歇 1 min,组间间歇 3 min。

(4)反复跑。跑距为 60 m、80 m、100 m、120 m、150 m 等。重复次数应根据距离的长短及身体水平而定。一般每组 3～5 次,重复 4～6 组,组间歇 3～5 min。

(5)间歇行进间跑 30 m、60 m、80 m、100 m 等。计时进行,每组 2～3 次,重复 3～4 组,每一次间歇 2 min,组间间歇 3～5 min,强度为 80%～90%。

三、耐力训练的负荷安排

耐力训练负荷等级的划分比较复杂,一般根据耐力负荷时间、强度与能量代谢进行分类。

在发展耐力素质上,根据短中时、长时耐力的划分标准直接地采用相应的某一级负荷指标,有计划有目的进行训练。

(一)短时耐力训练的负荷安排

短时耐力的训练负荷应以体现明显的无氧供能为主,以提高糖酵解代谢水平以及机体抗氧能力为目的,练习过程要引起强烈的无氧代谢反应。

第一,负荷强度。负荷强度与负荷时能量供应的特点有关,短时耐力包括非乳酸盐和乳酸盐无氧耐力。短时耐力的负荷强度多以耐力负荷极限强度和次极限强度为主,一般采用 90%以上的速度完成练习,生理负荷指标突出高氧债、大乳酸量的特点。

第二,负荷时间。负荷的持续时间一般为 20 s～2 min,练习的距离是 200～600 m。

第三,间歇时间。各次练习的间歇时间安排按机体充分恢复或不完全恢复两种方式考虑。充分恢复的间歇时间一般为 3～4 min,或心率恢复到120～130 次/min,未完全恢复的间歇时间在心率下降到比练习时的心率少10～15 次/min 或心率恢复到 140 次/min 即开始下一次的练习。

第四,重复次数。练习的重复次数由人们的运动能力来决定。一般来说,练习总次数的确定以最后一次强度不低于平均强度的 80％ 为依据。

(二)中时耐力训练的负荷安排

第一,负荷强度。中时耐力负荷安排相对较复杂,主要项目是比赛持续时间在 2～8 min 内的中长距离跑项目。应根据有氧和无氧能量供应途径的比例关系具体安排。中时间耐力比赛负荷强度持续时间越接近短时耐力项目的性质,训练的负荷强度性质就越接近无氧代谢的负荷形式。如800 m 和 1500 m 项目,强度为最大强度的 90％。3000 m 和 3000 m 障碍项目比赛负荷接近长时耐力项目的性质,强度应为最大强度的 80％～85％。

第二,负荷时间。每次练习时间为 2～5 min,一次训练课有效负荷时间为 20～45 min。

第三,重复次数和组数。在发展中时耐力的一次训练课中,重复次数和组数取决于训练方法,人们的训练水平,完成训练计划的速度,跑的段落和间歇时间。如果采用 1～1.5 min 的负荷,每组重复 3～4 次,重复 3～4 组;如果采用 2～3 min 的负荷,每组重复 2～3 次,重复 2～3 组。要求每次练习后机体的血乳酸达到较高值。

第四,间歇时间。原则上是保持在上一次练习疲劳未完全消除的前提下进行下一次的练习。一般间歇时间为 1.5 min～3 min 或心率降至低于练习心率 10～15 次/min 时进行下一次练习。在发展中时耐力时,间歇训练法的运用最为广泛,练习的持续时间(距离)和间歇时间的改变,对中时耐力的提高有重要的影响。

(三)长时耐力训练的负荷安排

第一,负荷强度。发展长时耐力练习的平均负荷强度以中等为主,大强度的练习,心率不超过 170 次/min,小强度练习时,不低于 145 次/min。

第二,负荷时间。每次练习的总量一般不低于 12～30 min。

第三,间歇时间。以机体基本恢复为准则,一般心率下降到 120 次/min时开始下一次练习。

第五章 体适能与运动处方

第一节 体适能

一、体适能与健康

体适能是指身体适应周围环境、承受各种活动的综合能力，能够满足日常生活的需要，具备承担各种活动的能量。虽然现在社会越来越发达，但人类身体活动量却在不断减少，生活质量的改善，使人类日常生活摄取的营养越来越丰富，而工作和生活压力又很大，所以人们逐渐认识到运动的重要性，想要拥有良好的体适能。一般体适能较好的人身体各项指标都正常，拥有良好的体型和体态，看起来比实际年龄要小，在生活和工作中更有活力，能够承受更多的压力；延缓器官衰老，保持良好的身体素质，预防各种疾病；生活和工作中充满动力，积极向上，拥有良好的人际关系；充满热情，热爱生活，喜欢各种休闲活动，身体不会感到疲劳。此外，在紧急情况下，体适能较好的人反应更快，头脑冷静，应变能力强，能够及时规避危险。

现代社会的人们已经充分认识到运动的重要性，身体健康与生活的幸福指数息息相关。运动的重要性已经深入人心。有规律的运动能够使身体更加健康，延缓衰老，预防疾病的发生，很多疾病也都需要运动康复治疗。不少国家和政府都认可国民健康是实现国家持续发展的动力这一观点，并且制定了有关促进国民健康的计划。大多数国家的计划都旨在提高国民健康水平，降低疾病发生率，但是内涵极为丰富，重点突出了规律运动的重要性，对体育锻炼对身体健康的促进作用进行了详细的说明。

虽然现在大多数人已经意识到体育锻炼对健康的重要性，但还有一部分人没有行动起来，日常生活中缺乏锻炼。此外，已经行动起来、开始运动的人对运动锻炼的认识不全面，不知道如何运动更加健康，缺乏科学的指导。美国在运动健康领域比较发达,其运动医学会提出,为了促进国民健康水平,可以有规律地做适量的运动,但人们并不知道可以做哪些体育运动,什么体育运动适合自己;而我国关于通过运动提高健康水平的研究才刚刚起步。每个人的体适能和健康水平都不同,这就需要人们根据自身身体条件选择适合自己的运动,明确运动的强度、运动时间等,这些问题人们并不清楚,所以需要专业人员进行科学的指导。这些专业人员能够指导群众采取科学合理的运动方式促进身体健康,达到相应的健康目标,美国将这些人称为体适能指导员,我国则叫社会体育指导员。

指导人们采取科学的方式进行体育锻炼的人员必须具备很强的专业性,掌握体育运动和健康领域相关知识。如运动生理学、行为心理学、营养学、病理学等,而且要能根据人的生长发育特点和年龄阶段制定科学的运动计划,评估人们的健康水平等。

二、体适能的分类

体适能就是我国传统意义上的体质,但它和体质又有区别。体质的范围比体适能更广,为了进一步明确体育与健康之间的关系,于是有了体适能这一综合评价指标。

体适能是一个综合指标,包含多项参数,如健康参数、新陈代谢参数、技能参数等,它是人们生活质量的全面反映。体适能主要从人体素质和技能方面考察人体健康水平,对人体整体健康情况进行评价。此外,积极参加各种体育锻炼才能拥有良好的体适能,日常生活中要有规律地进行运动,才能如体适能变得更好。

(一)健康体适能

良好的体适能是支持人们日常生活、工作和学习的重要因素,对人体身心健康发展产生重大的影响。评价体适能需要考察心肺耐力、肌肉力量、关节的柔软程度等。

1.心肺血管机能与健康

心肺血管机能指的是人体心脏、肺部等呼吸器官、血管协调运行的能力,为身体肌肉活动提供能量,心肺血管的功能会对肌肉耐力和肌肉力量产生直接的影响。心肺血管机能健康会让身体有更强的耐力,即使长时间工作身体也能承受,而且可以快速缓解疲劳,恢复体力。心肺血管机能是人体十分重要的组成部分,反映出人体运输氧气能力,它由肺部呼吸、心脏和血液循环系统组成。

(1)使心肌功能更强大。心肌就像是人体骨骼,平时多运动可以让心肌功能更强大。如果一个人的心肺功能良好,心脏就会有更强的收缩能力,人体也就会更加健康。具体来说,就是增加每搏输出量,从而减少心跳次数。

(2)使血管系统功能完善。从心脏中流出的血液会顺着动脉血管流到各个组织内,然后回到静脉血管,再返回心脏,血管系统的主要作用就是保证血液在身体内畅通无阻。如果心肺血管都很健康,血管弹性就会比较好,血管直径在正常范围内,血液流通不会受阻。此外,微血管遍布组织器官,比较密集,如此可以更好地将血液运输到全身。如果直径变窄,血管就会慢慢僵化,从而危害身体健康。

(3)使呼吸系统功能更强大。心肺功能良好的机体会需要吸入大量的氧气,肺泡和微血管之间就会更快地交换气体。

(4)改善血液成分。如果心肺功能比较好,血液中就会含有更多的血红蛋白,而血红蛋白可以促进氧气运输。此外,还能让血液中的高密度脂蛋白和低密度脂蛋白增加,预防心脏病。

(5)有氧代谢的供应会更加充裕。在运动过程中,有氧代谢系统可以为身体提供能量,这一系统的运作与心肺功能有着密切的关系。如果心肺功能良好,即使运动很长时间,身体也不会感到疲乏。

(6)降低心血管疾病的发生率。如果心肺适能良好,心血管及血液成分也会更好,所以要通过运动改善心肺功能,以此来减少心血管疾病的发生率,减缓心血管系统退化。此外心肺适能好的人即使生病了,也会更快康复。

2.肌肉骨骼系统机能

肌肉一次性产生的最大力量就是肌力。肌肉耐力指的人体长时间持续进行肌肉工作的能力,考察肌肉耐力的两个主要指标是肌肉运动的频率和持续时间。肌力和肌肉耐力是体适能的重要组成部分,也是反映人体健康的重要指标,在运动时一定要结合自身肌肉机能情况。肌肉机能主要有以下好处。

(1)肌力越强,肌肉就会更加紧实有力,不会变得松弛。

(2)人体肌肉可以使身材看起来更加匀称,而肌力运动可以强身健体,防止肌肉萎缩松弛。

(3)肌肉机能良好可以使身体更加灵活,运动效率更高。良好的肌力和肌肉耐力则赋予肌肉更强大的承受力和持久力。

(4)肌肉还可以保护关节等部位,防止外力损伤。

(5)良好的肌肉机能也可以使身体姿态看起来更加健美,使人拥有更优美的体态。

(6)背部疼痛通常与腹部和背部的肌肉有关系。如果腹部肌肉耐力比较差,骨盆的位置就会发生倾斜,导致下背部的腰椎向前倾,从而给身体带来疼痛。

(7)良好的肌肉机能也能让人有更好的运动能力,人体就会充满活力,在运动中促进身心健康发展。

(二)代谢性体适能

代谢性体适能是近年来提出的新的体适能参数,反映机体生理系统的健康状况。测试代谢性体适能,主要测量安静状态下的心率和血压、血糖、血脂、血胰岛素、肌肉功能等。代谢性体适能反映出人体整体健康状况,很多慢性疾病都与它有关系,通过运动改善代谢性体适能的效果十分明显。运动可以降低血脂,将血糖控制在合理范围内,使人体代谢能力更强,从而预防因缺乏运动导致的疾病,它对人体体适能产生重大的影响。

代谢综合症是多种危险因素在一个人身上群集的一种综合征,就是同一个人既有糖尿病或糖代谢异常,又有高血压、血脂异常、肥胖(多数病人有肥胖)。糖尿病或血脂异常,餐后血糖高或者糖耐量实验(口服葡萄糖以后),再验血糖不正常,这是一个很重要的基本特征,常常多数都有肥胖,当然也有不胖的,再有高血压、血脂异常,就是一个人有多重危险因素同时存在,这种病人还没有发展成糖尿病,但这是一个很重要的阶段,如今在欧美国家,很多重要的学术会议上,特别强调提出代谢综合征。

人体体适能千差万别,各有不同的特点,但是这些特点也有一定的联系:一个人的体适能良好,各项指标都合理,并不意味着技能类体适能也好,技能类体适能是需要学习的,但是前提是必须拥有良好的体适能,这是基础;有些人的体质发展不平衡,比如有的人肌肉力量很强,但是心血管功能不好,有的人身体比较僵硬,但是协调性很好,之所以会产生这种差异,是因为人们的运动喜好不同,需要接受相应的指导。

第二节 运动处方的制定与实施

一、运动处方的制定形式

(一)有氧运动(心血管耐力)运动处方

多大强度运动量才能获得健康体适能的益处,是为每位健身者在制订运动处方时所必须关注的。应依据运动处方内容确定有氧运动处方的组成。

1.运动强度

对于大多数成年人,采取中等及较大强度相结合是较为理想的提高健康体适能的运动强度。

只有获得了受试者和患者在递增负荷试验中推测的最大运动能力值时,才能完整地讨论运动强度。一直以来,都是使用公式"220－年龄"来推算男女的最大心率。这个公式使用简单,但是变化范围较大(对于 40 岁以下的男女,其推算值较实际低;而对于 40 岁以上的男女,推测数值较实际高)。

另外,也可以使用多种方法来计算运动强度,包括储备心率、储备摄氧量、主观疲劳感觉、推测的最大心率、最大摄氧量百分比、代谢当量以及每分钟消耗的能量。

2.运动量和运动持续时间

运动持续时间用一段时间内进行的运动锻炼活动总时间(如每节训练课、每天或每周)来表示,或者用总的能量消耗表示。运动锻炼可以是连续性的,也可以是在一天中以每次至少持续运动 10 min、间隔的多次运动进行。

每周通过运动锻炼和运动消耗的总能量与所获得的健康体适能益处之间存在剂量反应关系。事实证明,每周通过运动锻炼累积消耗至少 1000 kcal 的能量确实可以得到健康体适能益处。这一数值运动锻炼大约相当于每周运动 150 min 或每天运动 30 min,强度为中等强度的运动。

对于一些体适能较低的健身者来说,每周小于 1000 kcal 的运动量也能提高其健康体适能水平。但是对于大多数成年人来说,更大的运动量会得到更多的健康体适能益处,同时更大的运动量也有助于促进降体重和长期保持降体重成果。目前,最大的安全运动量还不清楚。虽然需要进一步研究来确定最大安全运动量,但是在向运动者推荐每周进行超过 3500～4000 kcal 的运动量时,需要慎重权衡发生过度训练造成损伤的可能性。

3.运动频率

美国医学总监推荐在每周的大多数日子里都进行运动锻炼,最好至少每周 5 天,但是美国运动医学会(ACSM)推荐每周进行 3～5 天运动即可。对于运动频率,众多的观点更倾向于以获得和保持健康体适能益处为目的的大多数成年人,推荐每周进行至少 5 次中等强度的有氧运动,或者是每周进行 3～5 天中等强度和较大强度相结合的运动。

4.有氧运动处方的运动方式

通过采用大肌肉群,有规律的有氧运动可以提高心血管机能,进而提高健康体适能。对于那些技巧性很强的运动项目可以推荐给掌握此项运动技能的健身者。专业人员在为运动处方选择运动方式时,应坚持训练的个性化原则。这一原则体现不同个体对不同的运动方式的生理适应是具有特殊性的。

(二)肌肉力量和肌肉耐力运动处方

肌肉组织的减少会导致新陈代谢率的下降,其中影响最大的还不是运动代谢率,而是静息代谢率(占 65%),静息代谢率在 30 岁以后每十年以 5%左右(肌肉含量下降引起的)的速度下降,进行抗阻训练可减缓肌肉组织的下降速率,维持机体的静息代谢率。

抗阻训练是运动处方制定中必不可少的组成部分。抗阻训练的目的是能够完成对生理压力较小的日常活动;有效地控制、延缓或预防诸如骨质疏松、2 型糖尿病和肥胖等慢性疾病;同时抗阻训练对老年人维持其正常的生活以及提高其生活质量很重要。

第一,抗阻训练的频率。建议成年人每周对每一个大肌群训练 2～3 次,并且同一肌群训练的时间间隔至少 48 h。

第二,抗阻训练的方式。成年人应进行多关节抗阻训练,同时发展主动肌和拮抗肌,避免出现多关节肌的"主动不足"和"被动不足"现象。

第三,抗阻训练重复次数和组数。抗阻训练的强度和每组动作的重复次数是负相关。也就是说,强度或阻力越大,需要完成的次数越少。为了提高肌肉的力量和体积以及在某种程度上提高肌肉耐力,抗阻训练中一组动作的重复次数应该为 8～12 次。换算成负荷强度大约为 60%～80% 最大重复次数。

如果抗阻训练的目的主要是提高肌肉耐力,而不是增加力量和体积的话,应该采用增加重复次数、缩短组间休息时间、减少组数(如同一肌群进行1～2 组)的训练方案。同样地,对于更容易发生肌腱损伤的年龄较大和体适能较差的健身者来说,开始实施抗阻训练运动处方时,应以多重复次数(如 10～15 次/组),中等 RPE 强度为宜。

(三)柔韧性运动处方

推荐给大多数成年人的运动处方方案中柔韧性拉伸训练为:每周至少2～3 次对每一大肌群肌腱(如颈部、肩部、上背部和下背部、髋部、臀部和下肢)进行至少 4 次 10 min 的拉伸。建议采用静力性拉伸、动力性拉伸、神经肌肉本体促通术(PNF)和动态关节活动度技术来提高柔韧性。考虑到动力性拉伸可能会增加运动损伤,健康专业人员一般避免健身者采用此类拉伸方式。进行拉伸训练时,在关节活动范围内要限制出现不适,不要过度拉伸,以免出现损伤。柔韧性训练要点总结如下:

第一,当肌肉充分活动后,牵拉效果最好。

第二,柔韧性牵拉训练应安排在正式运动训练的前面和/或后面。

第三,在进行肌肉力量、爆发力和耐力的运动之后进行牵拉可能效果更好。

第四,柔韧性牵拉也许并不能预防损伤。

第五,每周至少进行 2～3 天的柔韧性牵拉练习。

(四)神经肌肉控制运动处方

针对中老年人在设计运动处方时,有时必须考虑那些跌倒风险系数高的人群。对其进行神经肌肉控制相关训练,对于提高其平衡能力很有帮助。神经肌肉控制练习包括平衡性、协调性、步态、灵活性和本体感觉训练。建议中年人在进行运动处方训练时每周至少进行 2～3 天的神经肌肉训练,可采取的方式有太极拳、瑜伽和普拉提以及可以通过单足站立、闭眼单足站立来评定训练效果。利用该方法能测验出反应肌力与平衡功能,有助于判断人体老化程度,此方法简便且实用性强。

二、运动处方的制定要点

第一,效果。运动处方的效果应从三个方面衡量:① 健身者对改变自己行为习惯的动力;② 个人动力的可持续性;③ 以不同种类的运动改善体适能的各个范畴。

第二,便利程度。寻求社区健身路径的支持和合适的健身中心,以及得到健身者家属对运动处方的支持。

第三,安全程度(健康检查及风险分层)。目的:找出拥有潜在运动风险,并需要在开始运动计划前接受更多临床评估及运动测试的健身者;找出有特殊需要的个别病人。

第四,个性化原则。运动处方制定者在为健身者制订运动处方时,应与健身者紧密合作,确保运动处方可行,并可达成目标。运动处方应切合健身者的一定情况而制订:① 健康状况(包括所患疾病、性别、年龄、风险因素组合、功能障碍等);② 性格特征(包括准备改变的阶段、过往运动习惯、社交支持等);③ 健康需要;④ 个人目标;⑤ 运动喜好。

第五,享受程度。选择健身者认为有兴趣参与的运动,或已掌握的运动项目,有助于健身者遵照运动处方实行,运动的动力得以持续。在运动计划中加入不同种类的运动项目,不但可以令运动计划更有趣,更可减少因重复进行同一种运动而令肌肉骨骼受压,并使更多肌群得以活动。选择适合运动的时间带,避免进食后不久或气温太高时进行运动。

第六,定期评估。个人对运动的反应可通过一定方法评估:① 心率及血压;② 主观运动强度评分表(RPE);③ 心电图(如适用);④ 在分阶段运动测试中直接测试或估计所得出的最大摄氧量;⑤ 肌力、柔韧度及平衡力。

三、运动处方的制定内容

根据受试者的个人健康状况,明确了运动处方的目的,完成相应的功能评定后,就可以为受试者制订运动处方。一个完整的运动处方应包括运动处方实施目标、锻炼内容、总运动量、实施进度、实施过程中医务监督的力度和注意事项等内容。

（一）锻炼目标

制订运动处方之前，首先应当明确锻炼的目标，或称为近期目标。

以心肺耐力为主的锻炼目标，可以提高心肺功能、减肥、降血脂，或防治冠心病、高血压、糖尿病等。对于力量和柔韧性为主的运动处方的锻炼目标，应当具体到进行锻炼的部位，如加大某关节的活动幅度、增强某肌群的力量等。力量为主的运动处方中需要确定增强何种力量以及采用何种力量训练方法等，如动力性力量还是静力性力量训练，向心运动还是离心运动。

在康复锻炼运动处方中，首先需要考虑康复锻炼的最终目标，或称"远期目标"。如达到使用轮椅进行活动、使用拐杖行走、恢复正常步态、恢复正常生活能力和劳动能力、恢复参加运动训练及比赛等。在近期目标中，应该规定当前康复锻炼的具体目标，如提高某个或某些关节的活动幅度，增强某块肌肉或某组肌群的力量，需要增强何种肌肉力量等。

（二）锻炼内容

锻炼内容即锻炼时应采用的手段和方法。为提高全身耐力，以选择有氧运动为主；肢体康复功能的锻炼，可采用抗阻练习、柔韧性练习、医疗体操和功能练习、水中运动等；偏瘫、截瘫和脑瘫患者需要使用按神经发育原则采用的治疗方法，并且常常需要采用肢体伤残代偿功能训练、生物反馈训练等。

（三）运动量

运动量的大小，取决于多种因素，综合起来有以下方面：

第一，运动强度。在有氧运动中，运动强度取决于走或跑的速度、蹬车的功率、爬山时的坡度等。在力量和柔韧性练习中，运动强度取决于给于助力或阻力的负荷重量。运动强度制订是否恰当，关系到锻炼的效果及锻炼者的安全。应按照个人特点，规定锻炼时应达到的有效强度和安全界限。

第二，持续时间。在以耐力为主的运动处方中，主要采取"持续训练法"，应该规定有氧运动持续的时间；在以力量和柔韧性为主的运动处方中，则需要规定完成每个动作所需要的时间。

第三，重复次数、完成组数及间隔时间。力量为主和柔韧性为主的运动处方中，应规定每个练习需重复的次数（次/组）、完成组数，以及次与次、组与组之间间隔的时间。不同的锻炼方案将收到不同的锻炼效果。

第四,运动频率。指每周锻炼的次数。运动频率跟锻炼的目标有着一定的关系,也与运动强度、受试者的健康状况等有关。

四、运动处方的制订信息系统

知识库的运动处方信息系统是一个综合性的信息系统,涉及医学、心理学、训练学、教育学、统计学、计算机技术和网络技术等多学科领域。运动处方信息系统涉及国家、WHO、体育领域制订的参考标准,同时借助于先进的检测仪器,规范化的量表对采集的数据进行评估,建立数据库系统,体现运动处方信息系统的个性化。运动处方信息系统在开发时要做到规范性、实用性、技术先进性、教育普及性、数据采集多样性、简洁易用性、运动处方个性化、保密性、可靠性、易扩充性及构架灵活性,同时具备数据处理模式多样性、运动处方的导出功能、运动处方实施前后效果的自动生成对比分析功能。同时运动处方信息系统能满足各级健身会所、各级国民体质监测管理部门、体科所及科研院校相关部门对信息的要求。遵从国家、省部委、地区体育管理部门的信息规范和相关标准。

通过阅读国内外运动处方书籍、互联网查找、沿用经典的调查问卷和运动处方的相关的专家交流广泛收集资料,并对收集来的资料进行研究,从而可以建立健身者个人基本档案信息管理、健身者的基本信息资料管理、问卷调查信息管理、健康体适能测试资料管理、运动试验信息管理、临床测试信息资料管理、运动处方制订导出管理、数据库管理以及权限管理等模块为一体的运动处方信息系统。

第一,个人基本档案信息管理。实现对健身者资料的增、删、修改以及查询功能。

第二,健身者的基本信息资料管理。实现对健身者基本信息进行录入。

第三,问卷调查信息管理。对健身者的行为习惯、生活习惯、运动习惯、饮食习惯,以及家族、既往病史等的问卷调查,记录个人的健康问卷信息资料模块,进行管理。

第四,健康体适能测试资料管理。实现对健康体适能资料的查看、删除操作以及数据的统计功能。体适能评估是通过专门的仪器测试,对健身者的健康体适能的心肺耐力、肌肉力量和耐力、柔韧性、身体成分多个指标进行测试,然后录入到健康体适能测试资料管理模块内,为运动处方的制订提供资料。

第五,运动试验信息管理。实现对健身者运动机能进行检查与评估。

第六,临床测试信息资料的管理。实现对健身者临床体检资料的查看、对比操作以及数据的统计功能。临床检测与评估通过专门的体检公司或正规的医院检测中心,对健身者的生理、生化的指标(心率、血压、心电、肺功、血脂、血糖、血流变、全血分析等)进行检测,将测试结果录入或导入临床测试信息资料管理模块。录入健身者的测试信息资料的管理模块,为运动处方的制订提供资料。

第七,运动处方制订导出管理。可以实现个性化运动处方导出。

第八,数据库管理。实现数据的备份和恢复功能。

第九,权限管理。可以进行查询、增减和修改及权限操作。

健身者通过自己的账号进行查询个人的基本信息、健康体适能的状况、临床的生理生化指标和运动处方方案,以及相应的健康教育内容等。

管理者可以通过对健身者的多项指标进行运动处方的导出和运动处方的微调等权限操作。

五、运动处方的实施策略

大力提倡人们增加运动锻炼,静坐少动的趋势在我国乃至全球已开始降低。但是运动不足的现象仍然很普遍。以行为改变理论为基础的一些干预方法已经成功地帮助个体开始一个短期的运动计划。但是,行为干预对于提高运动锻炼的作用很小或一般,而行为干预对于提高长期规律性运动锻炼的研究结果不一致。

对于某些个体来说,个性化的运动处方可能比提高运动的坚持性更有效。对于准备参加运动锻炼的个体进行评价,有助于健康专业人员了解其适应的情况。体力活动改变阶段见表 5-1[①]。

表 5-1　评价体力活动改变阶段

阶段	项目			
	1	2	3	
前意向阶段	否	否		

① 张全成.高级体适能与运动处方[M].西安:西北工业大学出版社,2019:88.

阶段	项目			
	1	2	3	
意向阶段	否	是		
准备阶段	是		否	
行动阶段	是		是	否
维持阶段	是		是	是

针对体力活动行为,行为改变阶段表现如下:

第一,前意向阶段。个体静坐少动并且没有任何开始改变的意向。人们没有认真地思考在接下来的 6 个月中体力活动水平改变的问题或者是否有改变的需要。

第二,意向阶段。仍然静坐少动,但是已打算在未来 6 个月中开始有规律的体育锻炼。

第三,准备阶段。开始有意识地增加体力活动,不过活动水平较低,未能达到获得健康效益所需的活动量(每周至少 3 次,每次至少 30 min)。但是他们打算未来的 30 天内加大体力活动量。

第四,行动阶段。已经进行推荐水平的体力活动至少 6 周。在这个阶段行为改变的动机很足,感知到的效益大于感知到的障碍。然而,这也是最不稳定的阶段,个体回退到以前阶段的风险最大。

第五,保持阶段。坚持有规律的锻炼至少 6 个月。锻炼行为已经建立,回退的风险低。

(一)实施坚持性的经验推荐

第一,获得健康专业人员对运动计划的支持。

第二,阐明建立运动目标的个体需求。

第三,确定运动的个性化、运动目标的可实现性和客观性。

第四,确定运动的安全性、便利性以及器材设施的良好维护。

第五,确定运动锻炼的社会支持。

第六,确定运动环境支持者和提醒者。

第七,确定自我监测运动计划的动机,运动的结果和成就,如运动日记和计步器。

第八,强调和监测急性运动或即刻的运动效果(如降低血压、血糖以及一定药物需求量)。

第九,强调运动计划的多样性和趣味性。

第十,建立规律运动的时间表。

第十一,介绍有资格、有风度以及热心的运动专业人士。

第十二,实施中等强度,特别是在运动的早期适应阶段,尽可能减少肌肉酸痛和损伤。

(二)以健身者为中心的运动辅导

1.探讨日程安排

(1)关注健身者的日程安排。

(2)表达渴望谈论健康行为。

2.评估

(1)改变的准备(如"您是否考虑改变一下您的运动习惯?")。

(2)了解危险/困难(如"您认为运动会有怎样的危险?")。

(3)危险相关症状/疾病的历史(如"您是不是担心运动锻炼会使您感到很累? 对您来说,疲劳是一个困难吗?")。

(4)恐惧/顾虑(如"您对运动锻炼有什么顾虑吗?")。

(5)对健康行为的看法(如"您今天为什么来找我?")。

(6)选择健康行为的历史(如"您曾经是否尝试进行运动锻炼?")。

(7)以前在试图改变过程中出现的问题(如"告诉我有关您以前运动锻炼的情况。您遇到了什么问题?")。

(8)阻碍改变的问题(如"现在有什么使得您无法开始进行运动锻炼的事情?")。

(9)试图改变行为的原因(如"您为什么要进行运动锻炼呢?")。

(10)继续进行危险行为的原因(如"您为什么坚持这样做,而不是参与运动锻炼呢?")

3.劝告

(1)对健身者大力劝告其改变行为方式。

(2)个人风险。

(3)强调改变带来的短期和长期益处。

4.帮助

(1)利用口头语和非口头语之间关联/助长技巧(采用开放式问题,避免使用规定性陈述,如"你应该……",可以使用直接的眼神交流等)。

(2)纠正误区,提供咨询(如"您打算利用更多的运动锻炼在 6 周内减掉 5 kg 或更多的体重,这是一个不实际、不健康的目标。运动锻炼可以使您在长期运动中保持体重逐渐减少,但是在短期内效果甚微。")。

(3)表达感想/提供支持(如"我理解您对开始运动有些紧张。开始的时候的确很困难,但是我相信您是可以做到的。")。

(4)找出改变的障碍(如"您提到您的日程安排比较紧。让我们来看看您的安排吧,看看是否可以找出一定的时间进行短时间的运动")。

(5)找出潜在的资源和支持(如"您的伴侣是否有兴趣和您一起运动吗?在您家附近是否有健身房或者公园?")。

(6)描述可以改变的内容(如"根据您和我的交流的情况,看来您应该选择一定的运动锻炼。")。

(7)在选择中精选(如"在这些选择中,您觉得哪个最好?")。

(8)提供资源/材料(如"这是一个节拍器,可以在您步行的时候打出简单的节拍。")。

(9)传授技巧/推荐行为改变策略(如"开始一个运动处方实施计划是困难的。有一个可以帮助您的办法,将运动计划画在日历上,把它当作任务来完成。")。

(10)适当的时候提建议(如"我认为您会乐意参加瑜伽课程")。

(11)考虑一份书面合同(如"很多人发现签署一份书面合同有助于跟踪运动处方实施计划。如果我们这样做,您觉得可以吗?")。

(12)找出障碍并解决问题(如"人们经常碰到使运动变得困难的问题,您认为什么会成为您的问题呢? 让我们找出克服这些困难的办法吧。")。

(13)鼓励采用支持和应对策略(如"坏天气经常使出去步行很困难。您能够想到一个可以替代的步行场地吗? 在坏天气进行其他的运动可以吗?")。

5.随后的安排

(1)重申计划。

(2)安排随后的日程或打电话。

第三节　运动处方案例

一、脂代谢紊乱患者运动处方案例

由于基因、环境或病理情况异常而导致血脂和脂蛋白浓度的异常,称为脂代谢紊乱(如异常的血脂和脂蛋白水平)。尽管严重的脂代谢紊乱和胆固醇代谢基因缺陷有关,一般病例可能是由其他疾病引起的(如糖尿病),或是特殊基因类型和多种环境危险因素(如节食、锻炼和吸烟)相结合所导致的。脂代谢是一种严重的、可改变的引起 CVD[①] 的因素。对于高危个体、糖尿病患者和治疗目标是使低密度脂蛋白胆固醇浓度下降,降低胆固醇疗法更有价值,同时也强调了改变生活方式在治疗脂代谢紊乱中的重要性。近年来,尽管有证据显示运动锻炼可以改善许多人的血脂,但这些变化并不具有普遍性,尤其是脂代谢紊乱的病人。然而运动锻炼却能有效控制其他 CVD 危险因素。因此,对脂代谢紊乱的病人运动处方建议如下。

(一)运动处方制订前测试

第一,在进行运动测试之前,应首先对脂代谢紊乱患者进行筛查和危险分层。

第二,在对脂代谢紊乱患者进行检测时,应小心谨慎,因为可能诱发潜在的 CVD。

第三,标准运动测试方法和方案适用于脂代谢紊乱患者的筛查和运动测试。对伴有其他情况的患者(如代谢综合征、肥胖、高血压)需要考虑对标准运动测试方案和测试形式进行修改。有这些疾病和情况的个体的运动测试见其他相关信息。

(二)运动处方方案制定

对于没有并发症的脂代谢紊乱的患者制订运动处方与健康成年人的运动处方相似。对于脂代谢紊乱的患者强制参与控制体重管理。因此,有氧

---

① CVD,是 Cerebro Vascular Disease 的缩写,在医学上指脑血管疾病。

运动成为脂代谢紊乱患者的基础,辅以抗阻训练(形式为低阻力而多重复性的运动)、柔韧性练习,能量消耗有助于改善血脂和脂蛋白的浓度。脂代谢患者推荐的运动处方方案见表 5-2。

表 5-2 脂代谢紊乱患者的运动处方方案

基本作用	调节血脂和脂蛋白水平
运动模式	有氧运动(主要)辅以抗阻训练(形式为低阻力而多重复性的运动)、柔韧性练习
运动强度	40%～75%的 VO$_2$R 或 HRR 强度的有氧运动锻炼,以 60%～80%1-RM 强度进行抗阻运动。低强度运动比高强度运动更能有效地降低血脂
运动时间	每天 30～60 min 持续性或间歇性的有氧运动。但为了促进或维持体重,建议增加运动锻炼的时间。如没有并发症的脂代谢紊乱患者可以遵循健康成年人的抗阻训练(2～3 次/周,每次 2～4 组,每组重复 8～12 次)
运动频率	每周≥5 天的有氧运动,每周进行 2～3 次的抗阻运动

(三)相关注意事项

第一,特别注意伴有其他症状的健身者,如代谢综合征、肥胖和高血压患者,可能需要对运动处方进行修正。

第二,特别注意服用降脂药物的运动者,降脂药物有可能导致肌肉损伤。他们可能出现肌肉无力和肌肉酸痛。运动专业人士应向健身者询问在服用药期间在运动中是否体验到不寻常的肌肉酸痛。

第三,由于一系列因素的影响,包括初始血脂和血脂蛋白水平、每周能量消耗和作为运动训练目标的血脂参数,血脂/脂蛋白的改善可能需要数周或数月的有氧运动训练。

二、高血压病患者运动处方案例

高血压病是最常见的心血管疾病之一,属于全身性慢性疾病。高血压病是指由于动脉血管硬化血管运动中枢调节异常所造成的动脉血压持续性增高的一种疾病,又称原发性高血压。继发性高血压是由于其他疾病引起的血压升高,不包括在此范围内。定义为动脉收缩压和舒张压分别达到或超过 140 mmHg 及 90 mmHg,或需要服用降压药,或被医生或其他健康专业人员至少两次告知血压升高的情况。高血压会导致 CVD 的危险增加、脑卒中、心脏衰竭、周围动脉疾病和慢性肾脏疾病。血压低至 115/75 mmHg时,与正常人相比具有更高的发生缺血性心脏疾病和脑卒中的危险。SBP每增加 20 mmHg,DBP 每增加 10 mmHg,CVD 的危险就会加倍。90% 以上的高血压病例病因不明(如原发性高血压)。在另外的 5%~10% 的案例中,高血压继发于多种已知疾病,包括慢性肾脏疾病、主动脉狭窄等。

高血压病可并发心肌、脑、肾等主要脏器血管的损害,病死率和病残率都很高。长期处于精神紧张状态、体力活动过少、嗜烟等对高血压病发生和发展有促进作用。家族中有高血压患者,其后代高血压发病率明显增高。

推荐改变生活方式的内容包括采用适宜的饮食、停止高盐饮食、参加可以减轻体重的习惯性体力活动。有许多有效的药物用于高血压治疗。大部分病人可能需要至少两种药物才能达到目标血压的水平。

(一)运动处方制订前测试

在测试前,根据高血压患者的血压水平、其他 CVD 危险因素、目标器官的损伤情况或临床 CVD,将高血压患者分为 3 个危险分层。根据患者所在危险分层的不同,推荐的运动测试有所区别:

第一,高血压患者在进行运动测试前应先进行医学评估。评估的内容根据运动强度和个体测试的临床状态而不同。

第二,计划进行较大强度运动的高血压患者应该进行医务监督和个体测试。

第三,无临床症状、危险分层为 A 组和 B 组的患者(血压<180 mmHg/110 mmHg)想要参加低强度或较低强度到中等强度运动时,除了常规医疗评估,可能不需要进行症状限制性 CPET[①]。

第四,危险分层为 C 组的患者在参加中等强度运动之前,应进行运动测试,但参加低强度或较低强度活动时,则不需要。

第五,尽管进行正式的评估,但是大部分高血压患者可以进行中等强度

---

① 心肺运动试验(Cardiopulmonary Exercise Testing,CPET)是国际上普遍使用的衡量人体呼吸和循环机能水平的肺功能检查之一,它可用于功能性运动容量的评价、疾病的诊断及判断治疗。

的有氧运动。

第六，安静 SBP＞200 mmHg 和/或 DBP[①]＞110 mmHg 是运动测试的禁忌症。

第七，如果运动测试是为了非诊断性的目的、患者可以在推荐的时间段服用药物。当测试是出于诊断性目的时，在医生许可的条件下，患者应该在测试前停药。

第八，服用 β 受体阻滞剂的患者会有运动心率反应变弱和最大运动能力减弱的反应。服用利尿剂的患者会出现低血钾、心率紊乱，或潜在的假阳性测试结果。

第九，运动测试时，如果出现 SBP＞250 mmHg 和/或 DBP＞115 mmHg 时，应终止测试。

（二）运动处方方案制定

运动不足/静态的生活方式是高血压主要成因之一。有氧运动可以使高血压患者安静血压降低 7～10 mmHg。运动锻炼还可降低次极量强度运动中的血压。有氧运动是应该强调的运动类型，但中等强度的抗阻训练也可以获得同等效果。柔韧性训练应该放在全面热身后和放松阶段进行。

鉴于高血压是相当复杂的心血管综合征，可同时出现脂代谢、糖代谢紊乱等多种情况，可造成心、脑、肾等众多器官损害，因此在制订高血压患者运动处方时不仅要考虑高血压严重程度，还必须全面综合各器官损害程度、年龄因素等进行具体分析，因人而异、循序渐进，逐渐加大运动量，并以能耐受为度。只有采取个性化原则，才能达到有益健康的目的。将按照高血压病的运动处方内容做概要介绍，各人可根据具体情况选择应用，对高血压患者推荐的运动处方方案见表 5-3。

表 5-3　高血压病人的运动处方方案

基本作用	降低血压
运动模式	有氧运动（主要）辅以抗阻训练（形式为低阻力而多重复性的运动）
运动强度	中等强度的有氧运动锻炼，以 60%～80%1-RM 强度进行抗阻训练。有研究指出，低强度运动比高强度运动更能有效地降低血压

---

① SBP 指的是收缩压，DBP 指的是舒张压。

续表

基本作用	降低血压
运动时间	每天 30～60 min 持续性或间歇性的有氧运动。抗阻训练应该至少有 1 组,每组重复 8～12 次
运动频率	一周内可以每天进行有氧运动,每周进行 2～3 次的抗阻运动
特别考虑	结合运动及药物疗法上,应避免使用 B 受体阻滞剂,因它能使心率减慢;若必须使用 β 受体阻滞剂,则应选择 $\beta1$ 选择性受体阻滞剂血管紧张素转化酶抑制剂(ACEI)、钙通道阻滞剂及 a 受体阻滞剂引起最小的不良作用。后两者及血管扩张剂或会造成运动后血压过低,预防方法是在运动后进行充分整理运动;进行锻炼肌力运动时避免使用 Valsalva 动作①。若静止时收缩压＞200 mmHg 或舒张压＞110 mmHg,则不应进行运动

(三)相关注意事项

第一,严重或不可控制的高血压患者,只有在全面健康评估后,并血压稳定后,才可以进行运动锻炼。

第二,明确诊断的 CVD 患者,如缺血性心脏疾病、心脏衰竭或脑卒中,最好首先在康复中心医务监督下进行较大强度的运动。

第三,如果安静时 SBP＞200 mmHg 和/或 DBP＞110 mmHg,则不能进行运动锻炼。要谨慎地将运动中的血压维持在 SBP≤220 mmHg 和/或 DBP≤105 mmHg 范围内。

第四,受体阻滞剂和利尿剂可能对体温调节功能有负面影响,会导致部分个体的低血糖。在这种情况下,要告知患者热不耐受症和低血糖的症状及体征,并且采取预防措施避免这些情况,更多信息见糖尿病人的运动处方。

第五,受体阻滞剂,尤其是非选择性 β 受体阻滞剂,可降低患者无心肌缺血情况下次极量强度和极量强度运动的能力。可以考虑对这些个体使用自我疲劳感觉来监控运动强度。

第六,降压药,如 a 受体阻滞剂、钙通道阻滞剂以及血管扩张剂会引起

---

① Valsalva 动作是由意大利解剖学家于 1704 年提出而命名。Valsalva 动作是通过增加胸内压来影响血液循环和自主神经功能状态,进而达到诊疗目的的一种临床生理试验。

运动后的血压突然降低。在这种情况下要延长整理阶段并密切运动恢复过程。

第七,许多高血压患者都有超重或肥胖的问题。针对这些人的运动处方应该强调增加能量消耗和减少能量摄入来使体重下降。

第八,大部分老年人患有高血压,老年人和年轻人一样,运动可引起血压下降,并且下降幅度与年轻人相似。

第九,有氧运动的降压效果是即刻的,这种生理反应称为运动后低血压。为了增强患者运动的依从性,要告知患者运动即刻的降压效果。尽管证据有限,但已经表明,关于运动的急性降压效果的教育可以改善患者对运动的依从性。

第十,对于运动中有心肌缺血表现的患者,在运动中靶心率应该设定在诱发心肌缺血的阈值以下($\geqslant 10$ 次/min)。

第十一,抗阻训练中要避免发力时的屏息动作。

第六章 运动训练的生理学原理

第一节 运动训练的本质与监控

一、运动训练的本质

机体对训练的反应与适应都有一定的规律,只有按照身体机能变化的内在规律安排运动训练,才有可能获得成功。要想科学安排训练,就必须了解运动训练的生理学本质,了解身体机能对训练刺激所发生的反应、适应规律以及训练后机体恢复规律。

(一)运动能力提高的基础

生物体长期生存在某一特定的生活环境中,在客观环境的影响下可以逐渐形成一种与环境相适应的、适合自身生存的反应模式,生物体所具有的这种适应环境的能力称为适应性。人体对训练刺激的适应也不例外。在训练后的恢复期,所损伤的肌纤维不仅得以修复,而且修复后的肌纤维有所增粗,可以产生更大的收缩力量;心肌收缩能力增强、每分输出量增大、心血管调节机能增强;神经元间突触联系增多等。恢复期中结构的改善称作"结构重建",身体机能所得到的提高称作"机能重建"。

长期的运动训练过程本质上是一个不断重复进行的"运动刺激作用于机体—机体发生特定反应—经过一段时间的结构重建与机能重建—机体产生适应"的过程。通过这个循环过程,运动员运动能力不断增强。但应注意,机体适应能力是有限的,超出个体适应能力的训练,容易引起过度疲劳、过度训练或运动性伤病的发生。

（二）运动负荷及其对机体的影响

生物体具有应激性，即各种组织对外界环境变化（刺激）具有反应能力。可兴奋组织受到刺激后可产生兴奋，如肌肉表现为收缩、腺体表现为分泌、神经的反应则表现为产生并传导神经冲动等。刺激强度越大，所引起的机体反应也相应越大。运动负荷是人们有目的、按计划所给予机体的外部刺激，希冀机体在这种刺激下产生预期的应答性变化。因此，运动负荷的本质也是刺激。

运动负荷对机体的影响包括结构的破坏与机能的破坏。大强度训练后可引起肌纤维的微细结构会发生程度不等的损伤、毛细血管破裂、局部充血肿胀、关节面组织细胞受损、受力骨骼内微细结构发生变化等，这都属于对结构的破坏。运动后期运动员机能下降明显，可表现为跑速下降、力量下降、准确度下降、反应速度下降、心血管调节机能下降、神经元间信息传递能力下降等，这都属于对机能的破坏。运动负荷对结构与机能的破坏在运动后的恢复期可得到恢复。

（三）机体对运动负荷的反应特征

运动负荷刺激施加于人体时，身体的机能状态和工作水平将出现一系列特征性反应。这些反应特征主要表现为耐受、疲劳、恢复、超量补偿和消退等。

1.耐受性

身体机能对运动负荷的具有一定的承受能力，这种承受能力称为对运动负荷刺激的耐受性。耐受性具有明显的个体差异，对相同的训练负荷有的队员可以耐受较长时间，有的耐受时间较短。机体能保持较稳定工作能力的阶段称为耐受阶段。由于耐受阶段运动员可表现出较高的运动机能状态，训练课的主要内容安排在耐受阶段队员容易高质量完成。

机体对运动负荷的耐受情况受多种因素影响：① 练习时身体机能水平，运动员身体机能水平越高，同等运动负荷下耐受阶段时间相应越长；练习时的身体机能水平受到运动员训练水平和上一次练习后的身体恢复情况的影响；② 训练课的强度与密度，运动强度越大，密度越大，耐受时间相应越短，反之亦然；③ 训练过程中的促进恢复措施的应用，合理利用积极休息、及时补液（包括水、盐、糖及其他物质）、按摩等也可以加快恢复速度，延长耐受阶段时间。

2.恢复

人体在运动结束后,各种生理机能和能源物质逐渐恢复到运动前水平的变化过程称为恢复过程。在此过程中机体开始补充运动中所消耗的能源物质、修复所受到的损伤并恢复紊乱的内环境。训练性质相同情况下,恢复所需要的时间长短主要取决于疲劳程度、运动员机能状态和恢复措施。疲劳程度越轻、运动员机能状态越好、恢复措施越科学合理,恢复所需的时间就越短,反之亦然。

3.超量恢复

训练课后若安排有足够的恢复时间,运动时消耗的能源物质及各器官系统机能状态不仅恢复到原来水平,甚至超过原来水平的现象称为超量恢复。由超量恢复所导致的机能改善一般称为"训练效果"。产生尽可能多的训练效果正是我们进行运动训练的目标。

超量恢复的程度和出现的早晚和所从事的运动量有密切的关系,在一定范围内,肌肉活动量愈大,消耗过程越剧烈,超量恢复出现得越晚,但超量恢复愈明显。

4.消退

超量恢复现象并不会永久保持。若不及时在已产生的超量恢复的基础上继续施加新的刺激,则已经产生的训练效果经过短暂时间后又会逐渐消失,我们将这种现象和过程称为机体对运动负荷刺激适应的消退。

(四)运动负荷与训练效果的关系

机体接受同一运动负荷刺激时,一开始机体的反应会比较强烈,在恢复期,机体进行结构与机能重建后,发生超量恢复现象,运动机能得到提高。若连续反复运用同样刺激,机体反应减弱,超量恢复现象减弱甚至不出现,机体的运动能力只能得以保持而不能随着继续施加这一负荷而继续提高。要想继续提高运动效果,只有在原有刺激的基础上再增加负荷强度,即超负荷。适时适量地应用超负荷是保证身体运动机能不断增长的最重要的训练因素。需要注意的是,受遗传因素制约,每个人的运动潜能都是有限的。在成绩发展过程中,即使合理应用超负荷,随个体的运动能力越来越接近其运动潜能,运动效果也会越来越小。

运动负荷安排不当将对训练效果产生不良影响,主要表现在三个方面:① 连续应用大强度训练刺激而恢复不足,会造成过度疲劳;② 运动负荷过小没有明显训练效果;③ 训练频度过低,训练效果无法积累。

二、运动训练的生理监控

在运动训练生理监控中,我们主要通过生理负荷及生理负荷反应(如心率、摄氧量、血乳酸等)的变化,来评定运动训练对机体的影响、机体对运动训练适应情况,从而调控训练安排、恢复措施、营养支持、康复保健等相关工作。利用生理负荷描述训练负荷的好处是,以三大功能系统供能特点和恢复规律为依据,对训练负荷描述更加准确,同时使得不同的训练内容和训练安排有了统一的有效性评价标准。比如要提高一个运动员的下肢糖酵解供能能力,可以安排跑步训练,也可以安排骑自行车,甚至安排篮球、足球、网球、街舞等项目的训练等,这些以下肢运动为主的训练只要引起血乳酸的变化情况符合提高糖酵解供能能力的相关要求,单从供能角度来看都是有效的,从而使得我们的训练手段可以有更多的选择。

(一)运动生理负荷的要素

运动生理负荷的基本要素包括运动生理负荷强度、负荷时间以及负荷积分。三者既紧密联系,又相互区别。

1.负荷强度

运动生理负荷强度指在运动负荷强度刺激作用下所引起的整体生理机能反应程度或幅度,简称负荷强度。一般而言,负荷强度与运动强度(负荷)呈平行关系,即运动强度越大,产生的生理负荷强度就越大,反之则越小。负荷强度的量值可分为瞬时负荷强度和平均负荷强度。瞬时负荷强度是指在某一特定时间点的负荷强度,在体育实践中常用的有最大值、最小值等,比如最大心率、最高血乳酸浓度等。平均负荷强度是指一段时间的负荷强度的平均值,是多次监测结果相加后除以监测次数所得的结果,如平均心率、平均潮气量等。

表达运动生理负荷强度的指标可分为两大类,即振幅性负荷强度指标和频率性负荷强度指标。频率性指标主要指以单位时间内的变化次数(如次/分)为计量单位的生理指标,如心率(脉搏)、呼吸频率等。振幅性指标主要指以单位体积、时间内(或每次)的变化幅度(如毫克分子/升、毫升/次)为计量单位的生理指标,如血乳酸值、每搏输出量、最大吸氧量、潮气量等。

2.负荷时间

运动生理负荷时间指机体在整个运动过程中,持续负载运动生理负荷的时间或时程。由于赛前状态等运动条件反射,增加了生理负荷时间,加之运动停止后的生理机能恢复时间,实际上的运动生理负荷时间,往往比运动时间长。但为了便于计算,运动生理负荷时间主要指运动阶段的负荷时间或称为纯运动负荷时间,从而使负荷时间与运动时间达到相对一致。

3.负荷积分

运动生理负荷积分是指运动过程中生理负荷强度随负荷时间变化的函数关系,其本质是负荷强度与负荷时间的积分,在数学上表现为一个面积值。负荷积分将负荷强度和负荷时间有机地结合起来考虑,是既反映运动生理负荷量的关键指标,也是反映人体运动生理负荷机能潜力的一项重要二维(面积)综合指标。一般而言,负荷积分值越大,运动生理负荷量值就越大,其机能潜力也越大。

(二)运动生理负荷的监控方法

在具体训练监控中,运动生理负荷的评定是一个多指标、多层次、多因素的整体综合评定,它由若干个单项生理指标组成,各自具有一定的独立性,同时又具有综合性和完整性,在具体实践中应注意不同指标间的联合应用。

1.训练课的运动生理负荷监控方法

为了使得训练效果最大化,运动队应该重视每堂训练课,乃至每组训练的训练强度和训练量的监控,一堂训练课的生理负荷监控一般遵循如下程序。

(1)明确训练目的和监控目的。一堂训练课往往只围绕一个训练目的、针对一个方面的能力来提高实施,要对其进行监控首先应该明确该堂课的训练目的,即该堂课主要想提高运动员哪个方面的能力,该方面的能力属于有氧还是无氧。知道了训练目的,训练监控就有了方向。

(2)了解训练方法和手段及其代谢特点,选择相应的监控方法和手段。根据教练员安排的训练方法、手段和运动员的具体情况(训练水平、竞技状态等),就可以选择相应的监控方法和手段。在选择监控方法和手段时应注意三个方面:① 监控方法对训练引起的身体状况改变有灵敏的反映,它与训练负荷必须有很高的相关度,能够准确反映运动负荷;② 所选生理指标能够从某一机制或原理上反映运动负荷,能排除训练外因素的影响;③ 用两个以上指标时应注意指标的有效性、互补性,同时也应兼顾简单、经济的原则。

(3)运动生理负荷监控的实施。评价一堂课中一组训练的生理负荷强度常用指标主要是心率、血乳酸、摄氧量等,这些指标可以在运动后测试,也可以在运动中测试,结果能够及时出来,便于教练员及时了解训练对运动员机体的影响情况。评价一堂课的训练负荷常用指标有训练课后的尿蛋白、尿酮体、血尿素等,配合血乳酸、心率等指标共同使用,可以互补、科学地评定训练负荷。应当注意的是,无论哪种监控,都必须结合运动员训练完成的具体情况来进行评价。

在实际监控中,由于运动员之间可能存在较大的个体差异,每个指标在应用时应注意"个体化原则"。这包含两层含义:① 不同个体之间各个指标的基础值、阈值以及最高值不同,但在同一个体身上则比较稳定,在进行训练监控时应进行个体分析、纵向比较;② 不同阶段、不同训练水平时训练负荷引起的运动生理负荷的变化幅度可能有所变化,这就需要阶段性监测并不断调整和修正监控标准。

(4)提出训练意见和建议。根据测试结果评价训练效果,进而评价训练方法、负荷的合理性,为下一阶段训练提出意见和建议。

2.训练周期运动生理负荷监控方法

在实际操作上,一个训练周期的训练监控与每堂课的训练监控基本模式大致相同,也是明确监控目的、选择监控手段、实施监控等。有区别的地方主要有两个方面:一是将以往单次的数据分析变为将多次测试数据积累起来进行趋势分析,通过测试指标的变化来综合评定训练目标的完成情况;二是选择的指标可能更多,比如可能加入内分泌指标如血睾酮、皮质醇和免疫类指标等,从而评价多次训练课对机体的影响和机体适应、恢复情况等。

(三)运动生理负荷监控的常用指标

运动训练生理监控可用的指标很多,按照机体组织、器官、各系统功能以及代谢供能系统对运动负荷的应激和适应情况,结合运动训练中的实际操作环境。

(四)运动生理负荷监控的基本原则

在实施运动生理负荷的监控时,为了保证运动训练和监控两方面工作的顺利进行,准确获取生物学数据,并及时将可靠训练数据反馈给教练员或科研人员,必须遵循个体化、不干扰、简便、可靠、连续性等基本原则。

第一,个体化原则。运动员个体之间无论是先天条件和后天训练水平之间都可能有很大的差异,这就决定了在对其训练活动进行监控时必须重视这些差异,注意指标选择和评价标准的个体化。

第二,不干扰原则。不干扰原则是指在实施生理负荷现场监测时,操作过程和使用的监测器材都应尽量避免干扰运动员或教练员的正常训练过程。

第三,简便原则。简便原则是指负荷监测的方法和手段简便易行,包括操作程序(过程)简捷,检测指标精选,监测器材小巧。如果监测操作烦琐、过程复杂、运动员佩带的传感器过多或过重,将给被监测者带来诸多不便,影响训练进程,从而使监测工作不能长期进行下去。

第四,可靠性原则。可靠性原则是指监测所获得的指标参数一定要稳定可靠,这是在监测基础上,对运动生理负荷进行分析和现场实时调控的基本保障。监测数据的可靠性与监测器材的性能和工作状态、数据采集手段和条件控制、被监测者的生理机能状态和个体差异等因素有关。因此,在监测前应认真检查仪器设备,规范数据采集操作程序,观察被测者的机能状态,尽可能排除各种可能的干扰因素。

第五,连续性原则。连续性原则是指在实施生理负荷监测时,必须运用连续采样的方式进行数据摘取,以保证数据的连续性、统一性;从而减小采样误差,较为完整地反映整个运动过程中生理负荷量的变化规律和特征。从理论上讲,采样的密度越大,持续采样的时间越长,样本数就越大,数据的连续性就越好,组内差异性也越小,所获数据的可靠性就越高。因此,实施生理负荷监测时,应尽可能保持采样的连续性。

第二节 运动训练的原则

运动训练原则,是运动训练过程客观规律的反映,遵循训练原则就是遵循训练过程的客观规律,在很大程度上反映了训练的科学化水平;违背训练原则就是违背训练过程的客观规律,训练就不是科学的。运动训练原则对训练实践的重要指导作用也主要表现于此。因而实施科学化训练,就必须遵循运动训练原则,训练原则的贯彻是科学化训练的最重要的体现。

一、超负荷原则

超负荷原则亦称"过负荷"原则,是指当运动员对某一负荷刺激基本适应后,必须适时、适量地增大负荷使之超过原有负荷,运动能力才能继续增长。这个超过原有负荷的负荷即为超负荷。

机体承受较大运动负荷的初期,机体反应较强烈,训练效果也比较明显。随着机体对该训练负荷的逐渐适应,反应便会越来越低,训练效果也越来越不明显。此时必须适度增加运动负荷,以引起新一轮的反应——适应过程。依此周期不断循环,即为超负荷的基本内涵。

应用超负荷训练时应注意上一次安排的训练负荷运动员是否获得必要的适应,只有在上一次安排的训练负荷获得必要的适应前提下才能增大训练负荷。训练负荷增大的幅度也要恰当,增大后的训练负荷应在运动员的承受范围内。合理应用超负荷原则是影响运动训练效果最重要的因素。对其尺度的把握不仅直接影响运动员每节训练课、每一小周期、中周期、大周期的训练效果,而且会对运动员一生可能达到的最高运动成绩甚至运动寿命产生直接的影响。应用科学检测评估手段可帮助教练员为运动员制定恰当的运动负荷增长节奏,使其既能最大限度地刺激机体发生最好的适应性变化,而又不引起过度疲劳、过度训练或严重运动损伤的发生。

(一)不同超负荷训练后身体机能反应的特点

不同超负荷安排时身体机能会出现不同的变化。训练负荷较小时,训练刺激小,疲劳程度较浅,恢复较快,但训练效果不明显且消退较快。训练负荷较大时,训练刺激大,疲劳程度加深,需要恢复时间较长,但产生的训练效果较明显且保持时间较长,消退较慢。

训练中采用何种强度的负荷进行训练,主要取决于当前的主要训练任务。如果主要训练任务为学习新技术动作,则应多安排中小强度负荷的训练,需要发展的素质训练或战术学习合理穿插其中。如果近期主要的训练任务为增强体能储备或提高技战术应用能力,则应多安排大负荷或较大负荷训练,中小强度的技术改善练习、战术学习、柔韧练习、平衡能力训练等穿插其中。

(二)不同超负荷训练对最大运动潜能的影响

1.突增式超负荷安排的影响

依据"刺激—反应—适应"规律,施加较大增量的超负荷可使机体发生较大的反应,并获得比较明显的适应效果,因此能较快地出成绩。但若在训练早期持续性地给运动员施加较大超负荷,此时往往训练主要素质或主要技术,忽略了全面科学安排训练的要求,训练手段简单,局部负荷较大,运动员不同素质、不同部位发展不协调,运动员可能成绩增长较快,但极易导致严重伤病的发生或重要素质、能力发展错过敏感期,从而使得运动员最终能达到的竞技水平较低。

如青少年举重运动员发生腰椎间盘突出、半月板损伤,短跑运动员出现跟腱炎、疲劳性骨膜炎、踝关节撞击综合症等严重伤病发生后,训练间断,成绩下滑,部分运动员甚至退役。即便严重伤病得到很好治疗,也常会使得运动员无法达到自己不发生伤病情况下而可能达到的竞技水平。儿童少年时期是发展速度、柔韧、灵敏、协调素质的敏感期,如果错过这个时期,在成年后提高起来就很困难,即便投入很大的努力,可能也没有理想的改善,从而使得运动员不能达到更高的竞技水平。

2.渐进式超负荷安排的影响

若对机体循序渐进地、缓慢地施加超负荷,由于超负荷小,此时还科学安排全面的身体素质及相关方面的训练,而非只训练主要素质或主要技术,虽然成绩发展速率较慢,出成绩较晚,但由于机体对此种超负荷一直会产生非常良好的适应,故不仅可以达到运动员的最大潜能,最终获得较高的运动成绩,且可保持较长时间。

总之,不同超负荷训练对运动潜能的影响主要与两个方面有关:一方面是是否会引起严重的伤病而影响训练;另一方面是在训练中是否会忽略身体素质与技战术、不同身体素质之间协调发展。尤其是儿童少年时期错过某项身体素质的发展敏感期,到成年后已无法弥补,可能成为制约竞技能力进一步发展的短板。因此,安排超负荷训练时,一定要从长远着想,从运动员需要最终获得的运动成绩入手,科学制订出运动员的多年训练计划,注意训练的全面性,控制每次超负荷所增加的强度,使成绩按计划地增长,注意伤病的预防。只有这样,才能保证训练持续性不被破坏,运动员才能获得良好的训练效果,运动员具有的最大潜能才能被充分挖掘。

(三)超负荷原则在训练中的具体应用

1.训练课中超负荷原则的应用

训练课中增加负荷的方式有:① 增加负荷强度:如跑步训练中加快速度,投篮练习中增大与篮筐的距离,要求更高弹跳高度下投篮等;② 增加练习次数;③ 增加练习密度:在其条件不变的情况下缩短次间或组间间歇。

与身体素质训练相比,在技术训练中,要增加负荷强度不易控制,但总的原则是新安排的练习比上一轮安排的练习完成起来相对困难些。例如足球中更远距离的射门、传球练习,篮球中更远距离或更高弹跳高度要求下的投篮练习,更强防守程度下的投篮、突破练习等。在技战术训练中,超负荷训练安排的根本要求就是逐渐加大技术战术应用环境难度或要求标准,提高运动员在高对抗、高标准要求下完成技战术的能力,形成符合比赛要求的较高级的运动条件反射。

2.训练阶段中的超负荷原则的应用

(1)每一负荷维持一段时间。机体对每一新增负荷都有一个不适应到适应的过程,待机体对这一负荷基本适应后再增加负荷。准确判断机体对训练负荷是否产生了适应很关键。

体能类训练可以通过训练中或训练后某些生理生化指标的变化情况、身体自我感觉情况等进行判断。比如,机体随着对运动负荷的适应,血液中糖皮质激素浓度会由不适应时期的高浓度状态回落,直至降到正常水平;大强度力量训练后肌肉酸痛明显,肌肉力量恢复缓慢,随机体对运动负荷适应,训练引起的酸痛感降低甚至消失,肌肉力量恢复加快等。

技战术训练中可根据队员技战术应用效果的进步情况,与相应标准对比后,来确定运动员是否获得适应。比如篮球运动中无干扰罚篮练习,首先要记录队员罚点球命中率的变化情况,然后和同级别运动员(根据自己队员的情况确定和哪个层面的优秀运动员对比,是省队、国家队、世界一流球队等)进行对比,如果达到其相应水平的特定百分比,就可以认为获得适应。下一轮的罚篮练习就要加大负荷,比如有干扰。以此类推,最后要在强干扰环境和重度疲劳状态下进行罚篮练习。其他练习也可如此。

在训练中教练员要积极主动地构建本专项主要训练内容的适应判断标

准,并在实践中不断修正使其更加科学化,大力开展现代化科技手段在训练中的应用是很有必要的。

(2)安排减荷小周期。连续进行数个超负荷小周期后应注意跟随一个减荷小周期。超负荷训练是机体对上一负荷适应状态下而增加负荷的。现实训练的情况是不同组织、器官、系统等对训练的适应能力是不相同的,这就导致它们到达适应阶段的时间不同步。训练节奏的安排是按照承受主要训练任务的组织、器官、系统的适应规律而定的,其他组织、器官、系统可能还没有适应(但没有明显症状),但训练还是进入下一个超负荷周期,连续的几个超负荷周期可能使得那些恢复慢的组织、器官、系统出现(或者是教练组、科研人员、运动员觉得可能出现)明显不适症状,这时就需要安排减荷小周期给予相关组织、器官、系统以恢复调整。

(3)安排减荷小阶段。连续数轮渐进性的"超负荷—减荷小周期"安排后,应安排一个持续时间较长的减荷小阶段。机理与安排减荷小周期一样,负荷应比较轻松,消除前一阶段可能堆积的疲劳,以免造成过度训练或过度疲劳。

安排减荷小周期和减荷小阶段主要是让那些恢复不够的组织、器官、机能等得到较好的恢复,从而能满足身体机能总体协调提高的需要和训练合理节奏不被运动性伤病打乱的需要。在训练中,如果训练安排比较科学,训练后恢复措施比较得当,在一定程度上会使安排减荷小周期和减荷小阶段所需的时间变短,使得训练节奏变得更紧凑,有助于运动员运动成绩的提高。安排减荷小周期和减荷小阶段不是简单的"调整训练",这两个阶段安排的训练,一方面要让恢复不足的组织、器官、机能得到恢复,另一方面也要让训练不够但也需要一定程度训练的组织、器官、机能得到一定程度的训练。没有针对性的、简单的"调整训练"浪费了训练时间,由于组织不当、运动员过于放松,还容易发生意外的运动损伤。

二、恢复原则

恢复原则是指在长期的运动训练过程中,只有当运动员得到适宜的恢复,才能保证获得理想的训练效果。

(一)恢复原则的生理学基础

第一,恢复过程就是身体结构—机能重建过程。训练过程实际上是一个反复进行的身体结构与机能的破坏与重建过程。结构与机能的重建需要一定的时间过程,也就是恢复过程。若在恢复不完全情况下进行下一次训练,此时机体尚未完成结构—机能重建过程,可能会加重微细结构的损伤程度和机能下降程度,使运动能力进一步下降,恢复需要的时间更长,如不及时调整,可能会出现过度疲劳或伤病的发生。因此,恢复原则实际上就是要求训练后给予机体足够时间和必要措施进行结构与机能的重建,以有能力承担随后更大的训练负荷刺激。

第二,适当的恢复是出现训练效果的前提。训练效果是指在训练课后恢复期中所产生的身体机能与消耗物质的超量恢复现象。训练课中负荷越大,疲劳程度越深,运动后产生超量恢复所需要的时间相对越长,产生的超量恢复越明显。大负荷训练后,产生超量恢复所需要的时间会明显超过24h。因此,适当的恢复时间和恢复措施是出现超量恢复的前提,也就是出现训练效果的前提。

第三,恢复所需时间长短与训练负荷大小、疲劳程度深浅和恢复措施是否得当有关。一般来讲,训练负荷越大,运动员疲劳程度越深,所需的恢复时间越长;训练负荷越小,运动员疲劳程度越浅,所需的恢复时间越短;恢复措施越得当,恢复所需时间也越短。

一次训练课引起的预期疲劳程度大小和训练目的以及项目特点等有关,通过合理安排,都能让运动员出现"较大训练负荷—较深运动疲劳——定恢复时间—预期训练效果"的循环。如果一次训练课引起的疲劳程度较浅,可以一天之内多安排几次训练课,比如一天两训、三训甚至四训,让不同训练课引起的疲劳累积,从而在该天训练全部结束后运动员的疲劳达到预期深度。某些项目的高水平运动员可能一天四训引起的疲劳深度都不能满足恢复期出现明显超量恢复的要求,可以连续两天甚至连续三天每天四训,从而让其机体达到一定的疲劳深度。如果一次训练可引起的疲劳程度就很深了,两次大强度训练之间应多安排中、小强度训练,促进机体恢复。

(二)恢复时间的影响因素

对于同一个体来说,恢复时间受到机能状态水平、疲劳程度、训练中动用的供能系统、练习手段、受损组织类型和程度、恢复措施应用等因素影响。

第一,机能状态水平。运动员机能状态好,训练后恢复的速率也较快,由于疲劳、伤病、挫折等影响下,机能状态变差时,相同强度训练负荷后,恢复速率变慢,需要恢复时间较长。

第二，疲劳程度。疲劳程度越深恢复越慢，用时越长。

第三，训练中动用的供能系统。磷酸原系统消耗后恢复较快，酵解能次之，有氧运动疲劳后，恢复需要的时间较长。

第四，练习手段。与向心收缩相比，骨骼肌离心收缩时较易受到损伤，恢复时间也相对较长。在训练中往往会出现运动员完成能力满足不了运动负荷（这样的负荷才能出现预期的训练效果）要求的矛盾。比如400 m运动员，为提高糖酵解供能能力和乳酸耐受能力，需要大强度的跑步训练，而跑步运动对下肢关节、韧带的冲击而引起的不适感（比如疼痛）使他根本不能完成既定强度和运动量的要求，这就需要运用多种训练手段来提高运动员的机能。比如400 m运动员，可以让其蹬踏一定负荷的自行车来提高下肢肌肉的糖酵解供能能力，也可以用杠铃蹲起练习，这两项对关节的冲击力相比于跑步都小。高原训练也可以，在高原环境，无氧功能比例上升，只需较小的跑速和较短的距离就可以达到在平原环境下的训练效果。总之，是否合理应用训练手段也是制约恢复速率因素之一。

第五，受损组织类型和程度。一般来说，血液供应丰富、新陈代谢速率快的组织，受到损伤后恢复较快，比如骨骼肌、真皮组织等。血液供应差，新陈代谢速率慢的组织受到损伤后一般恢复较慢，比如半月板、肌腱、韧带等。轻微的损伤后恢复较快，随损伤程度的增大，恢复时间延长，这种延长不是等比例延长，而是损伤程度如果增加一倍，延长时间要增加两倍甚至更大倍数。在训练中首先要提高关节、肌腱等的抗损伤能力，同时还要避免局部承担过多训练负荷，最后注意应用理疗、药物等手段促进易损组织或恢复慢的组织的恢复，只有这样，才能保证训练周期不被伤病打乱。

第六，恢复措施的应用。及时、有效的恢复措施有助于恢复过程的加速。常用的恢复措施主要有：训练后注意整理活动，保证充足的睡眠，采用按摩、理疗、吸氧、针灸等手段，注意运动前、运动中、运动后营养补充，合理利用中草药等。

（三）恢复措施在训练中的应用

运动疲劳的恢复按照时间可以分为运动中恢复和运动后恢复。

1.训练课中的恢复措施

运动中恢复主要体现在合理的训练间歇、不同肌肉群交替做功、营养支持、理疗手段、整理活动等。合理的训练间歇可以使得上一次或上一组训练引起的疲劳得到一定程度的恢复，如果整节课训练组数不变，则下课时机体的疲劳程度会相对轻些。

不同肌肉群交替做功可以使得每个肌肉群都有一定的时间休息,避免疲劳的过度积累。循环训练法进行力量练习时,让不同部位依次轮流训练,就是这个道理。比如让队员俯卧撑、仰卧起坐、两头起、杠铃蹲起四个训练内容轮流做,则每组肌群都可以在其他肌群工作时得到一定程度的恢复。

运动中的营养支持主要是补充运动中主要消耗的物质,一般以水、糖类、氨基酸、无机盐、部分种类的维生素和微量元素为主,也可以加入非兴奋剂成分的其他物质,如能提高人体有氧工作能力的人参皂苷、提高机体免疫能力的枸杞多糖、增加碱储备的碳酸氢盐等。运动中营养支持具有明显的项目特征,比如在网球比赛中,由于比赛时间过长(有的比赛 4 h 以上,个别比赛可达 6 h 以上),常需要补充固态食物(香蕉等)以缓解饥饿感,而其他项目营养支持大多以液态为主。

理疗手段在训练中的应用应该引起重视。我们在观看美国职业篮球比赛中,常能见到被换下运动员在没有受伤情况仍然用冰袋冰敷某些部位,在拳击比赛中,局间休息时队医或教练员会按摩运动员的肩部、上臂等,这就是典型的运动中应用理疗手段促进恢复的事例。受到训练场地条件的限制,训练中可应用的理疗手段有限,但教练员还是要根据训练特点和运动员特点,及早地采取合理措施避免某些疲劳过度积累,促进主要疲劳较早恢复。

训练后的整理活动很有必要。剧烈运动时骨骼肌强力持续收缩,使代谢产物堆积,肌肉硬度增加并产生酸痛。动力性的整理活动可促进局部血液循环,加快局部代谢终产物以及炎性物质的消除,加大氧及其他能源物质的供应,促进局部快速恢复。静力性牵张练习使参与工作的肌肉得到牵张、伸展、放松,有效地消除运动引起的肌肉痉挛,预防延迟性肌肉酸疼的发生。

2.训练课后的恢复措施

训练课后恢复措施主要是营养支持、理疗和药物治疗、睡眠等。

训练后机体进入快速恢复期,训练课后营养支持实施的越早越好,理论上讲,应从训练课结束即刻开始。如果运动员训练结束与进餐之间有较长的时间间隔(时间在 1 h 左右),训练后即刻可以补充糖类和蛋白质的混合物;队员饥饿感明显,也可以补充一些松软的固态食物,如面包等。补充糖类一方面为了促进糖原的合成,另一方面还可以引起胰岛素分泌,胰岛素有促进蛋白质合成的作用,此时补充容易吸收的蛋白质,可以尽早启动机体组织细胞的修复,加快恢复速率。运动员三餐营养应与项目和训练相匹配。

个别队员会由于训练与进餐的时间间隔不长,正餐时食欲不振,摄入食物量偏少,而到了下一次训练前或晚上睡觉前有明显饥饿感,教练员应想办法给予支持或调整。合理的营养支持是恢复的物质保障。

现代训练强度一般较大,仅靠身体"自然"恢复已经很难满足训练节奏的需要,安全、有效的理疗和药物治疗必不可少。职业运动队应配备必要的仪器设备和充足的医务人员。业余训练队中,教练员应让队员掌握适合本专项的一些有效的简单易行的理疗方法,并督促运动员积极运用。

睡眠对身体机能恢复非常重要,在睡眠状态下,人体内代谢以同化作用为主,异化作用减弱,从而使人的精力和体力均得到恢复。运动队应加强管理,一方面要让运动员按时就寝,另一方面要让运动员及早入睡。对于那些因训练负荷过大而不易入睡的队员应调整训练,对那些由于赛前焦虑而不易入睡的队员,可以更换更安静舒适的环境,必要时进行心理干预。

三、周期性原则

周期性原则,指的是将运动员的多年训练计划划分为时间长度不一的各种周期,每个周期赋予不同的训练目标,训练过程在不同层次上周而复始地进行循环。

按照周期性原则,一个运动员的多年训练过程可被分解为若干个年度训练计划(年周期或大周期),每一个年度训练计划依次分为数中周期,每一个中周期又分为若干个小周期,小周期由若干节训练课所组成。实际训练过程中,每节训练课对小周期负责,小周期对中周期负责,中周期对年周期负责,年周期对多年训练计划负责,形成环环相扣的紧密结构。

运动训练中要求运动员在有限的时间内达到很高的竞技水平,有诸多矛盾需要协调。这些矛盾包括,运动员有限的精力与训练时间和训练内容安排之间的矛盾;在运动员有限的精力前提下,身体素质发展与保持之间的矛盾;多年训练中,训练和比赛之间的矛盾等。为使整个训练有序地进行,根据身体机能发展规律和专项技战术、体能等要求以及发展规律,合理做好规划,做好周期性训练安排,是协调训练过程中的主要矛盾的根本途径。这也是周期性原则的重要意义。

(一)周期训练

大多数竞技体育项目均要以良好的身体素质作为基础。在一些有直接身体对抗的运动项目中,运动技术的完成离不开特定的身体素质作为支撑,发展身体素质显得极为重要。有些运动项目既要求很高的技巧性又要求很高身体素质,而运动员的精力又是有限的,如何分配身体素质训练与技战术训练在训练中的比例,不同身体素质训练在训练中所占比例,不同部位的某项素质训练在训练中的比例等,关乎训练的效果。

在实际训练中,根据身体素质发展特点(运动员某一专项要求较高的身体素质是否处于发展的敏感期)和预期(预期某项素质在什么时候达到某一水平)以及技战术发展特点(技术学习依照时间上的先后安排,依照身体素质发展上的先后安排等)和预期(预期在什么时候达到什么样的技术水平,比如体操运动员,在某一年龄能完成某些专项竞技动作等),将不同阶段所需要发展的各种训练内容列出清单,依照一定的规律进行安排,按照既定安排进行训练,这就形成了训练周期,就是周期训练。

教练员必须围绕当年最重要的比赛,精心做出本年度的全年训练计划。在基础训练期,训练重点是发展必要的身体素质(运动员预期表现出来的竞技能力所必须具备的身体素质基础,比如前空翻所必需的下肢爆发力,排球中扣球动作所必需的弹跳能力等),每周安排较多的大负荷身体素质训练课,而技术训练相对较少,在此阶段,应注意一般身体素质向专项身体素质的转化,比如篮球运动中上肢力量的提高向远投能力的转化,排球运动中弹跳高度的增加向扣球高度增高的转化等,也就是要注意身体素质训练与专项技战术发展的紧密结合。

随着训练向前进展,基本身体素质的发展比重逐渐减少,此时相应身体素质已经基本获得了预期的提高,技术训练成分逐渐增大。在赛季前期,训练的目的是在保持住已经获得的身体素质水平基础上,重点实施技术训练内容,即在本阶段重点发展与已经提高的身体素质相适应的专项技术。

重要比赛时,运动员增强的身体素质水平与提高的技术水平相结合,形成更强的运动能力,一般将此称作为出现了"最佳竞技状态"。最佳竞技状态不能保持很长时间。因此运动员在赛季以最佳竞技状态完成主要比赛后,竞技能力会下落,于是进入调整期(休整期)。按照上述思路在更高的水平上进行新的一轮循环(增强身体素质—提高技战术水平—提高竞技能力—参赛),使运动员的竞技能力不断提高。

(二)周期性原则的注意事项

运动训练的目的就是为了比赛,参加比赛就需要做相应的准备,这些准备常常会影响了训练的安排,在某种意义,训练和比赛之间是有矛盾的。尤其需要注意的是,运动训练是为了重要比赛,而不是为了低层次的次要的比赛。

根据前面提到的周期训练安排,基础训练期发展身体素质、在赛季前保持获得的身体素质并大力发展技战术,提高竞技能力。这就意味着身体素质的发展被为备战特定的比赛而必须安排的技战术训练打断了。也会出现为了提高运动员参赛体能储备,采用大强度的体能训练,从而打断了运动员技战术的提高。对于处于儿童少年时期的运动员,在训练安排中要处理好基础训练与针对每年需要参加的比赛而安排的训练之间的关系。应在认真分析运动员特点与项目特点的基础上,为其大致确定长远发展目标,制订出多年训练计划,应以成年后参加重大比赛获得较好成绩为目的开展训练,切不可为了备战低层次比赛而影响其训练的正常进行,如青少年跳远运动员为备战比赛,过多的踏跳训练导致关节损伤,影响下一个训练周期的安排;青少年短跑运动员为备战比赛,过多高速跑步训练导致下肢关节损伤等。

总之,运动员竞技状态的形成与发展具有周期性的特点。运动训练的重要任务之一,就是通过训练追求最大的超量恢复叠加效应,从而将运动员的最佳竞技状态调整在预定的比赛中出现。因此,以训练手段和负荷为杠杆调节并控制运动员的竞技训练必须根据运动员的个体特点、运动训练环境等方面进行人为的调整,从而使得三个周期(准备期、比赛期和过渡期)的划分符合运动员的具体需要。在具体训练时间的安排、运动负荷的安排、训练内容、方法等都应从运动训练的实际加以区别对待。

四、个体化原则

个体化原则指教练员在制订定训练计划时,必须严格按照每个运动员所独具的身体能力、潜质、学习特征以及从事的专项训练等各方面特点,设计出适合每个运动员特点的个体化方案。换言之,整个训练过程必须依据该运动员的特点进行安排,使之得到最大的发展。

(一)不同个体的差异

年龄、性别不同个体适应运动负荷能力有差异。在一定范围内、年龄越小,承受大强度训练的能力越弱,年龄越大,承受大强度训练的能力越强。不同性别运动员承受运动负荷的能力也有一定的区别,特别是青春期后,男子力量发展较快,提高幅度大,绝对值也大,在承受运动负荷的能力上一般高于女子。

同年龄、性别的不同个体适应运动负荷的能力也有差异,比如有的运动员骨骼肌中慢肌比例高,能承受较大的耐力训练负荷,而有的运动员骨骼肌中快肌比例较高,能承受较大的力量训练负荷等。

(二)不同生理机能状态的差异

同一运动员处于不同机能状态时,如体能下降、生病、睡眠不足、受伤和营养不良等情况下,对运动负荷的适应能力下降。在训练时,必须及时发现运动员的机能变化情况,及时采取适当的个体化处理方案。

在现代运动训练中,个体化原则已经成为最重要的训练理论之一。每个运动员都是一个独特的个体,没有一个万能的训练计划能够适用于所有运动员。因此,安排训练计划时,必须根据每个运动员的爱好、习惯、特长、特定需要、发展目标,才能使该运动员得到最佳的发展,才能发掘出该运动员的最大潜能。还应注意,即或在个体化的基础上制订训练计划之后也并非一劳永逸,该计划尚需根据运动员情况的变化随时进行调整。

第三节　运动训练心理与体能

一、运动训练与心理

(一)运动心理训练与感知觉

感觉和知觉都是人脑对客观事物的直接反应。客观事物是感觉和知觉的内容和源泉,离开客观事物就不可能产生任何感觉和知觉。但是,人脑对当前客观事物的反应并不是消极被动的反应。在实践活动中,人的感觉和知觉得到不断的充实和修正。生动的实践活动不仅是感觉和知觉形成的客观基础,而且是衡量它们是否正确的唯一标准。由于各地的条件不同,人们的感觉和知觉便具有各种差异。例如,人的年龄、知识经验、兴趣、态度等都会给知觉和感觉带来一定的影响,使其具有各不相同的倾向或差异。人的感觉和知觉是一种主动的反应,它对人的行动给予积极的影响。

1.感觉和知觉的生理基础

感觉和知觉都是以当前具体事物为刺激物直接作用于感受器时,在脑内进行分析综合形成的暂时神经联系,是人的整个分析器进行分析综合活动的结果;是由当前事物的个别属性或其整体作为刺激物,直接作用于分析器外部感受器,经传导神经传入大脑皮层相应区域形成了条件反射,离开分析器的主要部分,大脑皮层,单独有分析器的外部感受器是不能产生感觉知觉的。当然,外部感受器的损伤也会失去感觉知觉的能力。

感觉是以当前具体事物的个别属性为刺激物,直接作用于某一分析器,在大脑皮层的个别区域内进行分析综合活动形成的神经联系。知觉则是以当前具体事物的整体维护和刺激物直接作用于各种分析器,在各种分析器的皮层相应区形成复杂的神经联系。形成知觉的各种负荷刺激物不是各种自救的简单组合,而是按照一定的时间和空间的关系组织起来的复合体。只要这些复合自救的关系不变,个别刺激物的变化不会影响整个反射系统。由复合刺激物的关系引起的分析器的反射活动,叫作"关系"反射,这种关系反射是感觉所没有的。

以当前具体刺激物为信号直接作用于分析器的外部感受器形成的条件反射系统,叫作第一信号系统,这是人和动物共有的,是感觉和知觉形成的生理基础。在第一信号系统基础上发展起来的第二信号系统,是人类所特有的条件反射系统,它是人的其他高级心理过程赖以形成的生理基础。人的第二信号系统对第一信号系统起着调节作用,在第二信号系统基础上产生的其他高级心理过程对感觉、知觉起着支配作用,使人的感觉、知觉具有选择性、理解性。可见,人的感觉和知觉是两种信号系统协同活动的产物。人借助于此,把事物的个别部分和属性标示出来并把它们联合成为整体,这是人类和动物的感觉、知觉所不同的生理基础。

2.感觉和知觉的种类

根据引起感觉的客观事物的不同属性和形成感觉的各种不同分析器,可将感觉分为以下两类:

第一,外部感觉。它是由机体以外的客观事物的各种不同属性所引起的,这类感觉有视觉、听觉、嗅觉、味觉和肤觉五种。形成这些感觉的分析既有视分析器、听分析器、嗅分析器、味分析器和皮肤分析器。这些分析器叫作外部分析器。

第二,内部感觉。它包括运动感觉、平衡感觉和机体感觉三种。内部感觉是由机体内部器官,其中也包括身体的运动器官变化的不同状态所引起的。形成他们的相应的分析解释运动分析器、前庭分析器和脏腑分析器。内部感觉的作用在于准确地反映机体内部的变化情况,从而随时进行调整,以保持机体的统一并与周围环境保持平衡。知觉是各种分析器联合活动的产物,知觉的分类首先是由以主导作用的某种分析器来划分,分为视知觉、听知觉等;其次是按照知觉的复杂性质分为时间知觉、空间知觉和运动知觉。空间、时间和运动是一切事物存在的固有形式。任何事物离开空间、时间和运动就无法存在,也不能发展。因此,在对具体事物的知觉中是不能脱离他们的运动、空间和时间关系的。

(二)运动心理训练与记忆

人在日常生活中,感知过的事物,思考过的问题,发生过的情感,做过的动作,所产生的印象并不全部消逝,其中有很大一部分作为经验在人脑中保留下来,以后在一定条件下,这些保留下来的经验,还会在头脑中重新反映出来,参加到后来的心理活动中去。过去经历过的事物在人脑中的反映,就是记忆。

1.记忆与表象

表象是过去感知过的事物在人脑中留下的形象。记忆的内容主要是以表象的方式表现的。人的表象可以由具体刺激物所引起,也可以由词的刺激所引起。

(1)表象的直观性。表象是感知留下来的形象,它直接类似于各种相应的对象,具有形象性、具体性的特点。

(2)表象的概括性。表象毕竟不是某一事物直观形象的本身,而是概括化了的形象,它反映着同一事物在不同条件下所经常表现出来的一般特点。但是表象的概括性是有一定限度的。

2.记忆的类型

(1)瞬时记忆即感觉记忆,感觉后立刻发生,转瞬即逝,持续时间极短,一般不超过一秒钟。视觉后像就是典型的例子。

(2)短时记忆及材料呈现一次以后的记忆,持续时间较短,一般在 1 min 以内。记忆的广度也有一定的时间限制,一般在 (7 ± 2) 限度之内。有意义联系的材料,广度在 $4\times(7\pm2)$ 之间。我们给一位新结识的朋友打电话,需要查对方的电话号码,按查得的号码通完话之后,不久就把号码忘了,这就是短时记忆的例子。

(3)长时记忆是持续时间很长,保持 1 min 以上直至一生不忘的记忆。而它来源于对短时记忆信息进行反复加工与编码,而后纳入长时记忆。

3.记忆的生理机制

在神经结构方面:记忆痕迹不只在皮质形成暂时联系,而在皮质下的海马(在颞叶内侧)也影响着短时和长时记忆的加强(或功能)关系。损坏海马区,会影响近期记忆的功能。另外,突触部位神经末梢的增多或延长,是学习记忆的机制。

在神经化学方面:记忆的产生与在 RNA[①] 支配下脑蛋白质合成有关。RNA 在受过训练的动物的脑细胞中含量增加,于是有的学者提取受过训练家鼠的 RNA,注射到未受训练的家鼠身上,未受过训练的家鼠显示出原有习得性的某些行为,发现了学习"迁移"的现象。这些有关记忆机制的实验,为探索记忆本质迈出了新的一步。但动物的记忆与人的记忆有质的差别,可以作为研究人的记忆机制的参考,但不能直接搬来作为依据。

(三)运动心理训练的生理生化

1.人的心理是人脑机能

(1)人脑结构的复杂性。人脑是十分复杂而精致的物质,它是物质发展到最高阶段的产物,人脑的结构和机能较之任何动物的脑都复杂。人大脑皮质的神经细胞估计约有 140 亿个。大脑皮质形成许多沟回皱褶,若将大脑皮质展开,面积约有 2000 cm^2,其中露于皮质表面的仅占 1/3。大脑皮质可分为六层。大脑皮质主要沟裂有大脑外侧裂、中央沟、颞叶、枕叶。沟裂之间隆起的地方称回,每个叶包括很多回,重要的有中央前回、中央后回、颞上回、海马回等。大脑皮质感觉区极为复杂,各部位没有严格界限,且机能定位也不十分精确。

中央前回[②]是皮质运动区,中央后回是皮质感觉区,颞上回中部是皮质听觉区,距状裂两侧是皮质视觉区。这些机能区是大脑皮质对这些相应的

---

① RNA 指核糖核酸,存在于生物细胞以及部分病毒、类病毒中的遗传信息载体。

② 中央前回系大脑的回之一。中央前回在大脑皮质的额叶,位于中央沟与中央前沟之间。中央前回含有大量巨大的锥体细胞,是运动中枢所在。此区锥体细胞发出的纤维组成锥体系,止于脊髓前角运动细胞。

机能活动进行精细分析、综合、支配、调节的核心部位。同一机能区的神经细胞之间,不同机能区之间,都由神经纤维彼此联系。在这里,还通过神经纤维直接或间接与各级神经中枢和各器官系统发生联系,协调体内活动,使有机体成为一个完整的统一体,并与外部环境保持平衡。

近年来,由于科学技术的不断发展,在生理学和医学方面对大脑的研究更加精确。从脑外伤或部分切除,以及用电刺激和化学刺激的方法观察脑的各个部位,都说明心理活动和脑有密切的关系。例如,大脑左半球损伤,常引起语言障碍;颞上回损伤,只是一侧受损时,双耳听力减退,两侧损伤时,听觉丧失;若整个大脑皮质受损,则出现意识障碍,对语言刺激无反应,并常出现婴儿时的吸吮反射和抓握反射,生活不能自理。人在不同情况下,如睡眠、觉醒、进行智力活动以及情感冲动时,脑电的节律往往不同。以上事例都说明脑是心理的器官。

(2)人脑机能的特殊性。反射是神经系统的基本活动,是人脑与动物脑所共有的机能活动。反射活动可以分为三个主要环节:① 开始环节,外界刺激和它在感觉器官中引起的、由传入神经向脑传导的神经兴奋过程;② 中间环节,脑中的神经过程以及和神经过程同时发生的心理活动;③ 终末环节,由传出神经传出并导致效应器官活动的神经兴奋过程。作为脑的反射的产物的心理是有现实存在着的影响引起的,这影响既包括当前起作用的事物,也包括作为过去刺激的结果以表象或思想形式存在于人脑中的经验。

心理现象在中间环节的产生是大脑的高级的分析综合的结果,由开始环节引起的、产生于中间环节的心理现象同终末环节是密切联系着的,是起调节支配作用的。开始与终末环节是心理活动的开端和终结,一切心理现象都是整个反射过程的不可分割的部分。强调这一点,对于正确理解心理活动具有重要意义。即不能把心理活动看作是脱离外界影响和人的外部活动而孤立的现象,心理活动不可能只是一种纯主观的体验;否则,心理现象就不会有什么现实意义。

反射可以分为两大类:一类是无条件反射;另一类是条件反射。无条件反射是先天具有的,用不着学习就会的。条件反射是在个体生活过程中形成的反射,也叫获得性反射,是经过学习才会的。

条件反射是在无条件反射的基础上形成的。无关刺激物与无条件刺激在时间上的迭合(强化)是形成条件反射的基本条件。例如,无关刺激物(灯光)和无条件刺激物(食物)同时作用于有机体,感受器接受这两个刺激而产生的神经兴奋就由传入神经传导大脑皮质,于是大脑皮质上形成两个兴奋中心,由无关刺激物灯光引起的兴奋中心比较弱,而由无条件刺激物食物引起的兴奋中心比较强,如果两个刺激物同时出现若干次,两个兴奋中心也就若干次地同时在大脑皮质上存在,而较弱的兴奋中心的兴奋,就会被较强的兴奋中心所吸引,以致在两个兴奋中心之间开拓出一条暂时的通路,建立起了机能上的暂时神经联系,即建立了条件反射。于是,单独亮灯光的视觉刺激在大脑皮质上所引起的兴奋就会沿着已经建立的暂时神经通路,通向往常由食物所引起的兴奋中心,从而产生流涎反射。之所以说是"暂时联系",是因为如果不用无条件刺激物经常强化,那么这种联系便会中断。在外部表现出来,就是条件刺激无不在引起反射,这和无条件反射的神经通路的永久性比较起来,条件反射的神经通路只是暂时性的,所以成为暂时联系。暂时联系就其有机体神经系统的物质活动这一点来说,它是一种生理现象。

但是,暂时联系一经形成,无关刺激物就能起到代替无条件刺激物的作用,也就是说,无关刺激物对有机体来说具有了无条件刺激物的意义,成了食物的信号。一个事物成了另一个事物的信号,其外部条件是二者相结合(即具有某种关系),同时对脑起作用;内部条件是大脑对两件事物有所认识,懂得了某一事物此刻对机体意味着什么,即能揭示事物的意义。头脑懂得了事物的信号意义,也就是在头脑中获得关于食物及其相互关系的主观映像,这就是心理。而机体根据信号意义(主观映像)作出反应,就是心理现象的外部表现。暂时联系的接通和信号意义的揭示(主观映像的产生)是同时发生的,可以说就是同一事物的不可分割的两个方面。就暂时联系揭示刺激物的信号意义来说,暂时联系也是心理现象。

心理活动的反射性质,进一步说明了心理是由客观事物所引起的,是脑的反射活动,心理活动是人脑的机能。

2.脑是神经系统的物质基础

脑是神经系统的最高部位。动物演化的过程,说明了心理现象是随着神经系统产生而产生,随着神经系统的发展而发展。因为无机物、植物、单细胞动物等没有神经系统,所以就没有心理现象。动物心理是与他的神经系统的发展水平相适应的,低等动物的神经系统很简单,所以这些动物只有简单的心理。如腔肠动物水螅、水母等具有网状神经系统;环节动物如沙蚕、蚯蚓等具有链状神经系统[1]，并出现了头节；节肢动物的神经系统与环节动物相同，属于集中性链状神经系统，但它与环节动物相比头部、胸部末端的神经节较发达，如虾、蟹等。这些种类的动物，开始具有"感觉"这样简单的心理现象，也就是说，开始具有对刺激的个别属性做出反应的能力。

动物演化到低等脊椎动物，才开始出现脑。如鱼类有脑泡；鸟类和低等哺乳类就具有较发达的大脑皮质了，所以这些种类的动物具有较复杂的心理活动。它们不仅有感觉，而且有知觉，它们能够把个体的各种属性综合起来作为一个整体来反应。到了灵长类，如猿、猴、猩猩的大脑皮质有了高度的发展，脑重量也有明显的增加，这些种类的动物，心理活动已相当复杂，具有思维的萌芽，他们能够对复杂的生活条件进行初步的分析综合，能够根据事物的关系做出反应。到了人类，大脑高度发达，可以进行极其复杂的心理活动。

人的个体发育过程，也说明心理是随着脑的发育而逐渐发展的。例如，儿童的大脑形态结构，虽与成人差不多，但是皮质神经细胞比较简单，分支少，神经纤维尚未髓鞘化，皮质上的沟回比较浅，脑的重量亦较轻（约为成人的 1/3），所以这时候的心理活动很简单。随着儿童年龄的增长，脑的生长发育也很快，神经细胞增多，纤维分支多整张，神经纤维形成髓鞘，脑重增加。到了 3 岁可达 1000 g 左右，7 岁达 1280 g，12 岁接近成人的重量。心理水平也逐渐提高，3 岁儿童对客观事物的辨别能力大大超过新生幼儿，7 岁儿童则比 3 岁儿童有更强的理解力，到了 12 岁已经可以进行较复杂的分析和综合活动了。

大脑皮层的运动区自上到下分别管理全身由下至上（倒序）的肢体运动。脑与心理现象有密切关系，当一个人在清醒安静闭目时，大脑是出现 α 波；当思考问题或接受刺激时，出现 α 波阻断。当看东西、听到声音或进行思维活动时，出现 β 波；当困倦或产生某种情绪时，出现 θ 波；当睡眠或深度麻醉时，则出现 δ 波。

脑之所以称为心理活动的物质基础，是因为脑具有极其复杂的生理结构和机能。它的体积约为 1300 cm³，重量约为 1400 g。脑包括三个主要部分，即大脑、脑干和小脑，心理活动主要是大脑的功能，由于大脑皮质进行复杂的神经联系活动，才产生各种各样的、极其复杂的心理活动。在大脑皮质

---

[1] 链状神经系统已可分为中枢和外围 2 个部分，脑和腹神经索属中枢神经系统，从脑和各神经节伸到身体各部的神经属外围系统。

控制下的皮质下中枢,也与心理活动有密切关系。

另外,边缘系统与情绪体验和记忆有关。脑干中央部分的网状结构,不但帮助控制有机体的环形水平,而且在知觉、情感、动机、注意和学习等方面起着重要作用。

3.心理现象是客观现实的反映

心理现象必须有客观事物作用于脑才能产生。没有客观事物的作用,无论脑的结构如何复杂,脑的组织如何特殊,也不会产生心理现象,心理不是头脑所固有的。心理现象只不过是客观现实的反映。客观现实以其无数的事物,不断地影响着人,直接或间接地作用于感觉器官,并通过感觉器官和传导通道作用于脑,引起脑的活动,并以感觉、表象、想象、思维等形式来反映这些客观事物。但是客观事物在脑中的反映并非客观事物本身,并非任意的一种不受事物制约的符号,而是事物的映像,是事物的"副本"。

(四)运动心理训练的信息控制

一些心理学家和动作科学家采用一个模型来解释学习动作技能的过程,他们把人体看作是与电脑相似的信息处理器。在这个模型中,人按照他第一次接受的"输入"信息开始执行操作过程。人在各个阶段中采用各种操作继续处理输入信息,最后他做出一个"输出"反应。

1.输入信息的来源

输入指人接受并进行处理的信息。在动作信息处理的研究中,输入通常是由实验者提供给参与研究的受试者的一个刺激,如发出的光线和声音信号。在这种情况下,受试者只需要感觉刺激的出现,然后开始做出反应。这种输入信息的形式偶尔也可以在我们日常生活的环境下找到,如赛跑和游泳比赛中鸣枪表示开始、十字路口的交通信号灯,以及仪器操作面板上的指示灯等,所以输入信息经常是以大量外界环境刺激的形式而存在的。在这种情况下,一个人挑选出来进行处理的输入信息,在很大程度上是由这个人自己决定的。尽管绝大多数是研究人员同意这个寻找信息的过程是主动发生的,但是在对人处理外界信息方式的解释上,仍然存在着许多分歧。

例如,通过感觉系统直接获取信息,随着经验的增加,人就变得更加善于察觉和使用信息。而这种观点的批评者们却指出还有一些其他因素,如记忆的作用,在理解人们怎样对待可得到的信息时必须被考虑到。无论如何,人的经验影响着人从外界环境获取信息的方式。

2.信息处理阶段

对动作技能控制感兴趣的科学家的主要目的是,了解人处理信息过程的特征。尽管探索这个问题有许多方式,但被许多动作技能专家最经常使用的方式是,他们认为存在许多分立的动作"信息处理阶段"。处理阶段指人对信息从输入到输出进行的若干分立的操作(信息确认、反应选择、反应程序),科学家常常在反应时实验中对其进行研究。信息必须通过这些阶段经过从输入到输出的过程。针对学习的目的,可以把焦点放在三个阶段:刺激确认、反应选择和反应程序。

在对人的动作技能表现进行阶段分析时,一些心理学家认为,无论外界环境信息(输入)何时进入系统,都开始在第一个阶段——刺激确认阶段进行处理。当完成在这个阶段的处理后,剩余的信息才进入第二个阶段——反应选择阶段做进一步处理。处理的结果又被送往第三个阶段——反应程序阶段做更多的处理。

(1)第一阶段:刺激确认。刺激确认阶段是动作信息处理的第一个阶段。在这个阶段中,人确认输入信息,动作执行者的任务是决定是否把提供的信息当作"刺激",如果是的话,就确认它。因此,在"刺激确认阶段",人通过许多来源分析外界环境信息的内容,如通过视觉、听觉、触觉、运动感觉、嗅觉等。另外,动作执行者还将各种信息因素结合在一起。例如,把各个边形成的轮廓和颜色结合在一起就可以形成一个运动中物体的视觉形象,比如一个球或人。人还可以感觉物体的运动方式,如方向、速度,以及它是运动的,还是静止的。如果需要做出的反应是接球或者避免与人碰撞,这些运动方式就是重要的信息来源。这个信息处理阶段的结果是对一些外界环境信息的再现,然后传递到下一个阶段——反应选择阶段。

(2)第二阶段:反应选择。反应选择阶段是动作处理的第二阶段,在这个阶段中人决定需要做出什么样的反应。一旦刺激确认阶段提供给动作执行者足够的有关外界环境性质的信息,"反应选择阶段"的活动就开始了。运用这个信息,动作执行者现在必会决定做出什么样的反应。对于开放式动作技能来说,如果动作执行者决定了选择的反应是适宜的,他就从能够做出的动作中选择出一个,如接球、夺球或把球放过让队友接住。所以,在这个阶段中,在确认感觉输入信息(如飞来的球)和在许多可能动作形式选择某一个动作(如接球、夺球或什么都不做)之间,发生了"分类转换"过程。对于封闭式动作技能来说,动作执行者直接集中注意于正确的刺激和需要做出的反应。如在短跑起跑中,在刺激确认阶段中只讲注意指向和接受发令员枪声的刺激,迅速选择和激活起跑动作程序。

(3)第三阶段:反应程序。反应程序阶段是动作处理的第三阶段,在这个阶段中人组织运动系统产生理想的动作。一旦动作执行者决定了需要做出什么样的动作,这个信息指令就被送到"反应程序阶段",在这个阶段的任务是组织运动系统做出理想的动作。组织过程包括使脑干、脊髓、低级中枢做好动作准备,提取和组织动作计划控制动作,引导肌肉按正确的顺序和时机收缩,产生适宜的力量强度,从而有效地做出动作。如在短跑起跑中,在迅速选择和激活起跑动作程序后,全力完成起跑动作。

3.输出动作信息

三个信息处理阶段作用的最终结果叫作"输出",即人所做的作为信息处理结果的反应。如足球的踢球,冰球、网球、羽毛球、乒乓球运动员的挥拍击球,自行车、帆板、赛车、滑翔机运动员的方向调整控制动作,艺术体操、花样滑冰运动员按严格动作时机编排的比赛动作。然而,我们应该注意到,一个人产生的输出指令并不一定达到动作的理想结果。足球运动员可能传球成功,也可能踢不到球;自行车运动员可能成功完成转向动作,也有可能摔倒;艺术体操运动员的韵律动作可能与伴奏音乐合拍,也可能脱节。

二、运动训练与体能

(一)运动体能训练的相关概念

1.体能

体能是人体的基本运动能力,是一个动态、开放、综合的系统。体能的获得受人体系统内外环境变化的影响,使人们对体能的认识需要用发展性思维来检验。人体形态、功能和质量的许多指标在很大程度上取决于先天遗传因素,这些指标在自然生长发育过程中随年龄变化而变化。人体的物理性能在不同的环境中有所不同,例如,在日常生活中,只要身体的形状和功能正常,就可以适应环境。但对于运动员来说,为了适应特定的训练和比赛环境,有必要在身体正常生理范围内最大限度地发挥身体潜能。体育优势项目的表现主要集中在基本体育素质的储备和应用上,除了技能优势项目外,在身体表现过程中,神经系统和心理因素都与身体有关。外界环境的变化刺激人体适应体能的各个方面,为体能的再塑造提供训练意义。

2.体能训练

在了解现代运动体能训练的概念之前,应该首先对体能训练(体力训练)的概念有一定的了解。这里所说的体能,主要指的是竞技体能。体能训练是运动训练的重要组成部分,是通过对运动员的速度、力量、柔韧素质、耐力、灵敏度以及身体协调性方面的训练,促进运动员的身体健康,提高运动员的竞技技术,改善运动员的身体机能,(神经、肌肉、骨骼),使运动员的体态更加符合竞技比赛项目的要求,对赢得比赛具有非常积极的作用。

体能训练可以分为一般体能训练和专项体能训练两种类型:一般体能训练指的是运用非专项训练的手段对运动员开展训练,旨在提高运动员的综合身体素质,为专项训练奠定基础;专项体能训练指的是对某项体育运动项目的运动员,对其开展围绕该项运动的特有技术、比赛规则、判定标准等制定的具有很高针对性的专业体能训练,这样的训练对于提高运动员的专业技术和战术,加强专项运动素质,提高运动员的经济能力并在运动比赛中获得优异成绩具有重要作用,具有高度的竞技化、全面化和整体化特点。

可以说,一般体能训练与专项体能训练具有相辅相成的关系,缺一不可:如果运动员只进行一般体能训练,不进行专项体能训练,那么难以完成比赛要求的技术动作,或者无法得到理想的成绩:如果运动员不进行一般体能训练而直接进行专项体能训练,那么很有可能因为身体无法适应高强度、高标准、高要求的包括专业技术动作或耐力、柔韧素质训练等在内的训练内容,而导致无法完成训练任务,甚至可能因为身体没有做好充分的准备而导致运动损伤。轻者需要一段时间的休息,重者可能导致从此告别运动生涯。

当人们说到体能训练的时候,经常会有人将身体训练与体能训练相混淆。其实,与体能训练相比,身体训练比较片面,是针对某项身体素质进行的训练,如力量、速度、柔韧度等,是忽视身体机能的整体锻炼和竞技心理素质的训练。

(二)运动体能训练的基本原理

1.应激原理

当人体在受到外界的各种负荷刺激时,其生理与心理方面都会产生一定的反应,这种身心上的综合反应即为应激。人体之所以产生应激主要是因为其具有"自我保护反应"的本能,在现代运动体能训练过程中,运动员的体能水平不断提升,正是运用了应激这一原理。

应激是个体生理与心理都产生反应的复杂过程,在生理反应方面,主要表现为个体唤醒水平的提高,在心理反应方面,主要表现为个体焦虑水平的提高。

(1)生理应激。人体的生理应激过程主要包括警戒、抵抗以及衰竭三个阶段,其产生与人体的"自我保护反应"有关系。在现代运动体能训练过程中,当运动员的训练负荷达到一定程度时,其身体便会产生应激反应,也就是说,通过适量负荷的施加,能够打破运动员对原来负荷的应激状态与适应状态,使运动员不断适应新的负荷刺激,进而达到新的负荷水平。因此,在现代运动体能训练中,要不断地并循序渐进地增加训练负荷,充分利用应激原理,实现新的负荷平衡,从而逐步实现运动员体能素质水平的提高。

(2)心理应激。当个体受到外部刺激之后,其心理上便会产生一定的压力,从而使其心理处于紧张焦虑的状态,根据外部刺激对个体心理上的影响程度,可以将心理应激分为良性应激与劣性应激两种,其中良性应激属于生理性应激,而劣性应激属于病理性应激。

当个体受到某种外部刺激时,其身体也会出现相应的适应性症状,具有应激性,例如,当亲人病故或出现意外事故时,个体会受到很大的刺激,而这种刺激会对其心理产生非常大的影响,进而导致其躯体也会产生明显的变化。但是如果所受到的刺激是良性的,如中奖、升职等,多属于良性应激,则会在一定程度上刺激个体更加积极地完成某项任务。

在现代运动体能训练中,教练员应该适当地刺激使运动员身心产生良性应激,如多给与赞赏、激励、表扬、重要任务等,以促进运动员以更加积极的心理与态度完成各项体能训练的任务。

2.认知原理

(1)认知规律。认知属于心理学概念,由于心理学知识能够为体育教学活动的开展提供一定的理论支持,因此,体育教学实际上是一个从不知到知、从不完全知到完全知的认识过程;也是发展身体、掌握和提高运动技术的过程。不管是个体,还是整个群体,其认知往往呈现出一定的规律,具体表现在以下方面:

第一,人的认知能力既受到先天因素的影响,同时也受外部环境以及自身心理等多种因素的影响。

第二,人对事物的认识必须经历一个由表及里、由浅入深的过程,而且这一过程无法逆转。

第三,人的认知水平会受到自身年龄的影响,不同年龄阶段的人对事物的认知特点往往不相同,但是出于同一年龄阶段的人,其认知特点往往具有一定的共性,只是由于环境、心理等其他因素的影响,每个人的认知特点又呈现出一定的特殊性。

(2)认知与运动。个体的认知与体育运动体能训练之间有着十分密切的联系,个体反复参加体能素质训练的过程中,通过不断学习逐步掌握体能训练相关知识与动作方法,进而实现自身认知水平不断提升。

在现代运动体能训练中,如果教练员和运动员能够正确把握个体的认知规律,能够对其训练实践有着非常重要的指导意义。对于运动员而言,良好的认知能力对其体能素质的发展有着至关重要的影响。

首先,良好的认知能力是运动员学习体育运动技术的重要基础,每个个体对相同的问题或者事物都有着不同的观点和看法,个体的差异性能够导致个体对问题进行认知的过程也存在一定的差异性。一些非智力因素能够显著提升运动员的智力水平,以便于运动员在现代运动体能训练中,能够快速领会体能训练各项动作的要点并熟练掌握相应的动作方法,进而高质量地完成各项体能训练任务,最终实现其运动员体能素质水平的提升。

其次,经常性地参加体育运动本身就能够提升个体的认知能力。随着运动员大脑的不断发育,运动员的认知能力也会得到相应的提升,而运动员在参加现代运动体能训练的过程中,一方面能够获得足够的必备营养物质,另一方面能够增加其大脑的血氧供应量,有效促进其思维的健康发展,进而有利于提高其认知能力。因此,在现代运动体能训练中,教练员应该根据不同运动员的认知能力、认知规律以及认知特点等,科学合理地制定并实施运动员体能训练计划,科学引导运动员学习体能训练相关知识、参加体能素质的训练。

3.负荷原理

(1)负荷本质。根据生理学理论,当个体产生生理感受时,便是其产生一切运动的开始,然后就会产生相应的心理活动,最终传达到肌肉,进而形成一系列的反射活动。体育运动的生理机理是建立在大脑皮质活动上的暂时性神经联系,运动员学习并掌握体育运动技能、增强自身身体素质的生理本质就是人体建立一系列运动条件反射的过程。

运动员在参加体能训练的过程中,当机体承受并能够适应一定的训练负荷时,其机体便会产生相应的训练效应,主要表现为体能素质的逐步增强等。

(2)负荷与运动。运动员参加体育运动训练的主要目的是为了提升自身体能素质水平与技能水平,在这一过程中,需要运动员不断地承受各种负荷的训练来实现这一目的,需要机体不断地适应各种训练负荷来逐步提升机体的运动能力以及对各种运动负荷的适应能力。根据运动员训练的负荷规律以及其训练过程的特征,运动员在开展体能训练的过程中,需要注意以下方面:

第一,在刚开始训练的阶段,应该适当增加训练的负荷量,以使运动员的机体能够逐步形成适应过程,并使其迅速进入运动状态。

第二,教练员应该根据运动员所参与的训练项目、训练目的等情况合理控制训练负荷。因此,现代运动体能训练中,教练员也应该根据不同项目专项特点以及运动员身体素质训练状况合理调整训练负荷。

4.适应原理

(1)运动适应过程。根据生理学理论可知,运动员在参加体能训练的过程中,其机体对训练的适应过程需要经历以下阶段:

第一,刺激阶段。在刚开始训练阶段,教练员需要对运动员的机体给予多方面的刺激。

第二,应答反应阶段。在运动负荷的刺激作用下,运动员机体内的各个器官与运动系统开始产生兴奋,并将这种兴奋传至其机体的各个器官中,然后使整个机体进入运动状态。

第三,暂时适应阶段。运动员机体的各个器官与运动系统在训练负荷的不断刺激下,开始不断地对这些刺激产生相应的反应,运动员机体经过不断地训练,会逐渐适应各种训练负荷的刺激,进而实现自身体能素质水平的提升。

第四,长久适应阶段。运动员经过长时间的系统训练,其机体基本上能够完全适应训练负荷,其身体各个器官功能以及身体机能也长期处于较好的水平。

第五,适应衰竭阶段。如果训练缺乏科学性与合理性,例如,运动训练负荷过低,难以达到应有的训练效果,导致运动员的体能素质难以实现真正提高,而此时如果运动员的运动量过大时,则很容易因为训练过度导致机体产生运动损伤。

(2)运动适应的训练指导。运动员在参加体育运动的过程中,其体能素质水平与运动技能的提高需要经过刺激—反应—适应—再刺激—再反应—再适应的过程,在此过程中,运动员的适应能力、体能素质、专项技能等得以同步发展。根据训练适应原理,在体育运动训练中,教练员应该根据运动员的体能素质特征以及体能素质变化规律等合理安排运动训练,既不要训练过度,同时也不要训练不足,影响训练效果。

5.超量恢复原理

(1)超量恢复基本理论。超量恢复原理也称为"超量代偿"原理,其内容主要是运动过程中以及运动结束之后休息期间个体的能量物质消耗与恢复过程方面的相关理论。该原理在运动生理、运动生化与运动训练方面发挥着非常重要的作用,能够为体育运动训练的科学实践提供重要的理论指导。

超量恢复原理认为,当个体在运动训练过程中承受较高的负荷时,其体内储备的能量物质不仅能够达到原来的水平,而且在达到原来的水平之后继续补充能量物质,那么,经过一段时间之后,其身体内所储备的能量物质水平能够高于运动之前的状态,甚至会超出很多。超量恢复出现的时间及其程度会因运动员及其训练内容的不同而有所不同。

(2)超量恢复的训练指导。在体育运动训练中,超量恢复的强弱在很大程度受到运动量大小的影响。通常情况下,在一定范围内,当运动员的运动量越大时,其机体内的各个器官以及肌肉的功能能够得以更加充分地发挥,其对能量物质的消耗也就更多,从而导致其超量恢复也就更加明显。

在体育运动训练中,要想实现运动员竞技水平的不断提升,就需要不断地增加其训练负荷,改变机体对原来训练负荷的适应状态,使机体不断地适应更高的训练负荷,通过不断增加训练负荷的方式,不断提高运动员的训练水平,即为"超量负荷原理",该原理以应激学说理论为支撑。

然而,当运动量越大时,超量恢复则越显著,但是需要将运动量控制在合理的范围之内,如果运动量过大,甚至超出了运动员所能承受的最大范围,则很容易导致其机体的恢复时间增加,甚至很有可能导致运动员的身体产生过度疲劳,进而影响其身体健康,或者产生运动损伤。但是如果运动量太小,则又难以保证身体能够得到有效的训练,其疲劳程度过小,就难以产生十分显著的超量恢复效果,甚至有可能不会产生超量恢复的现象,这也无法达到良好的训练效果。

因此,要想运动员能够产生显著的超量恢复效果、有效提升运动员的体能素质水平,还需要科学调控运动量的大小。在体育运动训练中,教练员与运动员应该注意以下两点问题:

第一,在一定范围内,当运动刺激强度越大时,机体对能量物质的消耗也就越大。

第二,对运动员相邻两次训练的间隔时间进行合理控制,尽量选择在运动员机体处于超量恢复的时期再一次对其给予负荷刺激进行训练,如此一来,就能够不断提升运动员的生理机能水平。

6.运动素质转移原理

运动素质的转移指的是个体在参加运动训练的过程中,当其某项素质得到发展时,其他一些素质也会得到一定的发展。在体育运动训练中,个体运动素质的转移原理主要包括以下三个方面的内容。

(1)有机体的整体性。有机体的整体性是影响运动训练过程中个体运动素质发生转移的一个重要机制。在运动训练过程中,运动员的任何一种运动素质都是在中枢神经系统的控制下各个器官与运动系统综合作用的结果,并不是单纯地依靠有一个器官和运动系统所产生的。

(2)动作结构的相似性。动作结构的相似性特征也能够导致运动员各项运动素质之间发生转移,能够在很大程度上影响运动员的训练效果。运动训练需要通过各个动作来实现,而各个动作之间存在着非常密切的联系。通常情况下,运动训练中,各个技术动作的结构及其所调动的肌肉越相近,越有可能导致运动素质之间发生转移。

(3)能量供应来源。运动员能量供应来源的统一性也能够导致其运动素质之间发生转移。

在体育运动训练中,要想实现运动员运动素质的正向转移,进而取得良好的训练效果,还需要教练员和运动员能够对运动素质转移的内在机制与规律进行充分掌握。

除此之外,需要强调的是,运动训练的不同时期也能够在某种程度上影响运动素质的转移。比如说,运动员运动素质的直接转移所耗费的时间比较短,能够很快产生比较明显的效果,经常性地运用于比赛期间,但是运动素质的间接转移则需要花费较长的时间。由此可知,运动素质的转移是在一定的条件下实现,这就需要教练员和运动员在日常训练中,注意根据实际情况进行科学合理且有针对性地训练。

7.身心互制原理

对于个体而言,其生理方面的发展与心理方面的发展是不能完全分离的,人是一个综合性的存在,既包括躯体,同时又包括心理。生理与心理之间的发展是彼此联系、相互促进、相互制约的,在对二者进行发展的过程中,不能只是单纯地注重某一方面的发展,而是应该对身体与心理都予以高度的重视。

因此,在体育运动训练中,教练员除了需要注重运动员身体素质、运动技能的发展之外,还应该注重其心理方面的发展,要实现运动员身心方面的共同发展。

运动员在参加体育训练的过程中,需要承受一定量的训练负荷,这一方面能够导致运动员的生理产生一定的变化,另一方面也会导致运动员的心理产生相应的变化,运动员在不断接受各种训练负荷的过程中,需要克服各种训练困难,并继续以积极的态度投入到体育运动的体能训练中,艰辛漫长的训练过程有助于培养运动员良好的心理素质,而良好的心理素质更有利于提高运动员的训练效果。因此,体育运动的体能训练中,不仅需要对运动员的身体方面进行训练,同时也需要对其心理素质进行训练。也就是说,教练员应该保证运动员的体能训练与心理训练相结合,促进运动员身心素质的共同发展。

(三)运动体能训练的基本原则

1.训练强度适量原则

在运动训练中,运动员要同时兼顾学业和体能训练,既不能只顾学业忽视体能训练,也不能将大部分精力用于训练而荒废了学业,这无异于本末倒置。要想解决这个矛盾,可以从训练强度方面着手,通过学生的实际情况,根据学生的时间、学业、体能情况合理安排训练强度,既达到预期训练目标,又不至于让运动员在训练后由于体力透支无法进行学业学习,从而实现学业与兴趣爱好"两不误"。

2.循序渐进原则

人体对运动动作技巧的适应过程需要一段的时间,是一个循序渐进的过程,具有一定的规律性。因此,人们在学习掌握运动动作技能的过程中,需要经历一个不断适应的过程。具体包括人体机能的改善、运动水平的提升、肢体灵活性的增强、心肺功能的增强、动作技巧的掌握等。这一系列过程都需要一定的时间,而不是一朝一夕就能实现的,需要根据训练者的实际情况进行不断地协调与改善。因此,只有坚持参加运动体能训练,逐步积累训练经验,才能取得良好的训练效果。要想在很短的时间内就取得一定的成绩是不现实的。

另外,运动训练是一个对身体素质要求较高的过程,其训练需要进行一定量的积累才能够达到质的变化。对于运动员而言,高强度的训练打破了身体原有的生理平衡,容易引发运动员的无力感与疲惫感。然而,只有坚持循序渐进的原则,才能够有效保证逐步实现身体内部的新平衡机制。

3.区别对待原则

从哲学的角度上看,矛盾既存在普遍性,也存在着一定的特殊性。对于学生来说,每个人都是特殊的、独一无二的个体,在生理、心理等各个方面都存在着一定的区别和差异。体育运动体能训练也应尊重个体的差异性,在进行体育运动体能训练内容、任务、方式配置时,应着重考虑现实情况,根据客观规律制定出符合学生发展需求的具体方案,这体现了区别对待的原则。

区别对待原则体现了对于学生个体差异性的尊重,有利于充分激发学生参与体育运动体能训练的主动性。一旦运动员的积极性被调动起来,也有助于进一步发掘具有潜质的优秀运动员。在运动中,全能型的运动人才只是少数,教练员应根据运动员的个性特点、学习能力等多方面进行系统的考察,全面掌握运动员的特征,区别对待,扬长避短,充分发挥运动员的能力与水准,不断促进其体能水平的提升。

运动员在运动体能训练中也应认真贯彻区别对待原则,对待不同的项目采取不同的运动技能技巧。总之,区别对待原则必须体现在体能训练计划和整个过程中,使训练任务、训练内容、训练手段、训练方法和锻炼负荷与个人特点和现实情况相契合。

4.及时调整原则

在现实生活中,人们所经历事情始终处于不断变化中,没有绝对固定不变的事物,体能训练也是一样,应随着运动员情况和训练情况对训练方案进行不断的调整。

由于运动体能训练过程中,运动员容易出现疲劳、倦怠甚至炎症,当运动员的身体健康出现警告时,应即刻终止训练,不宜继续进行。一方面,当运动员的身体状况出现问题时,中枢神经系统对身体的控制能力就会明显减弱,人体的整体协调性与对外界环境的适应能力也会明显下降。另一方面,如果在身体不适的状况下强行进行运动锻炼,不仅不利于身体健康,反而容易对身体造成损伤。如果在运动体能训练过程中出现了身体不适的状况,但是只是轻微的疲劳感,可以通过短暂休息的方式缓解。因此,运动员以及教练员必须具有一定的分辨能力,能够区分疾病和运动带来疼痛的差别,如果是肌肉疼痛、胀痛就不要停止训练,应该尽量坚持,做适当的调整和放松,通过恢复联系,身体会得到进一步的改善和提高;如果是疾病疼痛,应立即停止练习,并及时送往医院。

第四节　运动训练中的损伤与营养卫生

一、运动训练的运动损伤

运动形式日趋多样化,动作难度越来越大,技术水平越来越高,体育运动中发生损伤的概率也随之增加。因此,了解体育运动损伤的特点和类型,掌握简单的预防、治疗以及康复措施是有效减少运动损伤的重要途径。

(一)运动损伤的主要类别

1.闭合性软组织损伤

(1)闭合性软组织损伤的分类。

第一,挫伤。人体在通过撞击、打压和摔打等情况下,有时会出现皮肤表面没有受损痕迹,但是内部肌肉组织出现严重的破损。在这种情况下,受伤部位通常会表现出红肿,淤血,有明显的痛感,这种情况被称为挫伤。挫伤会带来一定的影响,会影响局部的活动,人的行为受到限制。

第二,扭伤。在运动过程中,因力度过大或者是动作不规范,会出现身体各部位和关节扭伤的情况,此时这些部位因为超出正常人的身体活动而引发机体损伤,扭伤不仅会出现关节的错位现象,还会拉伸周围的结缔组织,出现我们日常生活中所说的肌肉拉伤这种情况。同时,严重的扭伤还会出现出血,肿胀及关节功能障碍,严重影响人的正常活动。

第三,拉伤。因主动肌肌肉收缩过猛,超过自身所能承担的能力或肌肉被动拉伸超过弹性限度以外而引起的外伤,这个时候人体内部的肌肉纤维等组织会出现断裂的情况,严重者还会出现出血,肌肉痉挛等情况。

(2)闭合性软组织损伤的处理。闭合性软组织损伤是在人们运动过程中经常遇到的损伤之一,通常根据其病程的发展过程,对症处理。

第一,制动。闭合性软组织损伤后,受伤肢体活动功能受到限制,此时身体已经不能再继续做运动。如果继续运动就会加重损伤部位,造成组织严重损伤或出血,这种情况就不能用简单得处理方法来解决,因为在受损之后再继续运动已经严重损伤了组织的结构。所以,在运动过程中如果出现损伤情况,应立即停止一切活动,按照受损的情况,采取相应的治疗措施,保证受伤部位得到充分的休息。

第二,止血止痛。如果在运动过程中出现闭合性软组织损伤,要仔细检查是否有出血以及血肿情况,然后按照出血量和血肿程度采用恰当的方法治疗。首先就是要及时止血,因为失血过多会影响组织的恢复进度,失血越多受损部位恢复得越慢,越容易出现组织联结情况,其次按照受损部位的实际情形,采取冷敷法当中的一种治疗方法,或者是将出血部位抬高,或是对出血部位进行加大压力包扎等方法,加压包扎时,可以在出血口放置卫生棉球,然后间细带将棉球固定在伤口处,切忌太松或者太紧,太松无法达到止血的目的,太紧影响血液正常流通,所以松紧要适度,24 h 之后再根据情况做进一步处理。

第三,功能锻炼。功能锻炼是为了加大血液循环,让受伤肢体达到充足的血液流通量。功能锻炼是恢复受伤肢体的一个重要治疗手段,在进行功能锻炼时,运动的幅度和力度都应该逐渐加大,但是要在自己承受的范围内,功能锻炼的目的就是要将受伤肢体恢复到原有的健康状态,直至不再损伤为止。在功能锻炼时要适当补充身体内的水分和营养物质,促进受损部位的快速愈合。

2.开放性软组织损伤

(1)开放性软组织损伤的分类。

第一,擦伤,是皮肤被粗物摩擦所致表面损伤,如在跑步锻炼中摔倒,身体表面与地面摩擦引起皮肤擦伤,伤口易被感染,面积大小不一。

第二,裂伤,是因钝物打击所致的软组织撕裂。如篮球运动中,眉弓被对方肘部撞击,即可能引起眉际裂伤。

第三,刺伤,是因尖细锐物刺入人体所致。其特点是伤口细小而深,甚至可深及伤部组织器官,容易引起伤口感染并致破伤风,如被钉鞋钉子刺伤。

第四,切伤,是出锐器切入皮肤所致,伤口边缘整齐,多成线形,出血较多,切伤严重者可伤及大血管,神经或肌腱。

(2)开放性软组织损伤的处理。开放性软组织损伤都有一个共同点,那就是有出血现象和伤口。所以处理的原则是止血和保护伤口。

第一,任何开放性软组织损伤都有可能发生伤口感染,处理时要特别注意保护伤口。可暂时用干净的毛巾或纱布等物覆盖伤口,并缠上绷带以防感染。如出血不止,应立即选择适为的方法及时止血。

第二,对于轻度擦伤则可用生理盐水或凉开水加适量的食盐冲洗,再用20%的红汞药水或1.2%的龙胆紫溶液涂抹,不需包扎。但脸部和关节不宜使用龙胆紫溶液涂抹。关节部位的创面涂消炎软膏,用油纱布盖好进行包扎。

第三,对于表浅的擦伤有一种简单易行的方法,即把伤口清净后,将准备的消毒玻璃纸压贴在伤口上,因为创面和创面周围有出血和渗出的组织液,玻璃纸很容易被粘上,可在创面外形成一层保护膜。

第四,对于严重的开放性软组织损伤,均需清洗伤口,并用抗菌药物治疗;伤口较大而又深者应立即加压包扎,及时送医院予以手术缝合;凡不洁净尖物(如锈钉等)致伤者,应注射破伤风抗毒素,预防破伤风。

3.应力性骨损伤

体育运动中,存在一些跑跳类动作,如果用力过猛、落地没有缓冲、练习场地过硬等原因,容易导致胫骨、腓骨或趾骨发生疲劳性骨膜炎。另外,对于初学者来说,训练强度过大、训练方法不当、落地不会缓冲等因素使腿部各肌群长期处于过度疲劳状态,小腿部位的肌群一时间难以适应地面的反作用力,也是导致疲劳性骨膜炎发生的重要原因。

(1)疲劳性骨膜炎的主要症状。有典型运动史的运动员患疲劳性骨膜炎时,局部会反复出现疼痛,局部运动负荷加大时,疼痛明显加重,严重时有刺痛和烧灼感。

(2)治疗方法。疲劳性骨膜炎属于慢性损伤,因此,在治疗早期,应减少局部负荷,并对损伤局部进行热敷、按摩,运动时可用绷带对损伤部位进行包扎。症状较严重者,则必须用弹力绷带进行包扎。休息时,注意抬高患肢,并辅以中药外敷、按摩、针灸、理疗等治疗方法。

4.关节脱位

由于剧烈运动导致的关节表面连接的缺失称为关节脱位,也称为关节脱位。骨折脱位可分为完全脱位和半脱位,前者完全脱离关节面的原始位置,后者是关节面脱位的一部分,完整的位错往往伴随着断裂的关节囊和关节周围的韧带和肌腱损伤。

(1)损伤症状。关节周围软组织损伤,出血和神经受累可引起剧烈疼痛和明显压痛。关节功能丧失是由于疼痛、肌肉痉挛、破坏骨杠杆和周围的软组织损伤。由于关节的正常位置发生变化,导致关节隆起塌陷,而凹陷则突出,关节异常:如果肩关节脱位发生"方肩",肘关节脱位发生鹰嘴伸出向后,用 X 光检查可详细知道脱位的情况及有无骨折存在。

（2）急救处理。受伤后，夹板和细带被用来修复受伤胶体的位置。如果受伤严重，要首先镇痛抗冲击，固定关节错位，不能移动，不能随意使用复位手法。做简单的处理之后，立即护送医院治疗。

5.骨折

骨折是指骨头的完整性或连通性受到外力的破坏，骨折是一种严重的运动损伤事故，分为闭合性骨折和开放性骨折。

（1）发生原因。

第一，直接暴力，骨折发生在暴力直接作用的部位，如足球锻炼中被对方直接踢伤小腿而引起的小腿骨骨折。

第二，间接暴力。骨折发生在接触暴力较远的部位，如摔倒时手撑地而引起的肱骨鹰嘴骨折。

第三，肌肉强烈收缩。提起杠铃时如果做突然的翻腕动作，可因前臂屈肌强烈收缩而发生肱骨内上髁撕脱骨折。

（2）损伤症状。骨折发生后，肢体形态常发生改变，在骨折部出现畸形（肢体缩短或变形），患部剧烈疼痛，骨折还可引起骨髓、骨膜及周围软组织出血，在骨折周围形成血肿，而导致局部肿胀明显。骨折后由于骨的完整性遭到破坏，失去了杠杆的支持作用，常在局部出现异常的假关节活动及骨摩擦音。严重的骨折因疼痛和出血有可能使人发生休克，甚至危及生命。

（3）处理方法。

第一，止痛抗休克。如受伤者出现脸色苍白、血压下降、血流缓慢、四肢发冷、体温下降、神志淡漠等休克症状，要立即抗休克。抗休克的具体方法是：让伤者安静平卧，抬高下肢，以增加头部供血量；同时要注意保暖，保持呼吸道的畅通，内服止痛药，凡发生开放性骨折大量出血，应迅速用止血带止血。如受伤者昏迷不醒，可用手掐人中、合谷、百会、内关等穴，掐时要用力，使其复苏。

第二，伤口处理。开放性骨折的伤口要用消毒敷料覆盖、包扎，迅速设法止血，但不得使肢体发生位移，伤口外露有骨片，不要放回伤口内，以免把细菌带入深部，引起感染，也不要任意除去。

第三，固定制动。所有疑似骨折均应采用骨折固定治疗。包扎绷带时应适度包扎，以夹板固定不活动为宜。固定时应将衣物剪下露出受伤部位，不要脱下衣物，以免因不必要的移动而加重受伤和疼痛。具体来说，大腿和脊柱骨折应该在局部固定。固定所用夹板的长度应该超过上下关节受伤的部分,填充夹板和肢体之间的空间。四肢固定要露出手指(脚趾),固定要注意身体保暖,如果没有条件,应送医院治疗尽快稳定安全,以免加重损伤。

6.跟腱断裂

跟腱断裂主要为间接暴力所致,断裂前跟腱本身多有慢性损伤,在过度疲劳或准备活动不充分的情况下,运动中踝关节过度背伸又突然跖屈时,小腿三头肌被拉长且猛烈收缩,极易导致跟腱断裂。

(1)损伤症状。受伤时跟腱部似有被钝物打击之感或断裂声,伤后局部疼痛,足跖屈无力、跛行,部分断裂者,伤部肿胀有压痛,皮下有瘀青,不能用足掌站立,跟腱部疼痛或肌力减弱者,多为部分断裂;完全断裂者局部塌陷,不能用前足掌站立。

(2)处理方法。跟腱部分断裂的患者应立即冷敷,并用推拿按摩手法将断裂的键组织纤维理顺复平,然后用新伤药外敷,或用消肿散,消淤止痛膏局部外敷,并加压包扎,一旦确诊为限时断报,特别是跟腱完全断裂,最好要不失时机地采用手术治疗,6周后可在穿高跟鞋或打支持带的情况下练习站立或走动,正常的体育锻炼要在半年以后才能进行。

7.脑震荡

脑震荡是指大脑的神经细胞和纤维受到外力的作用而暂时失去知觉和功能,在体育锻炼中,头部被球击中或意外使头撞到地面,或两个运动的头碰撞可能发生脑震荡。

(1)损伤症状。患者出现意识障碍,但一般意识障碍较轻,也有意识一次丧失(昏迷)或心不在焉等情况,但时间长短不一,短几秒、长几分钟甚至$20\sim30$ min 不等。意识丧失时,呼吸表面较浅,脉搏稍慢,肌肉放松,瞳孔较大但对称,神经反射减弱或消失。患有逆行性遗忘症的患者,醒来后不能回忆起所受的损伤,除了头晕或头痛、恶心或呕吐等症状。

(2)急救处理。

第一,在急救时,伤者应仰卧安静,不要坐着或站着,冷敷头部,注意保持身体温暖,如有昏迷可捏捏内关、合骨等穴位。如果出现呼吸系统疾病,应进行人工呼吸,对于没有严重症状的病人,短时间的意识迅速丧失恢复,经医生诊治后,也应卧床休息直至头晕等症状完全消失。

第二,昏迷 4 min 以上,瞳孔大小不对称,耳、鼻、口、眼出血青紫,醒来后头痛、呕吐严重,再次昏迷,说明伤势严重,应立即送往医院治疗。

被转移到医院的时候,受伤的人应该用枕头或衣服两边将头固定,并尽可能避免振动,意识不清时,要注意保持呼吸道畅通,使其侧卧,以防呕吐物被吸入气管或舌后收缩阻塞呼吸道而产生窒息。此时,应将屋内的所有门窗都打开,时刻保持屋内空气的流通状态。

8.关节韧带损伤

运动损伤中关节韧带的损伤以腕关节、踝关节的损伤多见。

(1)腕关节损伤。腕关节由桡骨的腕关节面和尺骨头下方软骨盘组成的关节窝以及 8 块不规则的腕骨构成。例如,在健美操运动中,运动员完成跳落成俯撑的动作时手腕所承受的负荷较大,如果控制不当或技术不对,容易在落地时发生手腕过度背伸的挫伤。所以,腕关节是体育运动损伤的多发部位。

第一,腕关节损伤的主要症状。损伤后,腕背疼痛、握力下降、腕部软弱无力,并出现局部肿胀、皮下瘀青等症状,使腕关节活动幅度受限。部分受伤者尺骨头隆起,严重者可能出现腕关节脱位等情况。

第二,治疗方法。运动员受伤后,应立即停止训练,并对局部进行冷敷。若情况较为严重,如脱位、骨折等,则应请骨科医生进行处理。另外,在治疗期间,可配合中药和推拿等方法进行辅助治疗,以促进恢复。若不是脱位、骨折,在受伤 24 h 后,则可进行局部按摩治疗。

(2)踝关节损伤。在体育运动损伤中,踝关节损伤所占比例也较大,其中又以踝关节外侧韧带损伤居多。该关节由胫骨的下关节面、内踝关节面和腓骨的外踝关节面共同形成的叉状关节窝,以及距骨滑车的关节头构成。踝关节的关节囊前后比较松弛,有利于屈伸运动,且两侧有韧带加固。体育运动中,存在各种跑跳类动作,且动作冲击力较大,如果落地不缓冲或缓冲不够,则容易造成踝关节局部负担过重。此外,运动中还可能出现重心不稳、场地不平或落地时刚好落在两床垫子的接口处等情况,这些都是导致踝关节损伤的重要原因。

第一,踝关节损伤的主要症状。损伤后,踝关节疼痛剧烈,情况严重者则会出现局部出血、渗液明显、肿胀等现象。伤后 2~3 天,损伤部位会出现明显的瘀血青紫,致使走路疼痛、足部不敢着地。

第二,治疗方法。损伤发生后,应即刻停止运动,立即用冷水冲洗,若有出血症状,则先用拇指按压止血,再检查韧带是否断裂。损伤后的 12 h 之内,可进行冷敷、加压包扎,防止毛细血管扩张继续出血。24 h 后,可采用伤药外敷、针灸、按摩、理疗等方法进行治疗。伤后 2~3 周,则可进行踝关节功能恢复训练。如果韧带完全断裂,则应急救固定并送医院做进一步治疗。

（3）膝关节损伤。膝关节是由胫、腓、股、髌骨构成的，在膝关节的前下方有髌韧带，外侧有外侧副韧带，内侧有内侧副韧带，起于股骨内上髁，止于胫骨内侧髁的内侧，关节囊内有前后交叉韧带和内外侧半月板，结构复杂，容易发生运动损伤。在体育运动中，膝关节的屈伸、身体重心不稳、扭转用力过大、落地技术不正确等情况都容易导致膝关节的损伤。

第一，膝关节损伤的主要症状。损伤后，疼痛剧烈，严重者则会出现局部肿胀、瘀血等症状，且膝关节的活动范围受限。若为慢性损伤，则伴随有膝关节的轻微疼痛，在完成动作过程中，膝关节活动也会受到一定限制。

第二，治疗方法。伤后应立即进行冷敷，若有出血，则应立刻加压包扎，并抬高患者肢体，以减少出血、肿胀。伤后 1～2 天，可采用理疗、中药外敷、按摩等方法进行辅助治疗。一般在损伤发生 2～3 周后可进行恢复锻炼。

（4）肩关节损伤。肩关节是由盂肱、胸锁、肩锁、肩胛胸壁间以及肩峰肱骨间关节等五个关节组成。在体育运动中，动作较多、动作节奏快且肩关节的运动幅度较大，尤其在竞技性体育运动中，有一些俯撑落地、单臂支撑、提臀起等动作，如果训练方法不当，容易使肩关节发生损伤。另外，长期的过度训练也是导致肩关节损伤的重要因素。

第一，肩关节损伤的主要症状。受伤后，伤者肩部有不适感，伴有肩部疼痛，并逐步加剧；肩关节活动范围受限，上臂外展或内、外旋转时疼痛则会加剧。若为慢性损伤，则会出现冈上肌、三角肌和冈下肌肉萎缩、无力等症状。

第二，治疗方法。若为急性损伤，应立即停止训练；若为慢性损伤，且急于比赛或训练，可以采取局部封闭 1～2 次的方法。急性损伤期过后，即可进行上臂悬垂、大回环等练习，以促进肩关节功能的恢复，并辅以理疗、针灸以及局部按摩等治疗方法。

（5）肘关节损伤。肘关节是由肱尺、肱桡和桡尺三个关节构成的复合关节。在体育运动中，肘关节的损伤并不多见，其损伤主要由在完成动作过程中，动作技术不正确等因素造成。

第一，肘关节损伤的主要症状。急性损伤后，肘部疼痛剧烈，肘关节的活动受限，有时会出现局部肿胀，若为软组织撕裂，则会出现皮下瘀青、肿胀等症状；若为慢性损伤，受伤者在做完准备活动后，疼痛感会减轻或消失，但在重复受伤动作时，疼痛则会重现。

第二，治疗方法。若为急性损伤，则应即刻停止运动，并将肘关节固定于屈曲 90°的位置,以限制其活动,固定时间约为两周,2～3 周后,可以开始进行肘关节的功能恢复训练,并可逐步加大其活动的幅度;慢性损伤则可以采用针灸、理疗、局部按摩等保守治疗的方法。

(二)运动损伤的简易物理疗法

1.冷疗法

冷疗法就是利用低温为主要的治疗方法。但是温度要有严格的控制,使用冷疗的水、冰、蒸汽等物质一定要低于人体的体温。根据热胀冷缩的原理,当血管在遇到比体温温度还低的情况下,血管会收缩,这样受伤的局部血流量会减低,局部的各项机能包括新陈代谢都会减慢,局部的肌肉此时也会降低兴奋程度。因此,冷疗法具有麻醉止痛、止血等功效,冷疗法的具体方法主要有以下类别。

(1)冷敷法。将用低温水浸透的毛巾或者是医用冰袋直接敷于患者受伤的部位,每当低温物质温度升高至与体温相同时就可以用同样的方法重新敷于受伤部位,每次间隔时间大约为 30 min,其中最为简单的方法就是用冰块在受伤部位来回摩擦,反复敷于患处,或者是将受伤的部位浸在冷水中。但是这个时间长短要控制好,切记时间过长,因为长时间将肢体浸泡在冷水中会造成肌肉应激,而且长时间用自来水冲洗会加速毛细血管扩张,不仅达不到止血镇痛的作用,反而会加快局部血液循环,形成血肿。

(2)蒸发冷冻法。利用一些容易蒸发的物质接触身体表面,带走热量,降低患部温度。常用氯乙烷喷射,喷射时要注意将受伤部位与喷雾口部直接接触,在保持一定距离的条件下,持续喷射 15～20 s,或者是大量喷射喷雾,直至皮肤表面有一层白霜,如果受伤部位比较严重,则可以选择多次间隔喷射,但是次数不宜过多,并且在多次喷射以后,要时刻观察皮肤的情况,防止因温度过低皮肤冻伤。

2.热疗法

热疗法正好与冷疗法相反,就是用高于人体温度的物质刺激患处,热疗法有助于人体内部血管的扩张,能够促进血液的循环,加大血流量,有利于坏死和红肿部位的消除,促进组织再生。因此,热疗法也能有助于缓解肌肉痉挛和减少疼痛的作用。热疗法的具体方法主要有以下类别:

(1)热敷法。热敷法就是将毛巾用高于体温温度的水浸润后,立即敷于伤患处,但是要及时更换,因为毛巾没有加热装置,冷却的速度快。每次更换毛巾的时间为半个小时左右,时间不宜过长,每天重复此方法一两次。

(2)蒸熏法。熏蒸法也叫药物熏蒸法,就是将调配好的药物煮沸,将受伤部位直接放在蒸汽上熏蒸,这样既保证了热疗法的功能,也能用药物治疗。药物熏蒸的时间一般在半个小时或者是 40 min,依据个人受伤情形而定。

(3)红外线疗法。红外线疗法就是现在医院中经常用到的治疗受伤部位的有效治疗方法,红外线能够产生热量,提供适宜人体较高的温度。将红外线灯放在需要治疗部位的上方,距离伤患处约半米左右,一般温度都是采取舒适温度;将皮肤直接置于灯源下,直至皮肤出现红色斑点为止。灯照时间每次在 15 min,每日一次,如若严重就可以增加灯照次数。

(三)运动损伤的原因、预防及康复

1.运动损伤的原因

(1)运动员的专项身体素质较差。当运动员还不具备完成新的难度动作或技术所必须具备的身体素质时,过早地突破技术、追求难度的盲目练习,不但难以掌握技术动作,而且还会因为身体素质水平不够而影响关节的灵活性和稳定性,导致运动损伤。

解决运动员的专项身体素质较差的预防措施为加强身体素质的全面训练。一些竞技性体育运动具有高难度、快节奏、高强度的特点,要求运动员必须具备全面的身体素质,只有具备全面的身体素质才能保证运动员更好地掌握运动技术,有效地防止运动损伤。

(2)缺乏准备活动或准备活动内容不合理。准备活动的意义在于通过有效的身体练习,预先动员身体各个部位的机能,提高中枢神经系统的兴奋性,提高大脑的分析与判断能力,提高中枢神经系统对周围器官的调节能力,以使技术动作更准确、协调、灵敏。如果运动员在准备活动不充分的情况下就投入到紧张的训练或比赛中,此时,肌肉的力量、弹性以及韧带的伸展性都不够,身体的协调性能力差,因此,较容易拉伤。在准备活动过程中,若强度过大,则容易导致疲劳,当进入正式的体育运动训练时,身体机能下降,容易导致动作失误而造成损伤。另外,准备活动与正式比赛之间的时间间歇过长,也是导致运动损伤的一个重要原因,过长的间歇时间会使准备活动事先预热起来的身体各个部位肌肉和神经的兴奋性减弱或消失,此时,运动员如果再进行训练或比赛,极易导致运动损伤。

解决缺乏准备活动或准备活动内容不合理的预防措施就是在体育运动

教学、训练和比赛前,教练员应督促运动员做好准备活动,对参加体育运动训练时的易伤部位与负荷较大的关节,更要注意做好针对性强的准备活动。准备活动的负荷,应根据个人的特点、气候条件以及场地因素而定。天气寒冷时,准备活动强度相对较大;气候炎热时,准备活动的量相对较小。同时,要掌握准备活动与正式练习之间的时间间隔,若间隔时间过长,则要补做准备活动。对于受伤部位的准备活动要谨慎,活动强度要适度。整个准备活动的过程,应当循序渐进,以身体感觉发热、微微出汗为宜。

(3)动作技术不正确。技术和身体姿态正确是预防体育运动损伤的关键所在。动作技术不正确主要是指由于运动员技术不到位或失误,造成人体正常的生理结构或器官的活动规律违背运动生物力学原理。从事体育运动时,过度弯曲和伸展的动作均违背生物力学原理。在日常的训练或比赛中,必须使身体姿态保持自然的生理曲线,尤其应特别注意下肢和脊柱的姿态。

解决动作技术不正确的预防措施就是及时纠正不正确的动作或技术。体育动作复杂多变、部分难度动作的危险性较高。因此,在体育运动训练中,教练员应特别注重对错误动作技术的及时纠正,使动作技术遵循生物力学原理,防止在没有掌握动作要领或没有建立正确的动作表象的情况下盲目练习,造成没有必要的损伤。同时,教练员也要注重对动作技术的原理进行分析与研究,及时发现并纠正运动员的错误技术动作,将容易导致运动损伤的因素控制在最小的范围内。

(4)局部负荷过重。局部负荷过重是指运动员身体某一部位所承受的负荷超过了其身体本身所能承受的最大负荷。特别是在健美操这类体育运动中,大部分动作的跳、跃类难度动作具有高冲击力,特别是跳转或腾空后落地成单臂或双臂俯撑的动作,膝关节、腕关节与肘关节所承受的负荷远远超出了关节本身所能承受的最大负荷。而在静力性难度动作中,分腿支撑、直角支撑加转体、高直角支撑等难度动作均需要腕关节的参与来完成,若腕关节长时间处于超负荷状态,容易导致损伤。另外,训练内容安排不合理、练习方法枯燥单一,或者起跳用力过猛或落地缓冲不够等造成运动员身体某一部位负荷较重,导致关节之间的相互挤压,从而引起局部肌肉、肌腱劳损积累而发生运动损伤。

解决局部负荷过重的预防措施是合理安排训练内容与运动负荷量。训练内容和负荷应合理安排、循序渐进、逐步提高,除此之外,还应与运动员的实际情况相符合。体育运动训练内容的安排要体现科学性,准备部分应安排低冲击力的动作组合,以提高神经系统的兴奋性,待身体各部分的机能达到最佳状态时方可进行难度动作的训练。动作的速度应该由慢到快,训练的强度应该由小到大。另外,在安排训练负荷时,还要注意避免局部负荷过重。当运动员身体功能状态不佳或疲劳时,应及时降低或调整运动量和运动强度,以免发生机体运动能力减退、失调等现象,引起不必要的损伤。

(5)运动性疲劳。运动疲劳是指在运动持续一段时间后,机体不能保持原有的运动水平或者不能维持预定的运动强度。一些竞技性运动要求运动员在规定的时间里,高强度、快频率、大幅度、精准地完成每一个动作。而长时间的运动会导致运动员肌肉中乳酸堆积,使运动员产生肌肉酸软无力、身体僵硬、疲惫、信心不足等情况,从而导致运动员的运动能力、动作的准确性以及完成质量下降,失误增多,从而导致技术失误,引起不必要的运动损伤。

缓解运动性疲劳的措施是重视训练后的放松。体育运动训练后,运动员一般会心率剧增、呼吸频率加快、肌肉酸软无力。疲劳严重者,其肌肉、关节、韧带等部位出现疲劳收缩等反应,而长时间的疲劳收缩会导致肌肉、关节、韧带发生痉挛。因此,大运动量训练后,放松活动极其重要。有效的放松训练,可以使机体由紧张状态逐步恢复平静,从而防止损伤的发生。

(6)心理障碍。大部分运动员,都曾遭受过不同程度的损伤。有的运动员虽经过治疗已经完全康复,但由于身体损伤所带来的不良的心理反应还未消除,在心理上还未能做好重新训练或比赛的准备。因此,当运动员再次重复同一动作时,上次受伤的情景就会不自觉地重现于眼前,从而产生焦虑、犹豫和恐惧心理,进而导致动作缺乏稳定性或变形,诱发二次损伤。

解决心理障碍的预防措施是加强心理干预。不良的心理因素在一定程度上会引起运动员的损伤,因此,运动员有必要从理论和实践中总结造成运动损伤的心理因素,同时,教练员应注意加强对运动员进行心理诱导或心理暗示,以减轻运动员的心理焦虑。运动员在训练和比赛时的动机过高或过低都有可能造成运动损伤。除此之外,运动员对于比赛和训练情景的认识障碍也是影响运动损伤的一个重要方面。因此,运动员应该特别注意调节自己的心理、情绪状态,避免不必要运动损伤的发生。

(7)身体机能状态低迷。在体育运动训练中,一些体育项目要求运动员需要具有良好的力量素质、耐力素质、柔韧素质、平衡以及身体协调能力。然而,即使具备了以上素质,运动员若睡眠或休息不好,同样会导致肌肉力量、关节的灵活性与柔韧性、动作的准确性以及身体的协调能力显著下降,注意力减退,反应迟钝。此时,如果参加训练或练习难度动作,就极有可能发生损伤。

处理身体机能状态低迷的预防措施是加强医务监督。运动员应加强自我医务监督，在日常训练中，要密切注意自己的身体机能状态，特别是踝、足、膝等易伤部位周围的肌肉、韧带的机能状况，如有不适感，则不宜增加运动负荷。此外，运动员还应增强自我保护意识，掌握一些实用的自我保护技巧。如平时学习一些有效的按摩方法和运动损伤治疗方法，让体育运动训练在严格的医务监督下实施。

(8)运动员好表现或思想上急于求成。运动员在训练时思想麻痹大意，盲目地追求高难度动作，极易造成损伤。而当有很多观众或亲戚朋友来观看训练时，运动员往往容易冲动，有意无意地做一些力所不能及的动作。这是运动员"隐重超过体重"的瞬时表现，也容易导致运动员动作失常、变形而引起各种损伤。

解决运动员好表现或思想上急于求成的预防措施为加强思想教育。在日常的训练和比赛中，注意加强学生对运动损伤预防的意识，从思想上提高运动员对运动损伤的危害性认识，认真贯彻"预防为主"的方针，加强对运动员训练或比赛动机的认识，提高运动员的自控能力，注意调节好训练中的情绪，避免无谓的运动损伤。

(9)带伤训练。大部分运动员具有坚强的意志，由于比赛临近，其不想耽误训练或不甘落于人后，在伤病未愈的情况下，带伤进行训练，结果反复刺激受伤部位，从而导致动作变形，不但旧伤不能完全愈合，而且还会导致新的或更严重的损伤。

处理带伤训练的预防措施是加强自我保护意识，在损伤未愈时，不要急于参加训练或比赛，并且要在专家指导下，对损伤部位进行功能恢复练习，待损伤痊愈后方可继续参加训练或比赛。

(10)场地因素。在体育运动平时的训练和比赛中，场地过硬或者地面不平整都会影响运动员技术动作的正常发挥，造成运动损伤。除此之外，身体协调能力差、自我保护意识不强也是造成运动损伤的重要原因。

解决场地因素的预防措施是改善运动场地设施及周围环境。场地设施的落后，会直接影响教学或训练的效果，一些伤害事故的发生也与此密切相关。体育的运动场地地面应保证平坦、并防滑，有条件的可以在选择在木质地板上进行，这样可以避免因长期在过硬的地面上进行练习而对下肢各关节、软组织等造成冲击，导致损伤。此外，若训练条件不足，应密切注意训练场地的弹性以及平整度等因素。

(11)季节因素。不同的季节,人体对外界环境的变化所做出的反应不同,突然的季节变换会引起身体机能的不良反应,体育运动同样受季节的影响,这种不良反应在很大程度上影响着运动员运动能力的发挥,从而造成运动损伤。

处理季节因素的预防措施是根据不同的季节,运动员应密切注意自身机体对外界环境的反应,秋冬季节注意防寒保暖,比赛或训练前做好充分的准备活动,夏季注意控制运动强度,避免中暑,同时多补充盐与水分。

2.运动损伤的预防

(1)提高预防意识,加强专业知识的培训。

第一,提高认识,加强专业知识的学习。教师、教练员要积极地参加相关专业知识培训,掌握扎实的专业基础理论和专业技术知识,提高教学质量,并且对预防体育运动损伤引起高度的重视。在教学或训练中,必须把安全教育放在首位,安全教育既可以通过室内课,也可以通过课前的导语进行,使练习者在运动中提高预防意识,充分认识到预防运动损伤的重要性。

第二,课前做好充分的准备活动。由于人体肌肉具有黏滞性,在没有充分热身时,身体内的各个机能处于相对安静的状态,在练习时很难达到要求,一旦出现对技术要求较高的动作,很容易就会出现损伤,准备活动以拉伸为主,运动的负荷不易过大,使身体达到微热状态即可。根据天气情况调整准备活动的内容和时间。天冷时,准备活动的时间可以稍微长一点儿;天热时,准备活动的时间可以稍微短一点儿,但目的都是为了使练习者的中枢神经系统的兴奋性有所提高。一般情况下,热身都是先从力量较强的下肢开始运动,从低冲击动作开始,从身体的远端开始,逐渐过渡到高冲击力的动作组合,使机体达到兴奋状态时,方可进入正常的教学与训练。

第三,掌握正确的技术动作,合理安排适宜的运动量和运动时间。正确的技术和身体姿态是预防运动损伤的关键所在。在体育运动中,运动技术掌握得不正确,会造成人体正常的生理结构或器官的活动规律违背运动生物力学原理,如,过度弯曲和伸展的动作均违背生物力学原理。在教学与训练中,必须使身体姿态保持自然的生理曲线,尤其是下肢和脊柱的姿态。

在体育教学训练中,要特别注意对错误动作技术的及时纠正,使动作技术遵循生物力学原理,防止在没有掌握动作要领、没有建立正确的动作表象前进行盲目练习,造成不必要的损伤。

第四,合理安排课程内容,准确讲解技术动作。制订合理的教学工作计划,根据练习者的年龄、性别、健康状况和运动技术水平等具体的情况,安排教学、训练内容、方法和组织措施,充分了解体育教学中的重点和难点,对于那些不易掌握和容易发生错误或运动损伤的动作,做好提前预防的准备。对体育技术动作,进行正确的讲解示范,使练习者树立正确的技术概念。运动量的安排要根据练习者的自身状况进行调整,避免运动量过大、机体过于疲劳而造成身体的损伤。

第五,课后注意放松练习。课后要注意适当地放松,在练习过程中,身体始终处于一种运动的状态,身体各方面的能力均在提高;同时,由于持续一定时间的运动,身体会出现疲劳的状况,适当地放松,可以使练习者的神经系统和其他内脏器官由紧张的工作状态逐渐恢复到正常状态,也可以消除乳酸的堆积,对练习者身体机能的恢复起着至关重要的作用。

(2)加强自身的理论知识。

第一,遵循科学锻炼的原则。遵循循序渐进的科学锻炼原则,不能急于求成,动作由简单到复杂,幅度由小到大,用力由轻到重,注意身体各部位全面的练习,保持协调发展。体育锻炼中,要有适宜的运动负荷和练习频率。据有关资料显示,体育运动锻炼适宜的练习频率是每周 3~5 次,每次持续时间为 20~60 min。适宜的运动负荷,是运动时心率达到最大心率的 55%~85%。

第二,加强自我保护及预防损伤的意识。体育运动训练中,要加强自我保护意识的培养。对常见的运动损伤,要有基本认识和足够的理论知识来指导处理方法,采取各种行之有效的预防措施,在发生损伤后分析原因,总结经验教训,抓住前期治疗损伤的关键时期。

(3)加强外部环境的运用。

第一,选择合适的场地、器械、保护器具、服饰和鞋等。

参加体育锻炼,最好穿专门的运动服装,选择有足够弹性、纯棉、质地柔软的服装,以便于完成体育运动锻炼。要求有一双合适的和高质量的运动鞋。运动鞋的选择标准应为大小合适、轻松柔软,具有一定弹性及通透性比较好的运动鞋。合适的鞋可提供好的衬垫、支撑和缓冲,对踝关节的损伤有着良好的预防作用。

选择合适的体育运动锻炼场所。体育运动锻炼场地要能很好地吸收由于人体运动时与地面接触所产生的振动,从而降低冲击力对人体关节和骨骼的影响。木质材料的地板是体育运动锻炼的最佳选择,它不仅有很好的弹性,而且具有适宜的摩擦力,有利于动力性动作和转体动作的完成,从而避免因长期在过硬的地面上进行练习而对下肢各关节、软组织等造成冲击,导致损伤。

第二,注意气候影响。不同的季节,人体对外界环境的变化所做出的反应也不同,季节的突然变化会引起身体机能的不良反应。在体育运动中,要根据季节变化密切注意自身机体对外界环境的反应,夏季注意控制运动强度,避免中暑,要多补充盐和水分;秋冬季要注意防寒保暖,训练或比赛前要做好充分的准备活动。

(4)加强体能训练。

第一,避免过度的疲劳。当身体感到十分疲劳时,千万不要勉强进行训练,因为这很容易造成损伤。根据疲劳的程度,可分为轻度、中度和非常疲劳三种。一般情况下,可以根据锻炼者的某些外部表现和自我感觉来判断疲劳的程度,有时也可将某些生理指标作为判断疲劳程度的依据。

第二,加强身体素质的练习。练习者自身素质的好坏直接决定了体育锻炼的效果,而一些竞技性强的体育运动中,只有具备全面的身体素质,才能保证更好地掌握运动技术,有效地预防运动损伤。

第三,注意合理补充营养。在运动前、中、后都要注意补水,防脱水、头晕、抽筋,人体对脱水的反应要慢,当感到口渴时,这说明身体已经处于脱水状态。在整个锻炼过程中,还要注意增加营养,合理膳食。

3.运动损伤的康复训练

康复训练是指锻炼者遭受损伤后进行有利于自身恢复或改善损伤部位局部功能的身体活动。在运动中,除了较为严重的损伤需要接受休息治疗外,其他轻微或慢性损伤则可以进行康复训练。适当的康复训练,可以改善受伤部位的血液供应,加强营养物质的吸收,加快损伤部位的修复,加强关节的稳定性,预防肌肉萎缩,促进损伤部位功能与结构的统一。此外,还可以防止因停止训练而造成的身体机能紊乱,如消化不良、心率加快、功能性腹泻、体重增加等所谓的"停训综合征"现象。

(1)康复训练的内容与方法。

第一,被动运动。被动运动是指身体在外力的帮助下完成动作的一种康复运动。在体育运动中,韧带、肌肉以及踝、腕等薄弱关节的损伤最为常见,而被动运动可以有效地解除肢体运动功能障碍,修复韧带、肌肉损伤,缓解肌肉痉挛以及维持关节活动幅度等功能。因此,被动运动是体育运动损伤康复的重要手段。被动运动应在没有疼痛的身体范围内进行,动作应由慢到快,随着损伤的愈合,可以逐步加大运动的幅度,但切忌进行高冲击、大强度的练习。

第二,主动运动。主动运动是指由患者本人自主完成的一种运动康复练习,它包括静力性练习、动力性练习以及等动练习。

静力性练习时,肌肉处于等长收缩状态,练习过程中,只有肌肉保持在一个固定的长度上,关节不活动。

动力性练习时,肌肉处于等张运动状态,收缩时肌肉长度缩短,关节产生活动。

等动练习则是在等动练习器械上所进行的一种肌肉康复训练手段。练习过程中,肌肉以最大力量进行大幅度地收缩。这种练习方法主要依靠器械来达到治疗效果,将运动的阻力设定在适宜的水平,使肌肉在运动过程中保持高度张力,从而达到保持肌肉收缩力量,提高损伤肌肉对负荷的适应能力,加快康复的目的。

第三,助力运动。助力运动是指在伤者的肌肉还没有足够的力量来完成主动运动的情况下,由患者的健康肢体或在他人的外力帮助下所进行的一种康复运动。助力运动要求伤者以主动运动为主,外力作用为辅,两者相互配合,主要应用于伤后肌肉无力或肌肉运动功能下降等情况。

第四,抗阻运动。抗阻运动是指损伤肢体在主动运动过程中,克服外部阻力来完成运动的动作。该康复手段可以有效地提高肌肉的耐力和持久力,增加关节的柔韧性与活动幅度。其练习方式主要是负重,如提哑铃、举沙袋等,随着肢体的逐渐康复,可适当地增加阻力。

(2)康复训练的注意事项。

第一,体育运动损伤的康复训练必须遵守循序渐进、合理性与经常性的原则,在不影响损伤的愈合和不加重损伤的前提下,尽量将损伤部位的恢复练习与身体的全面训练相结合。在损伤初期,由于有局部疼痛、肿胀充血、功能障碍等症状,应当以全面身体锻炼为主,进行适当的、有针对性的损伤局部训练为辅;随着损伤部位的逐渐好转,可逐步增加损伤局部活动的强度与时间。

第二,在康复训练前,同样应做好准备活动,同时要注意训练后的身体反应,随时调整运动量,必要时可做运动后的按摩,定期检查锻炼效果。

第三,康复训练的运动负荷要与恢复过程相适应。一般说来,急性损伤后 24～48 h 即可开始运动。适当的运动量不会加剧局部肿胀和疼痛。对损伤部位进行康复训练越早越好,但前提是不加重损伤、不影响损伤部位愈合。

第四,康复训练的内容、方法以及手段,应根据受伤者的实际情况而定,科学、合理安排好全身锻炼与局部训练的运动强度。

第五，在康复训练期间，应加强对患者的医务监督。对患者进行康复训练前，必须详细了解患者损伤部位的损伤性质、活动范围等，有目的、有计划、有针对性地对患者进行康复训练。

二、运动训练的营养补充

（一）运动训练与营养素

随着时代的进步和发展，人们的健康观念已经发生了"翻天覆地"的改变，"身体健康"成为大多数人生命的第一追求。人体是一台精密的"仪器"，这台机器的正常运转取决于很多因素的共同作用，例如，健康的饮食习惯、积极的体育锻炼、良好的睡眠质量、乐观的生活态度等。其中健康的饮食习惯、积极的体育锻炼是健康人生的重要基础。我们每天从食物中摄取的各种营养构成了我们身体各组织器官的物质基础，而体育锻炼可以增强身体的技能。两者有机结合，可以有效地提高我们的身体素质和健康水平。只关注营养而忽视体育锻炼，会使身体因摄入多、消耗少使脂肪堆积而发生肥胖。伴随着肥胖而来的是各种疾病的发生，如三高症状：相反，如果一味地关注体育锻炼而不注意营养的合理补充就会使机体因消耗过度、缺乏营养导致营养不良。营养不良的青少年则会出现发育迟缓、身材矮小等情况，这种伤害有可能伴随孩子一生。

因此，我们在进行休闲体育运动的同时，要注重各种营养的均衡摄入，要做到科学、合理地选择食物、注重营养搭配，使食物的营养作用充分发挥。要均衡摄入营养首先就要了解人体所需的营养包括糖、脂肪、蛋白质、维生素、食物纤维、矿物质和水七大类。

1. 糖类

糖类指的是碳水化合物，糖类主要包括葡萄糖、麦芽糖、乳糖、蔗糖、淀粉和纤维素等。一般来讲，一个成年人每日糖类能量的摄取量要占全部摄取量的 $60\% \sim 70\%$。在体育运动训练过程中，糖类代谢主要包括分解代谢和合成代谢两种：在糖的分解代谢过程中，人体主要从食物中获取糖类，而糖类在进入人体之后，经过消化酶的分解，进一步分解成葡萄糖分子，然后被人体所吸收，在由小肠黏膜的上皮细胞葡萄糖运载蛋白质转运进入血液中，成为血糖。

　　当糖类物质进入体内之后,主要通过有氧氧化过程、糖酵解过程、乙醛酸途径、戊糖磷酸等过程来实现糖类的分解代谢;在糖的合成代谢过程中,人体血液中的葡萄糖可以合称大分子的糖原。人体内的糖原主要以肌糖原和肝糖原两种形式存在,其中肌糖原在肌肉中合成并储存,而肝糖原则在肝脏中合称并储存。除此之外,肝脏还能够将体内的其他一些非糖原物质合成葡萄糖或者糖原,如乳酸、丙氨酸、甘油等,这一过程即为糖的异生作用。

　　人体中糖的合称代谢主要包括两个过程:一是合成糖原;二是糖的异生。运动员在参加体育运动训练的过程中,机体可以重新合称糖原为其运动训练提供能量物质。

　　2. 脂肪

　　脂类是油、脂肪、类脂的总称。食物中的油脂主要是油和脂肪,一般把常温下是液体形式的称作油,而把常温下是固体形式的称作脂肪。脂肪是由甘油和脂肪酸组成的三酰甘油酯,其中甘油的分子比较简单,而脂肪酸的种类和长短却不相同。脂肪酸分三大类:饱和脂肪酸、单不饱和脂肪酸和多不饱和脂肪酸。脂肪可溶于多数有机溶剂,但不溶解于水。

　　脂肪是人体组织的重要组成部分,也是为人体提供热量的主要物质之一。人体的脂肪主要是从烹饪用油和食物本身所含的油脂。其实,人体本身对脂肪的要求量不多,一般认为每日 50 g 就可以了。但实际上,在人们的日常饮食中,脂肪的摄入量已经远远超过了这个范围。脂肪的过多摄入对身体是十分有害的:其一,脂肪在机体内的代谢时需要大量的氧作为支撑,会使机体耗氧较多;其二,机体内存储过多的脂肪,尤其是动物性脂肪,会使肥胖症、高血脂、动脉硬化的发病率显著提高。另外,高脂肪的膳食习惯还容易引起高脂血症,导致毛细血管中的血流过于缓慢,红细胞的气体交换功能水平降低,新鲜的氧不能顺畅地进入体内,而二氧化碳不能快速地输出体外。因此,膳食中的脂肪含量不宜过多,人体脂肪必须在氧气充足的情况下才能发生氧化,所以,一些有氧运动最有利于脂肪的氧化、消耗。

　　脂肪代谢关系着人体的健康,经常性地参加体育运动有助于减脂,促进个体身体健康。个体在参加运动训练的过程中,其机体的脂肪代谢也包括分解与合成两种形式:在脂肪的分解代谢过程中,脂肪具有疏水性,脂肪在进入小肠内被消化之后,大部分被分解成甘油和脂肪酸,只有一小部分变成微小的脂肪微粒。

　　脂肪在人体经过吸收之后,主要有四种归宿:一是以脂肪的形式储存起来,以备后用;二是参与构成人体内的组织;三是继续分解成甘油与脂肪酸等,并被氧化成 CO_2 和 H_2O,或者转变成肝糖原;四是被各种腺体所利用,形成相应的分泌物,例如,被外分泌腺利用产生乳汁、皮脂等,被内分泌腺利用产生类固醇激素等。脂肪经过分解代谢之后所产生的能量能够维持各种生命活动,运动员在参加运动训练的过程中,其机体能够分解脂肪为其各种训练活动提供能量。另外,脂肪经过分解代谢所产生的能量也能够用于维持长时间的低强度运动,在脂肪的合成代谢过程中,人体内的脂肪主要储存在脂肪组织内,如皮下脂肪组织、大网膜、肌肉细胞等。同时还可以转化合成另外三种物质:一是合成磷脂,磷脂是细胞膜的一个主要成分之一;二是合成糖脂,糖脂也是细胞膜的一个构成成分,同时也是神经髓鞘的构成成分;三是合成为脂蛋白,进入血液中。

3. 蛋白质

蛋白质是生命的重要物质基础,是所有动物包括人类生存必不可少的营养要素,是构成人体内的酶、康体、激素的重要成分。蛋白质具备保持正常渗透压的作用,也具备平衡体液酸碱度的作用。

蛋白质除了作为生命的物质基础这一重要功能外,它还具有调节生理机能,为机体提供热能的功能,人体内蛋白质含量与机体的运动能力有很密切的联系。肌肉组织中的肌纤维变粗、力量增大,都必须以肌肉中蛋白质数量的增加为基础,没有足够的蛋白质,肌肉组织就无法变得更强健;而血红蛋白和肌红蛋白的增加,可以改善机体运动时体内的物质代谢功能。

如果体内的蛋白质长期摄入不足,身体将出现蛋白质缺乏症状,具体会因为血液中的血浆蛋白浓度下降而出现肢体浮肿、机体内的各种酶的活性大幅度降低以及机能下降、肌肉组织开始萎缩、人体出现免疫力下降和贫血等营养不良的症状。儿童还会表现为发育迟缓、严重时还会影响智力发育,妇女出现月经紊乱等症状。一般来讲,瘦肉、鱼、蛋、花生、大豆及豆制品中的蛋白质含量较高。

蛋白质缺乏会给机体带来极大的损伤,但如果过量的摄入,也会给肝脏和。肾脏带来很大的负担,尤其是在膳食热量不足的情况下,这种危害会更大。因此,在进行休闲体育运动期间,可以合理地补充蛋白质,掌握好其中的尺度。

蛋白质是维持人体各项生命活动的重要物质,在人体中经过不断地代谢与合成,能够为人体的正常生命活动提供能源物质。蛋白质进入人体后经过消化之后分解成氨基酸,然后才能被人体所吸收进入血液中,之后主要用于合成组织蛋白,以为组织的建造以及修补提供原料,其他一部分蛋白质则被氧化分解释放能量,也可以转化成酶或者脂肪。蛋白质在被分解成氨基酸之后,在转氨酶的作用下,脱去含有氨的氨基,被脱去的氨则被分解成尿素和尿酸随着尿液排出体外,氨基酸在被脱去氨基之后进入三羧酸循环,分解成二氧化碳和水,或者转变成其他的营养物质。

人体内蛋白质的代谢情况与其各个器官的生理活动息息相关,通过对食物中氮含量以及人体尿液中氮含量的测定来了解个体蛋白质的代谢情况。正常情况下,人体内蛋白质的代谢处于平衡稳定的状态,也就是说,人体内蛋白质的供需基本上处于平衡状态,有氮的总平衡、氮的正平衡、氮的负平衡三种情况,氮的总平衡即为蛋白质分解速率与合成速率基本相等,氮的正平衡即蛋白质的合成速率大于分解速率,氮的负平衡即蛋白质的合成速率大于分解速率。

4. 维生素

维生素是保证人体健康的一种有机化合物,是人体内比较特殊的一类物质。它既不像糖类和脂肪一样为身体供应能量,又不像蛋白质一样是组成细胞的基本单位,而且还不能通过人体自身合成,只能依靠在食物中摄取,虽然人体所需的维生素的含量非常少,但又是不能缺少的。在体育运动训练中,虽然维生素无法直接参与人体各项活动的供能,但是也会对机体的物质能量代谢活动产生很大的影响,从而影响运动员的生理健康以及运动能力。

人体像一所结构复杂的化工厂,里面不断地进行着各种化学反应,这些反应都离不开酶的催化作用,酶的活性必须依靠辅酶的参与,而维生素是很多种辅酶的主要组成因子。现阶段发现的维生素有几十种,如维生素 A、维生素 B、维生素 C 等,下面介绍常见维生素及其功能。

(1)维生素 A。维生素 A 对眼睛具有很好的保护功能,可以防止夜盲症的发生,对延缓视力减退也有很好的疗效,因为维生素 A 可以促进眼内感光色素的形成;可以促进人体免疫系统的正常运行;促进人体生长发育,强壮骨骼,对皮肤、牙齿、头发、牙龈的健康都能起到保护的作用;对于肺气肿、甲状腺功能亢进等病症有辅助治疗的功效。维生素 A 在食物中广泛存在,例如,动物的肝脏、蛋黄、黄色和绿色蔬菜中的含量都比较多。

(2)维生素 B_1。维生素 B_1 有促进生长、促进消化的功能。人体内的维生素 B_1 主要来源于粮食,存在于胚芽和上皮部分。在绿叶蔬菜、酵母、肉类、动物的心、肝、肾中都含有丰富的维生素 B_1。如果人体摄入了过量的维

生素 B_1，不会在体内储存，也不会有太大问题，因为多余的维生素 B_1 会随尿液排出体外。

（3）维生素 B_2。维生素 B_2 有促进生长发育、促进细胞再生的功能，还可以增进视力。维生素 B_2 在食物中的含量不是很多，其中动物性食物包括：动物内脏、奶、蛋等，含量较高；在豆类和绿叶蔬菜中含量较少。因为维生素 B_2 在食物中含量较少，所以很多人都存在维生素 B_2 缺乏的症状，建议适当服用营养制剂进行补充。

（4）维生素 B_5。维生素 B_5 对进行休闲体育运动的人来说具有非常重要的作用，在出现运动损伤时，它能有效促进伤口痊愈，还能帮助人体制造抗体以抵抗各类传染病。

（5）维生素 B_6。维生素 B_6 能帮助机体适当消化、吸收体内的蛋白质和脂肪，对减肥很有功效。

（6）维生素 C。维生素 C 作用广泛，是人们日常生活中不可缺少的重要营养因子。维生素 C 对治疗外伤、灼伤、牙龈出血等症状都有明显的效果；具有抗癌的功效；在发生普通感冒时，可作为辅助治疗手段。维生素 C 的分布很广，主要存在于植物性食物中，几乎所有的蔬菜和水果中都含有丰富的维生素 C。维生素 C 非常容易在烹调和储存的过程中遭到破坏，因此，应尽量保证蔬菜、水果的新鲜程度，尽量现买现吃。

（7）维生素 D。维生素 D 的主要功能就是促进钙、磷的吸收，促进人体骨骼的生长和钙化，是对未成年人生长具有重要作用的营养元素。维生素 D 的来源并不是从食物中摄取的，人体皮肤在受到太阳的照射时，皮下的 5-脱氢胆固醇就会变成维生素 D。一般情况下，经常照射阳光就能形成维生素 D，满足身体的需要。因此，提倡未成年人多进行户外体育运动，使身体中能产生足够的维生素 D。除一些有着特殊体质或疾病的人才需要额外补充维生素 D。维生素 D 含量较多的食物包括：鱼肝油、动物肝脏、蛋黄等。

（8）维生素 E。维生素 E 属于脂溶性维生素，它的水解产物是生育酚，是一种重要的抗氧化剂。维生素 E 可以有效地组织消化道中的不饱和脂肪酸被氧化，保持细胞膜的完整。维生素 E 是一种很好的自由基，对提高机体的免疫力、预防心脑血管疾病有显著效果；同时，维生素 E 还具有提高生育能力、预防流产的功能。对烧伤、冻伤、毛细血管出血、更年期综合征、美容等方面也有治疗的作用。维生素 E 在食物中广泛分布，麦胚芽油和玉米油中含有较多的维生素 E。

5.膳食纤维

膳食纤维是指能增强人体小肠消化吸收,在人体大肠能部分或全部发酵的可食用的植物性成分、碳水化合物及其相类似物质的总和。包括多糖、寡糖、木质素以及相关的植物物质。膳食纤维具有改善肠道功能,调节脂类、糖类代谢,调节酸碱体质,帮助控制体重等作用。

6.矿物质

矿物质也叫作"无机盐",人体主要从食物中获取大量的矿物质,但是人体对不同种类的矿物质的吸收程度不同,例如,人体对一般单价碱性盐类物质的吸收速度比较快,如钠、钾、铵盐等,对多价碱性盐类物质的吸收速度却比较慢,对硫酸盐、磷酸盐、草酸盐等物质却难以吸收,但是这些矿物质能够与人体内的钙相结合形成可沉淀的盐类物质。维生素能够与无机盐相结合,从而促进入体对无机盐的吸收。

人体中的矿物质主要以磷酸盐的形式存在,一部分矿物质存在于人体的骨骼中,如钙、镁、磷元素等,还有一小部分无机盐以离子的形式存在于人体中,这种无机盐称为电解质,如钙离子、镁离子等,能够调节机体的渗透压与酸碱平衡。

7.水

充足的水分供应会使机体充满活力,使肌肉充满弹性,使人精力充沛。

人体中水的含量占 70%,水是保证生命存在的重要基础,机体中水分的正常代谢是维持机体正常生命活动的重要保证。

人体主要通过饮用水、食物、饮料等方式获取水分,也有一小部分水分来自人体自身的物质代谢。人体内的水分主要通过尿液向外排出,其次通过出汗、呼吸、粪便等途径向外排出。

运动员在参加体育运动训练的过程中,如果出汗过多,很容易导致身体脱水从而产生不适感,影响身体健康与运动效果,因此应该注意及时补水。

(二)运动训练的合理营养

1.各类食物的营养特点

(1)谷类。虽然谷类的种类繁多,但是它们的结构都很相似,主要组成部分都是胚乳、谷皮、胚芽,分别占其总重量的 84%左右、12%左右、4%左右。几乎所有谷类的最外层都是谷皮,谷皮主要是由纤维素和半纤维素组成,其内部含有蛋白质、脂肪和维生素,胚乳占谷类总重量的比例最大,构成成分是大量的淀粉、蛋白质,少量的维生素和脂肪,还有其他一些别的营养素。胚芽占谷类总重量的比例很少,其构成成分是蛋白质,无机盐和维生素E,因为胚芽有比较软的质地,所以在加工时它容易脱离胚乳。我国的饮食中比较常见的谷类是大米和小麦。下面简单介绍谷类中含有的营养素:

第一,蛋白质。谷类中蛋白质(谷蛋白、醇溶蛋白、球蛋白、白蛋白)含量一般在10%左右,居民每天摄入的蛋白质有一半以上来自谷类食物。

第二,脂肪。营养素脂肪占总含量的比例比较少,大约2%,基本都是不饱和脂肪酸。其中含有优质的脂肪,主要存在于谷胚中。

第三,碳水化合物。谷类中淀粉的含量较高,超过70%,以支链淀粉为主,居民每天摄入的能量大部分都来自谷类食物。胚乳中,居民每天摄入的能量大部分都来自谷类食物。

第四,矿物质。营养素矿物质占总含量的2%左右,基本上都是钙和磷,谷皮和糊粉层中最多。

(2)豆类及其制品。大豆、绿豆、蛋豆、豌豆等都属于豆类,由于营养素的不同,可以将豆类分为两大类:一类以大豆为代表,脂肪和蛋白质的含量比较高;另一类以绿豆为代表,糖类的含量比较高,豆制品是以豆类为原料制成的食物,例如,豆干、豆浆。

第一,大豆的营养特点。大豆中主要含有蛋白质、碳水化合物、维生素、脂肪、一些抗营养因子等,其中蛋白质、维生素、脂肪等是人体必需的,抗营养因子,对人体吸收营养素有减慢的作用,例如,大豆中含有的蛋白酶抑制剂能降低人体对蛋白质的吸收效率,另外肠道容易产生过多气体;大豆中植酸:大豆中的某些致甲状腺肿的物质,整体分析,大豆对于人体来说益处大于弊端。

第二,豆制品的营养特点。发酵豆制品主要包括豆腐乳,是经过发酵的,其内部含有容易被人体吸收的蛋白质和维生素 B_{12},对人体有很大益处,非发酵豆制品主要包括豆浆和豆腐,没有经过发酵,其主要原料是大豆,制作流程比较复杂,使复合纤维的含量有所减少,大豆经过加工其营养价值一般会有所提高,因为有害成分已经去除,而且人体对大豆中的蛋白质吸收率增加。比如人体对豆腐中蛋白质的吸收率远高于对炒熟大豆中蛋白质的吸收率。

(3)蔬菜。根茎叶类、瓜类、茄子、豆角和菌藻类都属于蔬菜。居民每天的饮食一半左右是蔬菜类,因此,蔬菜类对于人体健康很重要,尤其是新鲜的蔬菜,其内部含有大量的水和维生素,稍微少量的纤维素。蔬菜中的植物化学物质有比较好的活性,能增强抵抗力,人的体液是弱碱性的,蔬菜是碱性的,它可以平衡人体体液的酸碱度。

第一,叶菜类蔬菜的营养特点。生菜、韭菜、白菜、油菜等都属于叶菜类蔬菜。叶菜类蔬菜含有大量的胡萝卜素、维生素 C、维生素 B_2、膳食纤维和矿物质,但是蛋白质、脂肪和碳水化合物的含量比较少。不同名称的叶菜类蔬菜,其叶子颜色可能不同,营养素含量一般也不相同。叶子为绿叶和橙色的蔬菜,维生素(尤其是胡萝卜素)含量很多,叶菜类蔬菜中的菜花类含有大量的维生素 C。叶菜类含有的矿物质种类较多,是人体摄入矿物质的重要来源。

第二,根茎类蔬菜的营养特点。根茎类蔬菜种类很多,有萝卜、山药、薯类、葱类、蒜、竹笋等,其内部都含有蛋白质和脂肪,但是含量比较少,不同种类的根茎类蔬菜其内部含有不同重量的碳水化合物,根茎类蔬菜中膳食纤维的含量相对于叶菜类蔬菜来说比较少,根茎类蔬菜中大蒜、洋葱和马铃薯含有很多硒,胡萝卜中含有很多胡萝卜素。

第三,瓜茄类蔬菜的营养特点。瓜茄类包括各种瓜类、番茄、茄子和辣椒等、瓜茄类蔬菜含有大量的水分,比较少量的营养素,虽然瓜茄类中的番茄维生素 C 的含量并不多,但却是人体维生素 C 的主要来源,因为番茄中维生素 C 受到有机酸的保护,很少损失。

第四,鲜豆类蔬菜的营养特点。豌豆、毛豆、芸豆等都属于鲜豆类蔬菜,鲜豆类中营养素的含量比其他蔬菜营养素的含量高,鲜豆类蔬菜含有较多的蛋白质、胡萝卜素、碳水化合物、钾、钙、铁、锌、硒,较少量的脂肪,其中核黄素的含量与绿叶蔬菜中核黄素的含量相差不多,鲜豆类中含有铁较多的以蚕豆、刀豆、毛豆为主,鲜豆类中含有锌较多的以芸豆、豌豆、蚕豆为主,鲜豆类中含有硒较多的以豆角、毛豆、蚕豆为主。

(4)水果。水果含有多种多样的营养素,矿物质和维生素占有的比例最大,有机酸(例如,苹果酸、果酸、柠檬酸等)占有的比例也比较大,它可以增加食欲,也可以提高维生素 C 的稳定性,水果中含有的植物化学物质对人体的健康提供一定保障;另外,水果中含有的丰富的膳食纤维,膳食纤维能使体内的胆固醇降低,降低疾病的发生率,也能协助有害人体健康的物质排出体外。

水果的种类非常多,数不胜数,其内部的蛋白质、脂肪和硫胺素占其总重量的比例都不高,碳水化合物、胡萝卜素、维生素 C 占其总重量的比例因水果种类的不同而不同,而且相差较大。相对于橘和杏这两种水果,胡萝卜素含量最多;草莓,猕猴桃和橙子这三种水果,维生素 C 含量最多;枣这种水果,铁的含量最多。

葡萄干、柿子饼、蜜枣等是新鲜的水果经过晒干加工而成的,经过加工内部的维生素 C 损失较多,但是储存和运输比较方便且味道也独有风味。另外我国有大量的野果,他们含有鲜果所拥有的基本营养素,也含有一些抗氧化物质,但抗氧化物质的含量因为种类的不同有明显得差异。

(5)畜禽肉。畜禽肉包括禽类和牲畜的肉、内脏,是食用价值比较高的食物。禽肉有鸡肉、鸭肉和鹅肉等,牲畜肉有牛肉、羊肉和猪肉等。畜禽肉类的味道鲜美,空调方式多种多样,容易被消化,最重要的是其含有优质的蛋白质、脂肪、维生素,营养丰富。

第一,蛋白质。

蛋白质占畜肉总质量的 15% 左右,这种蛋白质是利用率较高的优质蛋白质,营养价值很高,而且这种蛋白质中含有大量人体必需的氨基酸,这些氨基酸很容易被人体吸收。

蛋白质占猪皮肉总质量的 13% 左右,蛋白质占鸡肉总质量的 20% 左右。

蛋白质占鸭肉总质量的 16% 左右,蛋白质占熟肉总质量的 18% 左右,禽肉中含有的蛋白质数量高于猪肉,而且都是完全蛋白质,对老年人、体质虚的人、病后初意的人都有益处。

鸡肉中含有丰富的赖氨酸和甲硫氨基酸,赖氨酸含量比猪肉高 10%,对人类来说鸡肉是补充氨基酸的极好食物,它可以弥补牛肉及猪肉的不足。

第二,脂肪。畜肉类中的脂肪主要是饱和脂肪,这些脂肪中包含甘油三酯和少量的卵磷脂、胆固醇等,其中胆固醇主要存在于动物的内脏和大脑中。猪肉中的脂肪对于心脑血管不利,而禽肉中的脂肪中含有不饱和脂肪酸,很容易被消化吸收。

第三,碳水化合物。畜禽肉中的碳水化合物主要存在于肌肉和肝脏中,存在的形式是糖原形式,动物在死后由于酶的分解其糖原含量会减少。

第四,矿物质。畜禽肉中矿物质的含量占总质量的 1% 左右,钙的含量占总质量的 0.0079%,铁的含量丰富,存在形式是血红素铁,由于血红素铁的利用率高,所以人类摄入的铁主要来自畜禽肉。

第五,维生素。畜肉中含有丰富的维生素,畜肉的肝脏中维生素 A 含量丰富,尤其是鸡肝维生素 A 含量最多,另外,鸡肉中富含的维生素 A 远远高于猪肉,牛肉中的维生素 A。

(6)水产品。水产品包括动物和植物,动物有鱼类、软体类和甲壳类,植物有海藻类。水产品中含有丰富的蛋白质和矿物质。例如,深海鱼含有丰富的二十碳五烯酸和二十二碳六烯酸,对于心血管疾病很有益处;贝壳类含有丰富的锌,对人体很有益处;鱼油中含有丰富的维生素;海产品中有碘,能满足人体对碘的需要;海参中含有丰富的生物活性物质,对于人类延缓衰老很有帮助,也能减少慢性疾病和癌症的发生。

第一,鱼类的营养特点。鱼类中含有的蛋白质属于优质蛋白质,优质蛋白质的显著特征有两个:① 肌肉纤维比普通蛋白质的短;② 肌浆蛋白和肌球蛋白不紧密。因此,鱼类中的蛋白质容易被人体所消化。另外,鱼类中的脂肪基本上都是不饱和脂肪酸,非常容易被人体消化,鱼类中一些维生素(维生素 A、维生素 D、维生素 E)的含量较多,是人类摄入维生素的重要来源之一,鱼类还有丰富的钙,辞,硒等,比如鱼类中的海鱼,含有大量的碘,但是淡水鱼含有的碘比较少。

第二,甲壳类和软体动物类的营养特点。甲壳类和软体动物类包括虾、蟹、扇贝、乌贼和章鱼等,甲壳类和软体动物类含有大量的蛋白质,更重要的是其中含有人体所需的所有氨基酸,色氨酸和酪氨酸两种氨基酸所占的比例比牛肉中的要高,贝类中的牛磺酸所占比例高于鱼类中牛磺酸所占比例;甲壳类和软体动物类的维生素含量与鱼类的维生素含量相似。另外,虾有强壮补精的功效,虾皮有很好的补钙功效;蟹有化瘀、通经络的功效。

(7)蛋类及蛋制品。日常生活中经常能见到鸡蛋、鸭蛋等,他们属于蛋类,人体很容易吸收蛋类中的各种营养素。

第一,蛋白质。蛋白质占鸡蛋总重量的 12% 左右,蛋黄中的蛋白质比蛋清中的蛋白质少,另外鸡蛋中含有的氨基酸很容易被人体吸收,而且都是人体必需的氨基酸,因此,鸡蛋营养价值非常高。

第二,维生素。蛋类中含有大量的维生素,基本都集中在蛋黄。

第三,矿物质。蛋类中的矿物质基本都在蛋黄中,其中钙、磷、铁、锌、硒等矿物质尤为丰富,蛋类中的硒含量会随着饲料中硒含量增加而增加;蛋类中的碘含量会随着饲料中碘含量增加面增加,而且饲料中增加碘,也能促进硒的吸收,因此,我们可以通过控制饲料成分的方法生产出富含硒或者碘的鸡蛋,"富硒蛋""富碘蛋""高钙蛋"等特殊品种的蛋类在市场上已经流传。

(8)其他食物的营养特点。

第一,茶叶。茶叶经常出现在我们的日常生活中,中国南部地区的人喝茶的比较多,对身体比较好,因为营养素含量丰富,能补充人体所需的营养素,例如、蛋白质(占总含量的 25％左右)、碳水化合物(占总含量的 23％左右)。而且,茶叶就有提神的作用,生意人喜欢喝茶。

茶叶中含有的茶多酚是效果最好的抗氧化剂之一,能降低癌症的发生概率,经常适量的喝茶可以使人变得更容易抵抗衰老。茶叶中含有很多咖啡因,夏季茶叶中的含量比春季茶叶中的高,通常情况下茶叶中含有的芳香物质是在加工茶叶过程中产生的。

第二,蜂蜜。蜂蜜是由花蜜酿制而成,花蜜是由蜜蜂采集而来。因为花蜜来自不同种类的植物或者来自不同季节的同种植物,所以蜂蜜的质量是不同的,其中枣花蜂蜜的质量是最好的,蜂蜜的构成成分非常多,几十甚至上百种,而且基本都是人体所必需的营养物质,其构成成分中的糖占蜂蜜总重量的比例最大,以果糖等形式存在;构成成分中的有机酸占蜂蜜总重量的比例比较大,以苹果酸、甲酸、乳酸等形式存在;构成成分中的维生素占总重量的比例也比较大,包括维生素 D、维生素 E、硫胺素等。

蜂蜜中也含有丰富的营养素,是很好的营养品,能治疗一些疾病。它对人体有很多益处,比如,清热解毒、补充营养、减轻体寒症状。

2.合理营养与平衡膳食

(1)合理营养与膳食营养素参考摄入量。

第一,合理营养。合理营养就是指人们通过饮食获得人体需要的能量和充足的,种类齐全的、比例合理的营养素,合理营养是健康的基础,平衡膳食是达到合理营养的唯一方法。目前没有一种食物可以蕴含人体所需要的全部营养素,因此食用的食物一定要多样化,并且搭配要合理。

第二,营养素参考摄入量。避免居民受到营养不良或者营养过剩的危害,就要安全地、合理地摄入各种营养素,营养学家通过对与营养素相关知识的分析,得出了适合各种人群的膳食营养素参考摄入量,膳食营养素参考摄入量是为了满足人体健康所需要的能量和营养素的摄入值,它是一组每天平均所需营养素的摄入量的参考值,是在推荐膳食营养素供给量之后总结起来的,中国居民的膳食营养素参考摄入量主要有四点:① 平均需要量;② 推荐摄入量;③ 适宜摄取量;④ 最高摄入量。

(2)我国居民的膳食结构。随着社会的发展,我国居民的膳食结构也在逐渐变化,明显增加了对脂肪的摄入量。其实,我国居民的膳食结构整体上没有发生本质的变化。因此,我国传统的膳食结构仍然需要扬长补短。

第一,主、副食划分明显。我国传统的膳食结构,主食(米、面、杂粮等)和副食划分比较明显。米、面、杂粮等这些主食主要组成成分是淀粉,淀粉在消化过程中需要一定时间的水解,所以不会出现葡萄糖过剩的情况,而西方人的饮食中蔗糖比较多,膳食结构的主食、副食划分比较明显,在进食时以主食为主,副食为铺,搭配得比较合理,碳水化合物占总能量的 66％左右;脂肪占总能量的 24％;蛋白质占总能量的 10％左右。西方许多国家主食、副食划分不明显,容易摄入过多的脂肪,有时脂肪都超过总能量的35％,容易引起高血压、肥胖症等疾病。

第二,荤、素混食。通常情况下,西方国家的膳食结构基本都是以单一品种的多道菜组成的,例如,餐桌上基本上都一份猪排、一份牛排或者一份烤面包等,而中国人喜欢荤素混合,也喜欢一道菜里面包含多个品种的菜,看起来有食欲,营养价值也高。因为肉类和蔬菜的酸碱度不同,所以荤素组合能使营养搭配比较合理而且酸碱度适宜。

第三,豆类及豆制品。我国居民的膳食结构,豆类及豆制品比较多,豆类及豆制品中的蛋白质比较多,还有一些有益物质,例如,植物激素大豆异黄酮、皂角苷。其中,大豆异黄酮具有雌激素活性,经常食用可以延缓衰老;皂角苷,能促进脂肪的分解,对人体有益处。

第四,鱼虾类。我国居民的膳食结构中,鱼虾类的荤菜比较常见,临海地区更是如此。鱼虾类食物含有丰富的蛋白质,丰富的胶原蛋白和脂蛋白。其中蛋白质是优质蛋白质,胶原蛋白是能美容的物质。另外鱼肉类的脂肪含量比较少,含有的脂肪几乎都是不饱和脂肪酸,对治疗冠心病和动脉硬有着良好的作用。

(3)我国居民膳食指南。我国由最近两次全国膳食调查结果、全国疾病状况调查结果提出了我国居民膳食指南,用通俗易懂的语言总结出以下方面:

第一,食物多样、谷类为主。我国居民的饮食是非常多样化的,但是即使样式再多,也没有哪种食物包含人体所需的所有营养素,如果想持续保持身体健康,一日三餐就要做到多样化,为人体尽量提供种类繁多的营养素。通常情况下,食物大概包括五大类:谷类及薯类、动物性食物、豆类及其制品、蔬菜水果类、纯热能食物,这五类食物的营养特点在本章的第三节有介绍。随着社会经济的发展,居民有时重视动物性食物超过谷类和蔬菜水果,这样饮食中蕴含的能量和脂肪比较多,长期食用容易患高血压、高血脂等疾病,所以中国居民膳食指南中提出以谷类为主。

另外,要注意合理搭配粗粮和细粮,粗粮对身体非常有好处,而细粮经过了很多加工,蕴含的维生素和矿物质等有很大损失。

第二，多吃蔬菜和水果。蔬菜和水果中维生素含量非常高，另外一些蔬菜和水果含有丰富的矿物质和膳食纤维，人体内的维生素、抗氧化物质和矿物质，大部分都来自蔬菜和水果。水果中含有的葡萄糖和果胶对人体健康起到促进作用。

第三，多吃薯类。薯类中淀粉和膳食纤维的含量很高，平时饮食中适当增加薯类。

第四，常吃奶类、豆类及其制品。奶类中除了含有丰富的优质蛋白质，还含有丰富的维生素和钙，是极好的补钙食品。我国居民膳食中提供的钙普遍低于推荐供给量甚至只到了推荐供给量的一半。根据研究结果得出，膳食中钙的含量充足可以避免佝偻病，骨质疏松，因此要加大力度生产奶类食品。

同样的，豆类中含有丰富的优质蛋白质、钙和不饱和脂肪酸等。为了避免过多肉类对人体的伤害，也为了提升蛋白质的摄入量，国家提倡多食豆类及豆制品食物。

第五，常吃适量鱼禽肉、瘦肉、蛋。鱼禽肉、瘦肉、蛋等动物性食物含有丰富的优质蛋白质、矿物质和脂溶性维生素，动物性食物蛋白质中的氨基酸符合人体对氨基酸在结构和数量上的需要，其中，禽肉中铁的含量比较丰富且容易被吸收，食用价值很高；鱼类中含有不饱和脂肪酸，可避免血栓的形成；动物肝脏中维生素、叶酸的含量非常丰富；动物脑和内脏中胆固醇含量丰富，不适宜食用太多。

肥肉和荤油还有非常丰富的脂肪，能量也非常高，容易引起肥胖症和一些慢性疾病，因此我国居民在选择肉类时，可以适当多选择禽肉和瘦肉。

第六，平衡食量与体力活动，保持合理体重。人类的体重受到食量（提供能量）和体力活动（消耗能量）的影响。

当食量过多而体力活动很少的时候，会剩余很多能量，这些能量会以脂肪的形式堆积起来，体重就会增加；当食量过少而体力活动较多的时候，能量就不够人体正常生活，体重就会减少，劳动能力也下降。因此，要保持进食量和体力活动相互平衡。

身材瘦弱者要增加进食量，供人体的需要，体力活动比较少的人群要适当增加体力活动，比如，慢跑、快走、游泳等，运动能增加抵抗力，减少疾病的发生，提高工作效率，还有利于保持合理体重，另外，饮食中的三餐要合理，三餐所提供的能量要符合人体的标准。

第七，清淡少盐的糖食。如果一个人的膳食长期保持清淡少盐，不太油腻也不太咸,那么这个人的身体比较健康,正是因为我国居民在多数情况下喜欢比较咸的食物,摄入的食品通常比其他国家的居民要多,所以,我国居民患高血压的概率比其他国家的居民要高,因此食盐不适合吃太多,至于人体所需的钠,除了从食盐中摄取也可以从味精、酱油中摄取。

第八,饮酒应限量。中国居民在节假日或者特殊的场合经常喜欢喝酒,度数比较高的酒含有非常高的能量,但是营养素含量微乎其微,大量饮酒或者长期饮酒可以降低食欲,这样人体就会缺乏很多营养素,严重的会患酒精肝,高血压,中风等疾病,对身体健康和社会治安都有危害,因此,严禁居民大量饮酒,严禁居民长期饮用度数很高的酒。

第九,食用干净而且没变质的食物。每个居民都知道病从口入,在选择所要食用的食物时,要注意两点:① 仔细观察并仔细闻味,食物要干净而且没有变质;② 食物要符合国家标准。另外,进餐时也要注意卫生:① 进餐的环境要卫生;② 餐具要干净;③ 烹调食物的人员的健康卫生状况;④ 一起用餐的人员的健康卫生状况。

3.运动训练中营养的摄取

(1)合理的膳食。合理膳食讲究的是均衡的营养,这里包括以下两个方面的要求:

第一,种类的齐全。人体每日所需的七大营养素包括:糖、蛋白质、脂肪、维生素、膳食纤维、矿物质和水。这些人体必需的营养素大部分都来自我们的一日三餐,因此,合理的膳食首先要考虑的就是食物种类的多样性,必须保证每种营养元素的充分供应。

第二,配比合理。人体所需的七大营养素中并不是每种都需要一样多的份额,例如,糖类是占比最高的,要占到 $50\%\sim60\%$,而矿物质的占比就只占 4% 左右。人体对不同营养素含量的需求不一样,导致摄入量要求也不一样,因此,合理膳食不仅表现在食物种类上有要求,而且在摄入比例上也要求合理的设置,以达到对各种营养物质合理吸收和利用的目的。

(2)饮食的安排。营养的摄取除了合理的膳食之外还包括饮食的安排。合理膳食解决的是吃什么的问题,而饮食的安排解决的是怎么吃的问题。包括:什么时间吃、两餐之间的间隔时长、用餐时间的长短、用餐时间是否与作息时间相抵触等。中国人习惯于以一日三餐为主要的进餐方式,每餐间隔大概是 $4\sim5$ h,每次用餐大概 $10\sim15$ min,一般情况下,早餐大概是在早上 6 点钟左右开始,晚餐在晚上 8 点之前结束。

第一,早餐。早餐是一天中第一次的营养摄取,人体在充分休息了一夜后,各项生理机能开始复苏,胃内前一天晚上所食用的食物已经完全排空,急需新鲜的营养物质进行补充。中国历来就有"早餐吃饱"的理论,因为早饭之后,人们就要投入紧张的学习和工作中去了,而上午是人精神和体力都最充足的时候,因此,早餐的营养摄入必须非常丰富,至少要达到全天总摄入量的30%,以供人体整个上午的活动所需。中国人的早餐一般是以粥、鸡蛋、面食、豆制品、青菜为主,而西方人的早餐主要以面包、牛奶为主,加上鸡蛋和新鲜的果汁。相比较而言,西方人的早餐在营养搭配上更显合理,值得我们借鉴。

第二,午餐。午餐是一天中营养摄入最高的一餐,人在工作学习了一个上午的情况下,不论在精力还是体力上的能量都已经耗费大半,此时进行营养补充有两个作用:① 补充上午的能量消耗;② 为下午继续学习工作提前储备能量。中国人的饮食习惯中午餐的营养安排还是比较丰富的,一般会食用米饭、面食、炒菜、肉类、水果等。

第三,晚餐。晚餐是一天中的最后一顿正餐,其营养摄入应该偏重于糖类的摄取,适当减少蛋白质和脂肪的摄入,因为晚上是人体消化能力相对较低的阶段,摄入过多的蛋白质和脂肪会加重肠胃的负担,并且代谢不完的能量会转化成脂肪储存在体内,造成肥胖。

三、运动训练的卫生要求

在体育运动训练过程中,除了需要遵循科学而适度的训练原则之外,还需要了解一些运动训练的卫生常识。体育运动训练卫生是指根据体育运动训练过程中各种外界环境因素对人体健康的影响规律,运用卫生学和体育科学的基本理论与方法,指导人们进行有效的运动训练,保证运动训练取得良好的效果,避免盲目锻炼而造成对肌体的不必要损害,以达到增强体质、增进健康、陶冶身心的目的。

(一)环境卫生

环境是客观存在于机体之外的各种物质条件的总称,一般可分为自然环境和人工环境,它们相互联系、相互作用。运动训练环境是指体育运动训练的自然环境和人工提供的场地设施,鉴于创造良好的运动环境是保证体育体育运动训练、不致使身体健康受损的先决条件,因此我们在选择运动环境时,还要考虑自然与人工环境是否符合卫生学的要求。

1.自然环境卫生

众所周知,置身于空气、日光和水等自然环境中进行体育体育运动训练,可以增强人体对自然界的适应能力,提高自我生理调节功能。但许多自然或人为因素,又会改变自然环境中的化学、物理成分,使环境变得恶化。比如,自然界中的空气、水和土壤的正常化学组成,有时会在一定范围内发生异常变化;生活和生产环境中的阳光、空气、温度和气压等条件变化,还会引起电磁辐射线和电离辐射线的产生;现代化生产引起的大气污染,无时不在影响着人类的生活和健康,这表明,按基本卫生学原则提出的要求,如能合理地选择体育体育运动训练的自然环境,将势必有利于获得理想的运动训练效果。

(1)环境选择。空气是多种气体的混合物,其中含有氨(78.09%)、氧(20.95%)、二氧化碳(0.027%)和其他一些微量气体,氯气在正常的大气压下对人体无害,也不被人体吸收;氧气则是人体新陈代谢不可缺少的气体,人体一旦缺氧,就会出现恶心、昏迷等症状,严重时甚至可致人死亡;二氧化碳与人的呼吸和燃料的燃烧以及有机物在土壤中的分解等有关。

避免在空气污染的环境中训练也是应该注意的,常见空气污染物有二氧化碳、氯氧化合物和一氧化碳等,如果这些污染物随呼吸进入体内,刺激呼吸道,就会引起慢性支气管炎等疾病,甚至还可能危害人体的生长和发育,特别是在雾天或工业生产相对集中的地方,空气中含尘埃,病菌和有害气体的比重较高。因此,如果条件允许,体育运动训练最好选择在湖泊、海滨或树木比较茂盛的地方,这样不仅空气的净化程度较好,而且空气中负离子的数量也较多,这样无疑会对增进健康和振奋精神有极大的好处。

运动训练的环境还需要根据季节变换或个人其他方面的原因灵活选择。比如,夏季要选择通风阴凉的环境,冬季则要选择避风和有阳光照射的环境。有时为缓解心情,需要选择安静的环境;为了振奋情绪,则可选择人多热闹的环境。

(2)气候条件。人体有完善的体温调节机制,在气温稍高于体温或低于0 ℃以下的环境中巡留一定时间,不致引起体温的太大变化。但若是处于异常的高温环境或在热环境中进行体育运动训练,就可能导致体温调节失控,以至出现中暑甚至死亡现象;而运动训练环境过于寒冷,由于受冷空气刺激过强,也同样会引起感冒或冻伤等伤病,因此,不经常从事体育运动训练的人,在开始训练阶段最好选择气温适宜的自然环境。

阳光辐射中的紫外线,红外线和光线,对人体的生长发育都具有各自的作用,但接受阳光辐射的时间过长,又易使皮肤,眼睛受损并诱发皮肤病,这表明在气温过高,易产生强热辐射的气候条件下参加运动训练是不适宜的。

2.运动场馆人工环境卫生

人工环境是指人为条件所创造的环境,可包括生活、劳动、运动、学习和工作的条件,以及各种原因造成的人为环境的污染,站在健康的角度来讲,如果运动场馆的卫生条件不符合要求,或个人使用的体育用品与防护卫生用品缺乏必要的卫生安全保障,都会给人体健康带来许多不利影响。

(1)室外场地。室外场地是运动员参加运动训练的主要场所,为了创造良好的锻炼环境,尚未铺设塑胶跑道的田径场应平坦结实、软硬适度、表面无坑洼、碎石和其他杂物,既保持一定湿度,又能及时排除积水。所用沙坑宜松软,厚度应为50～60 cm以上,可填充30%的锯末与70%黄沙的混合物并经常翻松,沙坑内不得混有玻璃、木片及碎石等尖锐杂物。投掷区尽量与其他场地分开,并保持足够的距离。铁饼、链球场地应设置护笼。标枪场地应有足够的长度,投掷时应严禁人群穿行。其他足、篮、排、网球场的地面均应平坦、无积水、无杂物、防滑且不起尘土,场地周围2 m内不得放置障碍物,篮球架和足球门等器材的结构应避免形成锐角。

(2)游泳馆(池)。天然游泳池是利用和通过改良江河、湖泊、水库和海水这些自然地面水体进行游泳运动的场所,是人们体育锻炼最常用的场所,天然游泳场址的选择要遵循:① 开辟天然游泳场的水体,如果是江河湖泊或水库,其水质必须符合相关地面水水质卫生要求;如果是海水,其水质必须符合相关海水游泳场水质卫生标准的要求。② 应处于污染源的上游。③ 水底不应有树枝、树桩、遮石等障碍物和污染源。岸边不应为沼泽地,最好是沙底或卵石底,水深在1～1.8 m之间,水流速度不应大于0.5 m/s。④ 水面宽阔,按使用最高峰时的人数计算,每一成年人所占水面不低于4 m^2,儿童不低于3 m^2。

(3)室内场馆。室内场馆的卫生要求主要包括合理的采光及良好的通风条件。为了不损害视力,有利于体育锻炼及保证运动安全,在建筑体育馆时,就应考虑其位置及采光系数(门窗的面积与室内地面面积之比),使之能够达到1:3～1:5。如果自然采集的散射光线达不到标准,可采用人工照明的办法加以弥补。光线的充足程度,应以不刺激眼睛、均匀、不闪烁、不污染空气、不显著提高温度为准,而放射光谱最好接近日光光谱。另外,体育馆内必须具有良好的自然通风条件和人工安装的通风设备,以保证内、外气体交换,使室内空气含量足以维持锻炼者正常的生理要求。体育馆内气温一般应控制在 23～25 ℃左右,并保持相对稳定。

(二)运动用品卫生

1.运动服装的规格

运动服装是参加体育运动训练的必备用品,应具有美观大方、质地柔软及不易沾污等性能。选择的服装规格要合体,以穿着舒适、便于活动为原则。内衣不要紧束身体,还要具有一定的吸收水分的能力。

夏季参加运动训练,由于气候比较炎热,服装应具有良好的透气性和吸汗性,内衣最好不选择由涤纶等合成纤维制成的,因为这些材料的吸湿性差,透气功能不佳,运动出汗后,汗液易积存在皮肤与衣服之间的微细空间,使人感到皮肤发黏,很不舒服,所以宜贴身穿针织内衣。而外套则采用棉织品制成的运动服装,服装色泽最好为浅色。冬季参加体育运动训,由于天气比较寒冷,服装应具有良好的保暖性。比如,由腈纶制成的运动服装导热性就相对较低,相比棉制品更有利于保温。当然,保暖性还和织物的厚度有关,织物越厚,单位时间内发散的热量越少。因此选择冬季运动服时,还应考虑地区气温差别及运动需要,对服装厚度也应有所考虑。

2.运动鞋袜的选择

运动鞋袜也是体育运动所必需的,现在市场上出售的有旅游鞋、田径鞋、网球鞋、篮球鞋、足球鞋、长跑越野鞋等各种品种:鞋帮有高、有低,衬底海绵有厚、有薄,鞋面透气性能也各不相同:鞋底有生胶、熟胶之分,甚至鞋底胶纹也不完全相同。

选择何种运动鞋应和运动项目本身的特点相符合,与自己的脚码、脚型相一致,切忌穿得过紧或过松。

运动袜的品种也应有所选择,参加球类运动,为了保护小腿,一般穿长袜:长跑用的袜子要柔软且具有透气和吸汗功能,最好是由针织或棉毛材料制成,运动鞋袜要经常洗涤、晾晒,以保证清洁卫生。

3.防护用品的配备

防护用品是指为了避免在剧烈运动时受到伤害而由自己采用的保护设备。比如,举重用的宽制腰带,体操用的护掌和关节绷带,游泳用的帽子和水镜,打棒球、垒球用的护面和护胸,足球守门员的手套,以及参加各种运动通用的护膝、护踝、护量、护肘、护腕、护身等用品。

选择时要求大小合适,结实耐用,柔软富于弹性,且对皮肤无刺激性。

为了保证卫生,还要经常洗涤、晾晒,不用时存放在干净的地方,原则上个人使用,个人保管。

(三)运动训练过程卫生

为了保证运动训练过程的顺利进行,使之获得良好的训练效果,在训练前、中、后阶段,都要遵循一定的卫生原则。

1.训练前的卫生准备

(1)常规卫生。常规卫生准备是指体育运动训练前所应考虑到的一般物质和精神准备。比如,训练开始前至少 1 h 内不应进餐,否则由运动引起交感神经的高度兴奋不但妨碍消化、有害健康,而且还会加重胃的负担,也不利于运动水平的发挥。如果在训练过程中已感到十分饥饿、身体疲劳或情绪低落,最好立刻暂停或进行轻微的训练,对服装及用品的要求,应根据气候条件及运动项目的特点而定。另外,运动时不应随身携带钢笔、小刀、证章等尖锐物品,女运动员的长发要扎紧,指甲不应留得过长。总之,为了运动方便、舒适、防止受伤,许多细节都不可忽视。

(2)准备活动。准备活动是体育运动训练前最重要的卫生准备工作,因为运动训练前人体各器官和系统一般都处于相对安静状态,无论肌肉、关节还是韧带都需要有个预先加温的过程,这样才能使运动器官在机械作用下能够有效地伸展。特别是负责调节内脏功能的植物性神经系统生理情性更大,为了提高中枢神经的兴奋性及加快神经传导的速度,促进新陈代谢,缩短呼吸循环系统进入工作状态的时间,以便发挥运动能力,也为预防运动性伤病提供条件,必须给机体预先加温。

2.锻炼中的卫生守则

(1)适宜负荷。为了使体育运动训练过程符合生理卫生的客观规律,必须合理安排运动负荷。实践证明,运动量过小不足以收到锻炼效果;如果超过所能承受的范围,因不能适应又会引起肌体损伤。这表明,只有对肌体施加可以承受的适宜负荷量,在经过多次重复后才能收到预期的锻炼效果。

体育运动训练所讲的适宜负荷量对不同的个体会有所不同,即使是同一个人在一天 24 h 中也并非一成不变。人的生理功能水平受生物钟节律的影响会时有增减,因此要考虑生物钟与体力负荷之间的相互适应。

普遍认为下午 15~17 时这段时间,是体育运动训练最有利的时间。这段时间学生通过午睡后的学习,集中学习的思想压力已经解除,训练负荷可以适当增大,平均心率宜掌握在 $100\sim140$ 次/min 范围内,除了在一个较短时间外,最高心率最好不超过 140 次/min。

(2)注意事项。在长跑锻炼时,要尽量采用鼻呼吸或"鼻吸口呼"的方法,尤其在冬天或顶风跑时更应如此。因为鼻腔能提高空气的温度,避免冷空气直接刺激咽喉,同时还可以提高空气的湿度。对于消除空气中的尘埃也有一定的作用。

3.训练后的卫生处理

(1)整理活动。运动过后,立即保持静止状态,则发生昏迷的可能性很大。这表明,运动时的血液大量集中于下肢,停止运动后下肢肌肉放松,会使血液向心脏回流的功能暂时减弱,结果大脑因缺血缺氧而产生休克现象。这个例子说明了运动后进行整理活动具有重要意义。整理活动是指体育运动训练结束后所采取的一些轻松的身体活动,其目的是为了消除运动肌肉疲劳,使人体尽早由紧张的运动状态过渡到安静状态,逐渐消除运动后机体欠下的氧债,减少机体的不适感。整理活动的主要方法是:及时调整好运动后的呼吸节律,动作轻松缓和、全身放松,运动量不宜过大,动作不宜做得过快,慢慢由运动状态向静止状态过渡。

(2)卫生处置。在剧烈运动后出汗较多,应及时把汗擦干,换去被汗水浸湿了的运动衣,穿好衣服保暖,以免着凉感冒,然后洗澡、擦身(或先洗澡、然后换衣,主要由运动场与洗澡房的距离或洗澡条件而定)。洗澡最好用热水,并对身体各部位,特别是承担运动负荷的主要部位做适当按摩,以加速体力的恢复。洗澡完毕后应换上清洁的服装和鞋袜,回宿舍饮水并稍事休息。

出汗较多可适当补充盐水或糖水,饮水要少量多次,然后外出进行短暂散步,为进餐做好准备。

第五节　不同人群的体育运动训练

一、老年人与体育锻炼

(一)衰老的分类与机制

衰老是一切多细胞的生物随着时间的推移自然发生的必然过程,在机体和组织各级水平出现有害的改变,并表现出功能性、适应性和抵抗力的减退。

衰老是生物体的形态、结构和生理功能逐渐衰退的总现象。有两层含义:一是其增殖分化的停止;二是其同时能够维持细胞的基本功能。

1.衰老的分类

衰老可分为生理性衰老和病理性衰老。

(1)生理性衰老。随着年龄自然增长,使生理机能和形态结构出现一系列衰老特征的退行性变化,对内环境变化的适应能力逐渐下降直到生命终止,称为生理性衰老。

(2)病理性衰老。由于体内体外的因素使人体与外环境之间推动平衡,引起人体发生病理性改变,导致生理性衰老提前出现而缩短寿命,称为病理性衰老。典型的主要有早年衰老综合征等。

早年衰老综合征,简称早老症。早老症的发病是由一个基因核纤层蛋白 A 的单点突变引起的,该突变通常发生在胚胎发育的早期。对早衰症的疗法目前没有一项被证实是有效的,大部分的治疗集中在减少并发症。

2.衰老的机制

现代科学的迅速发展,推动了对衰老机制的研究,目前对衰老机制的认识主要分为以下两类:

(1)遗传程序学说。这一类学说认为衰老过程是由人体生物钟所预设的,通过遗传因素按各自的程序预先已作好安排,按时由特定的遗传信息激活一些组织产生特异性的退行性变化,最终导致衰老死亡。包括衰老基因学说、修饰基因学说、密码限制学说、DNA 损伤学说(辐射、环境污染特别是重金属的污染对 DNA 造成损伤从而导致衰老)

(2)细胞损伤学说。此类学说认为细胞总体的衰老可以反映机体的衰老,而机体的衰老是以总体细胞的衰老为基础的,细胞衰老主要表现为对环境变化适应能力的降低和维持细胞内环境能力的降低。包括消耗学说、生活速度学说、内分泌学说、大脑衰退学说、体细胞突变学说、细胞代谢失调学说、自由基学说、生物膜损伤学说、交联学说(主要指胶原纤维交织成网络破坏原有的功能)

(二)老年人的划分标准

随着人类社会的不断发展,人类的平均寿命也在不断延长,人们对老年

人的年龄概念也在不断地修改。一般而言,60 岁以上为老年人。世界卫生组织对老年人的划分标准如下:

44 岁以下,称为青年人。

45～59 岁,称为中年人。

60～74 岁,称为年轻的老年人。

75～89 岁,称为老年人。

90 岁以上,称为长寿老人。

每个老年人的差异很大,机体不同的器官系统衰老的速度也不同,而生物年龄与实际纪元年龄也有一定的差距,因此,不能简单地将一个年龄的划分作为所有器官系统衰老的起点。

(三)衰老过程中的变化及运动对衰老机体的影响

1.衰老过程中生理机能与运动能力的变化

衰老常伴随着各种慢性病的发生和生理机能的下降,随着年龄的增长,老年人体内脂肪量逐渐增加,各系统、器官的机能都有逐年下降的趋势,不仅体内物质代谢明显降低,基础代谢值和蛋白质的更新也只相当于青年人的 80%左右。在心血管系统方面,心缩力下降,外周阻力加大,使心脏对大强度的工作适应能力下降,恢复相对较慢;在呼吸系统方面,肺活量、最大通气量明显降低;在运动系统方面,肌肉发生松弛,肌力明显下降,同时韧带、肌腱的弹性减弱,关节僵硬活动幅度变小。最大摄氧量随着年龄的下降与个体体力活动下降和体脂百分比增加有关,大多数 60 岁以上者最大摄氧量均呈下降趋势,应付日常活动的能力也下降,从而引起心肺功能的下降。

2.运动对衰老机体的影响

适宜的运动可以延缓衰老进程、提高老年人生活质量。20 岁以上人群最大有氧功率每年下降 1%,而保持良好运动习惯和体形的中年人其最大摄氧量下降幅度是普通人群的 1/2。机体生理功能变化规律在 30 岁之前呈上升趋势,之后呈衰退趋势,其中 40～60 岁期间衰老速度最快,但同年龄阶段时运动者的生理功能较好。经常运动的老年人,血脂代谢改善、血压降低、胰岛素敏感性和糖耐量增加、肌力和骨密度保持或有上升。

(四)老年人运动的注意事项

第一,运动开始前的医学检查、运动试验和体力评价。老年人在体育锻炼之前,必须进行病史等询问、健康诊断等医学检查,尤其注意进行心肺功能的运动负荷试验,并对其身体成分、人体形态等进行评价,以作为运动计划制定的依据。

第二,锻炼要因人而异,循序渐进,持之以恒。应以"练"代"赛",避免运动过度。运动前应做好准备活动,以便适应运动过程,运动后应做好整理运动,以利于促进运动后恢复。要合理安排运动与休息,做到劳逸结合,并根据身体状况和外界环境条件的变化及时进行调整。

第三,加强医务监督,特别要注意慢性病老人的运动监护。老年人常伴有各种慢性疾病,应在运动过程中加强对其医务监督,及时了解其健康水平和功能状态,以免发生运动损伤和运动意识。就老年运动个体而言,也应加强运动的自我监督,强化自我保健意识和能力,运动中如遇不适,应及时终止,以确保健康和安全。最好每周作一次体能评估,每月作一次医学健康检查,依评估结果作锻炼计划的调整。调整锻炼计划时,以增加持续时间为先,再增加运动频率,最后才增加运动强度。如运动形式造成肌骨受伤,待休息痊愈后应及时调整改变运动方式。

(五)老年人体育锻炼方案的制订

1.运动强度、运动频率与运动持续时间

中等强度的有氧耐力运动,每周至少 5 次,每周至少 30 min;或者较高强度的有氧运动,每周至少 3 次,每周至少 20 min;或者两种强度组合运动。心率是评价监测老年人强度的简易指标,中等强度阈值常为 60% 的最大心率(即 50% 摄氧量),其适宜心率为 110～130 次/min,主观运动强度"稍感费力"。

2.运动方式以有氧运动为主

以有氧运动为主,结合适宜的力量练习和柔韧性练习。

(1)有氧运动:连续有节奏地大肌群活动。如:轻快步行、健身跑(慢跑)、游泳、太极拳、五禽戏、门球、老年健身操等。

(2)力量练习:每周至少两次包括主要肌群的力量训练,每次练习时负荷为 10～15RM[①]。肌力在 50 岁时下降仅为 10%～20%,但此后下降速度

---

① RM 是英文"repetition maximum"的缩写,中文译义是"最大重复值",指力量训练中最高的重复次数,是在某组练习时,做到力竭时所能完成的重复数量。

非常快。肌力的下降有一部分原因是老年人体育活动水平降低,但 60～80 岁人群肌力下降的主要原因是由于肌肉量的丢失。

(3)柔韧性锻炼:每周至少完成两次柔韧性运动,每次至少 10 min。如柔软体操等。

经常跌倒的老年人可增加平衡性练习,如脚腕和脚屈曲的简单锻炼系列、平衡垫等,多种运动形式的锻炼对跌倒的预防更有效。

3.准备活动与整理活动

通常采用 10 min 左右的快走、慢跑等作为准备活动,以增加关节活动性,防止运动损伤;整理活动可采用按摩、自我抖动肌肉、柔软体操等方式,以促进疲劳恢复,时间也在 10 min 左右。

老年人有氧运动、阻力和柔韧性训练中,活动类型和强度应根据患者平素健康状况和能量需要来设定,训练方式应多样化,以便保持运动兴趣并达到更为理想的效果,体质差的患者应将椅子或床上活动作为运动的起点。

二、女性与体育锻炼

女性的身体结构与生理特点是其运动能力的基础,与男性相比,女性的形态和机能有很多特点,青春发育后,这些特征更为明显。女性激素周期性分泌使女子月经周期生理活动呈现出规律性变化,并在相当程度上影响女性参与运动的程度与运动表现。

(一)女性生理与运动能力特点

1.女性生理阶段的划分

根据性腺卵巢分泌功能的变化,可以将女性一生划分为五个生理阶段,各阶段之间并无截然的分界线,但各有特点,和男子较大的差距开始于青春期。

(1)幼年期。幼年期指卵巢机能尚处幼稚状态的年龄阶段,10～12 岁之前。该阶段卵巢开始有少量卵泡发育,但仍不到成熟阶段,女性特征开始呈现。

(2)青春期。青春期指卵巢机能由幼稚向成熟过渡的年龄阶段,以月经来潮为标志。该阶段的显著特点是卵巢及生殖器官明显发育,第二性征形成,开始出现月经。

（3）性成熟期。性成熟期指卵巢功能成熟的年龄阶段并有性激素分泌及周期性排卵的时期。约从18岁开始，持续近30年。该阶段性腺及性器官发育完全成熟，生殖器各部和乳房都有不同程度的周期性变化，是女性生殖机能最旺盛的时期，又称为生育期。

（4）更年期。更年期指卵巢功能由旺盛向衰退过渡，并直至萎缩的年龄阶段，约为44～54岁左右。该时期的显著特点是月经由不规律到完全停止（闭经）。

（5）老年期。老年期指卵巢功能完全终止的年龄阶段。60岁以上，卵巢功能消失，生殖器官萎缩，内分泌功能逐渐衰退，各器官的机能能力均明显降低。

2.女性解剖生理特点与运动能力

（1）体型、身体成分的特点和运动能力。青春发育期之前，男性和女性在身高、体重等形态特征上均无显著性差异。女性青春期的生长加速期比男性约提前2年出现，约从10～12岁开始，此阶段开始后，男女身体成分出现较大的性别差异。相比于同时期的男性，发育成熟的女性身体成分的差异主要表现在体重和去脂体重较轻，而体脂较重。女性体脂含量约占体重的28%～30%，主要分布在胸、腹、臀、大腿等部位的皮下，皮下脂肪约为男子的2倍。女性较高的体脂可能会增加身体在运动时的载重负担，研究证实，男女运动员最大摄氧量的差距，与女子较高的体脂肪有关，如果排除脂肪因素，男女在有氧运动能力的性别差异低于10%。

青春期后，女性肩窄、骨盆宽、大腿和腰粗、胸围窄、臀部和下肢脂肪沉积较多；而男性肩宽、骨盆窄、胸围宽、臀围大、腹部和上肢脂肪沉积较多，出现男女体型的性别差异。由于女子特有的肩窄盆宽体型，决定了女子具有身体重心较低且稳定性较高的特点，因此平衡能力强于男子，但奔跑速度及负重能力则受到一定限制。

女性骨骼重量占体重的15%，约较男子轻10%左右，抗弯能力较差，但韧性较佳。脊柱椎骨间软骨较厚，弹性和韧性优于男子，因而，柔韧性优于男子，有利于完成劈叉等动作。女子约从30岁开始骨中矿物质逐渐丢失，绝经后女性骨骼的矿物质（特别是钙）减少更加明显，极易产生骨质疏松。骨质疏松导致骨密度及抗张强度下降，增加了骨折的危险性。

（2）氧运输系统特点和运动能力。相比于男性，女性的有氧能力较弱，这与女性最大摄氧量较低有关，女性平均值仅为男性的70%～75%。主要原因是由于女性氧运输系统的特点所致。

第一,心血管机能水平较男子弱。女性心脏的重量较男子约轻 $10\%\sim15\%$,体积约小于男子 18%,容量小 $150\sim200$ ml;安静状态女性心率较快,约快于男子 10 次/min 左右,每搏量少于男子 $10\sim15$ ml,收缩压平均低于男子 14 kPa(10.5 mmHg),舒张压约低 0.68 kPa(5.1 mmHg)。因此,在亚极限运动的任何强度下,女性都必须依靠加快心率来代偿较低的每搏输出量以保证足够的心输出量。

第二,呼吸机能较男子低。女子的胸廓较小,呼吸肌力量较弱,安静时呼吸频率较男子快 $4\sim6$ 次/min,且呼吸深度浅;女子的肺活量约为男子的 70%。不论是在相对能量输出相同还是绝对能量输出相同时,女子的肺活量、肺通气量和肺容量均较男子低,从而制约了女子运动中机体氧的供应。

第三,血量和血红蛋白水平较男子少。女子血容量较少,约占体重的 7%,男子达 8%;女子的红细胞数量为 $380\sim420$ 万/mm^3,低于男子,每千克体重的血红蛋白女子约为 8.3 g,男子可达 11.6 g,全血中血红蛋白的总量女子仅为男子的 56%。较低的血红蛋白导致较低的动脉氧水平,从而动静脉氧差较男子低,导致运输到活动肌肉的氧较少,因此是造成最大摄氧量水平较低的原因之一。

(3)骨骼肌特点和运动能力。在青春发育期,女孩的肌肉发育慢于男孩,肌肉体积、重量、力量均低于男孩,这主要是由于雄性激素的同化作用引起的。女子肌纤维尽管在分布及组织化学特性方面均与男子基本相同,但其肌纤维的横截面积小于男子,导致肌肉的收缩力量较小。女性肌肉约占体重的 $21\%\sim35\%$,仅占男子肌肉重量的 $80\%\sim89\%$。女子肌纤维尽管在分布及组织化学特性方面与男子基本相同,但其肌纤维的横截面积则小于男子,因此肌肉的收缩力量较小。女性上肢肌力比男子弱 $40\%\sim60\%$,而下肢肌力仅弱 $25\%\sim30\%$,除去体重的影响因素,男女在肌力上的差异约 20%。因此,女子在需要绝对力量及绝对速度的项目(如投掷、跳跃、短跑、举重等)中,其运动能力明显弱于男子。

女性体内一些糖有氧代谢酶的活性较男子高,女运动员的糖有氧代谢能力比男子强。女子肌肉内的甘油三酯较男子多,女子在有氧氧化供能能力上较男子具有更大的优势和潜力。但由于男女在氧运输系统等存在着的一系列差别,导致女子的有氧能力总体上还是不及男子。无氧运动能力方面,女子的磷酸原和乳酸能容量、无氧代谢酶活性、碱储备含量、肌肉量等均较男子低,因此这方面的能力男子远大于女子。

此外,由于女子的肌肉、韧带弹性好,关节活动范围大,因而动作幅度大而稳定,具有较好的柔韧性。女子在精细动作协调和动作程序化的速度等方面优于男子,而男子在目标动作技巧方面优于女子。运动训练导致女子肌力增加的原因是:改善了神经的控制,增强了神经冲动的传递,使原来不活动的肌纤维活动起来,募集更多的运动单位参与了工作,而与骨骼肌体积增加的关系不密切。

(二)女性卵巢功能与运动

1.女性卵巢的内分泌功能

卵巢是女性生殖腺,主要功能是产生卵细胞和分泌激素,卵巢主要合成和分泌的激素有雌激素和孕激素两种,此外还合成和分泌少量的雄激素。

(1)雌激素。雌激素的主要作用是刺激女性生殖器官、乳腺和副性征的发育和功能,促进排卵。此外,雌激素还可以刺激成骨细胞的活动,加速骨的生长,促进髓软骨的愈合和骨骼中钙的沉积,绝经期由于雌激素的缺乏而易出现骨质疏松现象。

(2)孕激素。孕激素的主要作用是促进子宫内膜的增生和降低子宫肌的兴奋性,有利于受精卵的着床和胚胎"安静"环境的保持,从而维持正常妊娠。孕激素的另一个重要作用是和雌激素共同促进乳腺导管和腺泡的发育,做好泌乳准备。此外,孕激素还有产热作用,可使基础体温在排卵后升高。由于体温在排卵前表现短暂降低,排卵后升高,所以临床上将这一体温变化作为判断排卵日期的标志之一。

2.女性月经周期与运动

(1)月经周期和月经。月经周期是女性特有的生理现象。指女性在生育年龄阶段,由于性激素分泌的月周期性变化引起的子宫内膜发生一次脱落、出血、修复和增生的周期性变化。通常,一个月经周期平均持续 28 天左右。但是,提前或延后 7 天左右仍属正常。在每个月经周期中,均发生一次子宫内膜出血的生理现象,称为月经。每次月经持续的时间称为月经期,一般持续 2~7 天,每次月经的出血量约为 20~100 ml。在月经期,由于子宫内膜的纤维蛋白溶解系统特别旺盛,因而经血不凝固。

(2)月经周期的时相划分与生理变化。

第一,月经后期(也称卵泡期、增生期):卵泡发育为成熟卵泡的过程,特征是子宫内膜增生,血管和腺体增长。

第二,排卵期:成熟卵泡发生破裂并排出成熟卵细胞的过程,特征是子宫内膜进一步增厚,雌激素分泌出现高峰。

第三,月经前期(也称分泌期、黄体期):排卵后黄体形成的过程,特征是雌激素和孕激素大量分泌,子宫内膜进一步增生加厚,为妊娠做好准备。

第四,月经期:若未受孕而出现黄体退化的过程,特征是雌激素雌性激素与孕激素分泌下降,子宫内膜血管痉挛,内膜剥落流血,出现月经。

(3)月经周期与运动能力。人体有氧工作能力及整体体能以黄体期为最强,卵泡期及排卵期其次,经前期及月经期最弱,认为在女运动员的训练和竞赛安排中,应充分注意女子体能与月经周期的关系,使大负荷训练与体能的高峰时期相吻合,从而使负荷作用达到最佳状态,提高训练效果和比赛成绩。但女运动员在月经周期不同阶段的反应有较大的个体差异,也有运动员的运动能力并不受月经周期的影响。

(4)运动对月经周期的影响。

第一,运动与月经初潮。第一次来月经称之为月经初潮。月经初潮年龄并不一样,一般波动范围在 10~17 岁之间。月经初潮时,不少女子会有不同程度的反应,如发现兴奋性提高,或感到疲劳、嗜睡、情绪不稳、郁闷或易怒及腹部下坠等轻度不适。初潮出现时间早晚与遗传、营养、种族、生活环境、气候、体重和体脂含量等因素相关,许多运动员都会出现月经初潮延迟的现象,特别是体操和芭蕾运动员最多,长期训练会使月经初潮推迟,但这种延迟也可能是由于运动员体脂成分过低所致。

第二,运动与月经紊乱。月经紊乱也称月经失调,是指与月经有关的多种疾病,包括月经的周期、经期、经量、经色、经质的改变以及痛经、闭经、经前期紧张综合征等伴随月经周期前后出现的某些症状为特征的多种病症的总称。运动强度大或运动时间过长的运动,易导致运动性月经不调。但停止运动训练后,会得到纠正而恢复正常月经周期。

闭经指一年月经来潮少于四次者,由于运动而引起的运动性闭经的产生与女性运动员承受的长期大强度、长时间训练有关。随着周跑步训练距离的增长,运动性闭经的发生率也随之增加,提示大运动量对运动性闭经的出现有着直接或间接的影响。目前认为这种现象的出现一方面可能是由于运动引起血液中各种激素水平变化,导致下丘脑的反馈改变,从而影响了女性性激素的释放;另一方面也可能是由于大运动量引起心理压力增加,导致血液中儿茶酚胺等水平增加从而影响了女性生殖功能的紊乱。

痛经是指经期前后或行经期间,出现下腹部痉挛性疼痛,并有全身不适,严重影响日常生活者。女性运动员人群痛经出现率高于非运动人群,子宫内膜和血中前列腺素含量增高是造成痛经的决定因素。当月经周期开始时,存在于子宫内膜细胞内的前列腺素被释放出来,从而引起子宫肌肉的收缩。过多的前列腺素会使子宫肌肉处于缺氧状态,引起"痉挛",并导致肠道平滑肌的收缩,出现腹泻、恶心及呕吐。

(5)月经期的体育锻炼。

第一,月经期建议的体育锻炼项目。通常而言,身体健康且月经正常的女性在月经期可以做适当的体育锻炼,但应掌握好运动量,选择运动强度小、锻炼时间不长、不憋气的运动项目,如徒手操、活动性游戏、乒乓球等,改善盆腔内的血液循环,起到柔和按摩子宫并帮助经血排出的作用。此外,适当的体育活动也可以调节大脑皮层的兴奋和抑制过程,减轻全身不适感。

第二,月经期不宜的体育锻炼项目。女性月经期的锻炼过程中应避免进行快速奔跑和跳跃动作,如速度赛跑、跳高跳远、劈叉、支撑跳跃等练习,尤其应避免较大负重力量、增加腹压的练习,如举重、俯卧撑、仰卧起坐等,以免引起经血过多,也可能会造成子宫移位,影响月经的周期,甚至引起盆腔炎等疾病。此外,由于经期女性需慎对游泳运动,因为月经期间机体全身与局部对病菌侵袭的抵抗力降低,子宫内膜容易成为细菌繁殖的温床,所以游泳时水中病菌可能从阴道进入子宫、输卵管或腹腔等处,引起炎症,从而影响身体健康。对于从事专项训练的游泳运动员,则需要在有严格保护的条件下下水。从事一般体育锻炼的女性,经期不宜参加对抗性较强的运动和各种激烈的比赛。

第三,女运动员月经期训练的注意事项。女运动员应根据经期的身体机能状况和训练情况,并严格遵循个别对待的原则来适当地安排训练与比赛。如果月经周期正常,且运动成绩无变化,可以在减少运动量和缩短训练时间的前提下继续进行训练和比赛。如果出现经期紊乱的情况则因根据情况适当调整运动负荷,具有月经紊乱的女运动员在月经来临的前几天,一般应减少运动量。患有月经过多、月经过频(月经周期少于 20 天)或痛经的女运动员,月经期间应考虑暂停训练和比赛。

(三)妊娠期女性的体育锻炼

运动过程中会发生许多生理变化,包括体温的变化以及对儿茶酚胺水平、血流再分配、肺功能、心输出量、产妇肾血流量等的影响,不同类型的运动以不同的方式影响着妊娠期的女性,对大多数妊娠期女性而言,运动是安全有益的。

1.女性妊娠期及其生理变化

妊娠期即怀孕期,是胚胎和胎儿在母体内发育成熟的过程。从妇女卵子受精开始至胎儿及其附属物自母体排出之间的一段时间。为了便于计算,妊娠通常从末次月经的第一天算起,约为 280 天(40 周)。由于卵子受精日期很难绝对准确,实际分娩日期与推算的预产期可以相差 1～2 周,临床上将妊娠 37 周至 42 周之间,均列为足月妊娠。

妊娠期女性的生理变化特点如下:

(1)生殖系统和乳房的变化:① 以子宫的变化最为显著:宫体逐渐增大变软,自妊娠 12～14 周起,子宫出现不规律无痛性收缩。宫颈黏液增多,形成黏稠黏液栓,有保护宫腔免受外来感染侵袭的作用;② 卵巢出现妊娠黄体,于妊娠 6～7 周前产生雌激素及孕激素,以维持妊娠继续。黄体功能于妊娠 10 周后由胎盘完全取代,黄体开始萎缩;③ 输卵管伸长、阴道 pH 值降低、外阴皮肤增厚且大小阴唇色素沉着;④ 乳房增大,充血明显。

(2)心血管和代谢方面的变化:① 血量增加 40%～50%;② 血液稀释、红细胞比容下降易缺铁;③ 心率加快;④ 心输出量增加;⑤ 妊娠早期及中期血压偏低,在妊娠晚期血压轻度升高。

(3)泌尿系统变化:① 肾血浆流量增加、肾小球滤过率增加;② 泌尿系统平滑肌张力降低,输尿管增粗及蠕动减弱。

(4)消化系统变化:① 齿龈肥厚,易出血;② 胃肠平滑肌张力降低,贲门括约肌松弛;③ 胃酸及胃蛋白酶分泌减少、肠蠕动减弱。

(5)内分泌系统的变化:① 腺垂体增大,卵泡刺激素及黄体生成激素分泌减少,无排卵;② 催乳激素(PRL)从妊娠 7 周开始增多,至妊娠足月分娩前达高峰;③ 皮质醇、醛固酮、睾酮增加。

(6)皮肤的变化:① 腺垂体分泌促黑素细胞激素增加,使黑色素增加,导致色素沉着;② 面部出现妊娠斑,腹部有妊娠纹。

(7)骨骼、关节及韧带的变化:① 耻骨骨炎;② 下肢浮肿疼痛;③ 肌肉和/或关节疼痛(由于脱水而引起的);④ 怀孕期由于关节松弛所致的疼痛加剧;⑤ 神经压迫症;⑥ 运动伴随的子宫收缩;⑦ 下腰痛。

2.运动对妊娠期女性的影响

在确定没有妊娠并发症的情况下,对大多数妊娠期女性而言,运动是安全有益的。孕期参加有氧锻炼对母亲和胎儿未见有害影响,相反经常锻炼而有氧代谢水平高的母亲主动分娩时间缩短,这可能与其良好的心肺功能有助于延缓分娩过程中疲劳的产生有关。

虽然相比于未孕状态，孕期妇女心血管和代谢水平发生了一些变化，但中等强度运动并不会影响胎儿的氧供，且胎儿心率也没有显示出受到不良影响。运动过程中随着强度和持续时间的递增，胎儿心率也增加，在运动后恢复期逐渐恢复到正常水平。孕期 26 周在做少量运动时心输出量比 8 周时更高，动静脉氧差更低，这提示更多的心输出量被分到了其他地方（如子宫），肌肉血流量稳定。运动对妊娠期女性益处主要如下。

（1）心肺系统方面。提高心肺储备、提高或保持有氧体适能水平，并减少了高血压的风险。孕前惯于久坐的妇女妊娠期的运动会使其最大摄氧量的预期值升高，而相对最大摄氧量稳定或略有升高。而相比于未怀孕的女运动员，训练有素的女性运动员妊娠 36～44 周后绝对最大摄氧量更高，这提示，妊娠和训练的结合比单纯训练更能提高适应性。

（2）骨骼肌方面。提高保持了肌力和线条，促进好的身体姿态的形成，防止或帮助减少了腰背疼痛，保持或促进了骨盆底部肌肉的完整和恢复。

（3）内分泌系统方面。运动延缓甚至防止妊娠期糖尿病的发生。运动可能有利于孕妇尤其是重度肥胖的孕妇对妊娠期糖尿病的初级预防，运动可以作为对那些通过单纯的饮食治疗仍未达到安全血糖水平的妊娠期糖尿病者的辅助治疗手段，参加低强度运动锻炼的妇女可能会延缓甚至避免使用胰岛素治疗。

（4）分娩方面。降低妊娠期和生产时的风险，有利于孕母对生产做好准备，并减少新生儿并发症的风险。通过运动，孕妇在分娩时呼吸及用劲等方面都能巧妙地配合，也能使骨盆内的肌群及软产道松弛，使胎儿易娩出，为顺利分娩创造良好条件。

（5）其他方面。改善妊娠中的不适症状（腰痛、水肿、麻木、静脉曲张及痔疮等），防止获得过量脂肪等。

3. 妊娠期女性生理变化对运动的影响及潜在问题

（1）心肺功能变化的影响。与怀孕有关的心肺功能变化是妊娠期女性在休息和运动过程中特别要注意的，妊娠期妇女心肺功能变化对运动的影响主要有：① 安静和亚量运动①时摄氧量轻度增加；② 负重练习时氧耗明显增加；③ 安静和亚量运动时心率更高；④ 前六个月安静和亚量运动时心

---

① 亚量运动指的是亚极量运动，一般为最高运动负荷的 70％～85％的运动负荷。

输出量增加,后三个月心输出量较低且低血压风险增加。

妊娠期妇女参加体育锻炼要遵循一些固定参数,如运动时心率不能超过 140b/min 等,孕妇避免仰卧位进行运动以避免静脉回流量的减少和体位性高血压,妊娠期妇女应该由体重负荷运动转向体重支持运动,这样可以降低孕妇运动过程中的损伤风险性,并且可以将运动所致的体温升高幅度维持在正常范围内。正常运动导致的孕妇体温升高对胎儿发育几乎没有影响,而从孕中期开始孕妇就应该尽可能地避免仰卧位休息或运动,因为这样子宫通常会妨碍子宫腔静脉,限制血流量,降低心脏泵血量,导致出现体位性高血压症状(严重低血压水平会引起恶心甚至晕厥)。

(2)解剖结构变化的影响。妊娠期妇女解剖结构变化对运动的影响主要有:① 雌激素和耻骨松弛激素水平提高(第 12 周达到高峰);② 韧带/关节松弛;③ 体重增加,身体重心改变;④ 身体姿态改变,腰椎前曲增加60%;⑤ 前 12 周,骨盆中子宫紧闭,20 周时子宫从骨盆突出,髋关节活动幅度受限;⑥ 浮肿(特别是最后 8 周)。

鉴于以上变化,妊娠期女性运动过程中普遍存在一些潜在问题,如主要关节/周围的韧带疼痛、腰背/坐骨神经/耻骨关节疼痛、耻骨联合疼痛、膝关节/足部疼痛、神经压迫综合征(如:腕管综合征)等,因此,对其参加体育锻炼过程中应建议尽量减少或避免冲击活动、深蹲或单腿运动、姿势、拉伸时避免关节超伸、借助适当的锻炼工具进行稳定性训练、避免长时间静止站立和坐姿,在进行大肌肉群的力量训练时重点主要放在训练技巧上,而不是负重多少、进行游泳训练或水中有氧运动以减少对关节的压力和帮助减轻水肿等。

4. 妊娠期妇女运动的绝对禁忌症、相对禁忌症和警告信号

(1)绝对禁忌症。若妇女孕期有有氧运动的绝对禁忌症情况,不应参与任何锻炼计划:① 显著血液动力障碍及严重心脏病;② 限制型肺疾病;③ 子宫颈口松弛症;④ 多次妊娠有早产风险;⑤ 第二(4~6 个月)、第三孕期(7~9 个月)持续性出血;⑥ 妊娠 26 周后胎盘前置;⑦ 宫内发育迟缓;⑧ 有先兆流产症状;⑨ 胎膜破裂;⑩ 先兆子痫;⑪ 妊娠期高血压。

如果孕妇已经完全消除了以上绝对禁忌症并得到医生的许可,开始参与锻炼计划,则必须在运动过程中警惕相关症状的出现。若遇到任何相对禁忌症,则应立即停止运动并向妇产科医生咨询。为安全其见,此种情况下医生可能会建议孕妇进行物理治疗,应密切监控理疗方案以优化孕期生活质量。

（2）相对禁忌症。有相对禁忌症情况之一者在健身锻炼过程中应进行严格的医务监督：① 严重贫血；② 心律失常；③ 慢性支气管炎；④ 控制不佳的Ⅰ型糖尿病；⑤ 重度肥胖；⑥ 重度消瘦；⑦ 孕前习惯于久坐生活方式者；⑧ 胎儿宫内生长受限；⑨ 控制不佳的高血压；⑩ 骨科限制；⑪ 控制不佳的癫痫症；⑫ 控制不佳的甲状腺功能亢进症；⑬ 酗烟。

（3）运动过程中的警告信号。若在运动过程中出现警告信号，应立即停止运动并向妇产科医生和/或物理治疗师咨询：① 阴道出血；② 肌肉/关节痛；③ 呼吸窘迫；④ 眩晕；⑤ 恶心；⑥ 气短；⑦ 心跳过速或不规律；⑧ 行走困难；⑨ 体重增加不足；⑩ 头痛；⑪ 胸痛；⑫ 肌肉无力；⑬ 小腿疼痛或肿胀（排除血栓性静脉炎的可能）；⑭ 早产/持续收缩；⑮ 胎动减少。

5.妊娠期妇女体育锻炼的注意事项

（1）锻炼方案制定前应由专业医务人员对孕妇的整体健康状态（包括产科和医疗风险）做全面的检查，在排除禁忌症的前提下，进行运动方案的制订。

（2）孕期许多变化都有可能会干扰从事某种体力活动过程中的应变能力，每项活动或运动都应由专业人士彻底审查并清除潜在的风险，如跌倒或腹部受损伤的可能性。

（3）有早产或胎儿发育不良风险的活跃型孕妇需在孕期后六个月减少运动量。

（4）训练有素的运动员怀孕期仍能维持中等强度运动，剧烈运动则应遵医嘱。

（5）孕早期（前三个月）勿仰卧。

（6）运动过程中保持正常呼吸，运动中体温不超过 39 度。

（7）孕妇运动时有较多的水分及钠的散失，而水及钠盐为胎儿及母体所必需，脱水可能引起抽筋，子宫敏感性，妊娠晚期早产，因此要注意无论在什么天气状况下都应补充充足水分。

（8）防止高温、缺氧状态和腹部受伤。运动中若出现腹痛、出血、胎膜破裂或缺少胎动，应立即停止锻炼，并请妇产专科医生检查。

6.妊娠期体育锻炼方案的制订

（1）准备活动和整理活动。正式运动刚开始时做大约 3～5 min 的准备活动，动作应缓慢以便机体温度有逐渐适应的过程；运动结束后做整理活动，如缓慢的牵拉。

（2）运动强度。运动强度以低到中等强度为宜。对于专业或业余运动员而言，如果在孕期体征允许的情况下继续保持有氧运动，其有氧能力在怀孕期间会下降得很少。相比于久坐的妇女，业余运动员体脂率增加较少，因此在整个孕期代谢更活跃。

（3）运动时间和运动频率。至少每次锻炼 20～30 min，运动频率 5～7次/周。

（4）运动方式。

第一，有氧练习。运动方式的选择上提倡以有氧训练为主（步行、游泳等），避免仰卧/高冲击训练，对孕妇比较适宜的项目有：游泳、有氧舞蹈、慢跑、散步等，不建议的项目为有身体碰撞的运动（增加腹部外伤危险），如曲棍球、拳击、橄榄球、足球；高危险的运动（增加摔倒/外伤的危险），如体操、马术、溜冰、滑雪和滑水、滑翔、剧烈球类运动、举重、潜水等。运动方式选择的基本原则是延续妊娠前所习惯做的运动，因为平日所习惯做的运动是最安全的，只是在运动强度及运动时间等方面较非妊娠时减少 20％～30％为宜。

第二，力量练习。妊娠期体育锻炼可适当增加 0.5～1.5 kg 的轻负荷力量训练，其重复次数最多做 12～15 次，每周可安排 2～3 次。力量训练要考虑重复次数和姿势，避免拉伸。应遵循"轻负荷、多重复次数"的原则，如平时腿部肌肉能以 15.8 kg 做 8～12 次者，怀孕期间可尝试以 9 kg 做 15次。避免前进正压腿，因为压腿动作可能会增加盆腔结缔组织受伤的风险。

三、糖尿病人群与体育锻炼

（一）糖尿病的分类及其判定

随着经济的发展和人民生活方式的改变，无论是在发达国家还是发展中国家，糖尿病的发病率均呈逐年上升趋势。

糖尿病是由遗传因素、免疫功能紊乱、微生物感染及其毒素、自由基毒素、精神因素等各种致病因子作用于机体导致胰岛素分泌不足（Ⅰ型糖尿病）和/或功能障碍（Ⅱ型糖尿病）而引发的糖、蛋白质、脂肪、水和电解质等一系列代谢紊乱综合征，临床上以高血糖为主要特点，糖尿病（血糖）一旦控制不好会引发并发症，导致肾、眼、足等部位的衰竭病变，且无法治愈。

1.糖尿病的分类

糖尿病常分为Ⅰ型糖尿病和Ⅱ型糖尿病两类,前者多因胰岛素分泌不足或缺乏引起,后者则多表现为胰岛素抵抗。Ⅰ型糖尿病也称胰岛素依赖型糖尿病,多发生于青少年,需依赖外源性胰岛素补充以正常血糖浓度,常伴有病毒感染,起病快,发展急骤,典型症状主要为:尿频/口渴、饥饿、快速的体重下降、体弱倦怠、易怒、恶心呕吐等。Ⅱ型糖尿病占糖尿病总数的比例约90%～95%,与体重增加、肥胖相关,有些Ⅱ型糖尿病患者也需口服或注射胰岛素来刺激胰腺分泌更多的胰岛素。Ⅱ型糖尿病的治疗包括节食和运动,以降低体重控制血糖。

2.糖尿病的判定标准

血糖的正常值和糖代谢异常的诊断切点主要依据血糖值与糖尿病并发症的关系来确定。

糖代谢的分类如下:

正常血糖(NGR):空腹血糖<6.1;餐后2 h血糖<7.8。

空腹血糖受损(IFG):空腹血糖6.1～7.0;餐后2 h血糖<7.8。

糖耐量减低(IGT):空腹血糖<7.0;餐后2 h血糖7.8～11.1。

糖尿病(DM):空腹血糖≥7.0;餐后2 h血糖≥11.1。

糖尿病患者的典型症状包括多饮、多尿和不明原因的体重下降。诊断标准如下。

(1)随机血糖(指不考虑上次用餐时间,1天中任意时间的血糖),≥11.1。

(2)空腹血糖(空腹状态指至少8 h没有进食热量),≥7.0。

(3)无糖尿病症状者,需另日重复检查明确诊断,≥11.1。

糖尿病的诊断中,仅查空腹血糖,糖尿病的漏诊率较高,理想的调查是同时检查空腹及OGTT后2 h血糖值。口服糖耐量实验(OGTT试验)是在当血糖升高的程度未达到糖尿病诊断标准,使诊断不能确诊时而进行的糖尿病检验措施。方法是让患者在空腹情况下口服75克葡萄糖,于2 h后抽血检查血糖水平。

此外,还需注意糖耐量异常和空腹葡萄糖受损这两类人群,前者是指空腹血糖未超过7.0 mmol/L,但OGTT试验2 h后的血糖水平升高,超过正常的7.0 mmol/L,但仍未达到11.1 mmol/L的糖尿病诊断标准的人群。后者是指空腹血糖升高,也未达到糖尿病的诊断标准,即空腹血糖在6.1～

7.0 mmol/L 之间的人群。这两类人群被称为是 Ⅱ 型糖尿病的后备军,即发生 Ⅱ 型糖尿病危险性非常高。

(二)运动对糖尿病人的益处

运动是各类糖尿病患者及其高危险群的有效治疗方法之一。运动对食物的动员和利用有明显的作用,运动中肌葡萄糖的摄取可增加到 20 倍以上,还可引起机体生理的、代谢的和激素反应的适应和提高,达到控制血糖水平、降低心血管疾病危险因子、改善血脂成分、增加胰岛素敏感性、控制体重等良好的效应,因此,适量的体育锻炼是糖尿病人调节血糖的有效治疗手段之一。

第一,改善血糖。运动能增强胰岛素敏感性,促进糖原分解、降低血糖水平。

第二,降血压。运动能增强心脏泵血功能、减缓心率。

第三,改善血脂水平。运动能使 HDL(高密度脂蛋白)增加、LDL(低密度脂蛋白)水平降低,从而有利于心脏适能。

第四,减少胰岛素和糖尿病药物用量。运动能降低血糖和体重,从而使糖尿病患者对胰岛素和药物的需用量减少。

第五,降低体重并保持。运动能促进能量消耗从而达到降重的效果,坚持运动能降重。

第六,降低其他健康问题(如心脏病、癌症和骨量丢失等)罹患风险。

第七,改善睡眠、保持良好的精神状态。

第八,减缓压力、改善焦虑和抑郁等症状。

第九,强健骨骼和肌肉。体重负荷运动(如走路等)、力量训练(如小计负荷抗阻力练习)能有利于骨骼和肌肉的健壮。

第十,增加柔韧性。

(三)Ⅰ型糖尿病人的体育锻炼

运动对 Ⅰ 型糖尿病的控制是有利的,Ⅰ 型糖尿病实施运动计划的难度在于必须保持饮食、胰岛素和运动处方三种治疗手段的长期性和规律性,而运动是否有效取决于运动开始前患者是否处于合理控制血糖的状态,即接近正常血糖浓度。

胰岛素缺乏会引起酮症状,能合理控制住血糖的 Ⅰ 型糖尿病者在运动锻炼计划的实施过程中血糖趋向正常,提示血糖得以更好地控制;而未注射足够胰岛素的Ⅰ型糖尿病者却显示出血糖上升趋势。出现不同的效应的主要原因是Ⅰ型糖尿病患者由于内分泌失调,在运动适应性和维持血糖恒定方面会受到影响:前者有足量的胰岛素,因此不仅能使血糖在运动中被肌肉所用,而且能调节由于肝糖释放所引起的血糖正常升高;而后者由于缺乏足量的胰岛素治疗,运动过程中身体与胰岛素相拮抗的激素将相对强势,因此运动中虽然血糖利用升高,但仍然会出现肝糖释放所引起的血糖升高,从而导致高血糖。相反,当此类患者给予过量外源性胰岛素造成血液中胰岛素浓度居高不下时,又可能会导致运动时肌组织对血糖或其他能源过度吸收,进而产生低血糖症状。

一般而言,针对成年无并发症的Ⅰ型糖尿病患者的运动建议原则,也适用于儿童,但必须注意儿童血糖具有较大的变异性。因此尤其需要注意要将血糖控制在正常的范围,并且在运动时需有专人协助。此外,在青少年成长期间,激素的改变会使血糖的调控更加困难与复杂,尽管如此,规律运动对于儿童少年Ⅰ型糖尿病患者是安全且有益的。

1.Ⅰ型糖尿病人运动的注意事项

Ⅰ型糖尿病者体育锻炼过程中最需要考虑的就是防止高血糖和低血糖症的出现,这需要个体在运动中(包括运动前、中、后)对血糖浓度进行自我监控,并适时根据锻炼强度、持续时间和机能状态调整糖和胰岛素摄入。应注意以下方面:

(1)运动前应进行必要的医学检查,有以下症状者尤其注意要与医生讨论运动种类及运动量的设定,并在运动过程中最好有专业人士的指导和监控:

第一,年龄>35岁。

第二,年龄>25岁,且Ⅰ型糖尿病史>15年,或Ⅱ型糖尿病史>10年。

第三,有冠状动脉疾病症状。

第四,有微血管疾病症状。

第五,自主神经病变。

(2)如果血糖水平>250 mg/dl且出现酮症状,应立即停止运动;血糖水平>300 mg/dl而未出现酮症状,应慎重运动,可减少运动量和强度,避免剧烈运动。

(3)正使用胰岛素和胰岛素促分泌剂者,如果运动前血糖水平<100 mg/dl,则应当摄入糖类。

(4)胰岛素或食物摄入量有变时需及时鉴别。

（5）了解血糖对不同类型运动方式的适应性变化。

（6）伴有自主或外周神经病变、肾病等的糖尿病者需加强锻炼过程中的医务监督。

（7）运动过程中随身携带易吸收的糖类：如水果、饼干、饮料等。

2. Ⅰ型糖尿病人的体育锻炼方案

（1）准备活动和整理活动。对于糖尿病患者的运动建议标准与正常人的一样，锻炼方案应包含 5～10 min 的低强度有氧运动（如走路、骑车等）作为准备活动和整理活动，对于运动时会使用到的肌群应先特别进行温和的伸展运动。准备活动的目的是为了肌肉、心脏、肺脏能达到进行更高强度运动的准备状态，整理活动的目的是为了尽快使心率逐渐回复至运动前水平，缓解疲劳。

（2）运动强度、频率和时间。以中小强度锻炼 3～4 次/周；每次运动 20～30 min；心率为 50%～80%储备心率。

（3）运动模式。宜选择无负重的非竞赛性运动或轻微家务劳动为主，如骑自行车、游泳、水上练习、打太极拳等，最好兼顾趣味性以便长期坚持。年轻且无其他并发症者也可加上适量小负荷的力量训练，勿屏气。

（四）Ⅱ型糖尿病人的体育锻炼

Ⅱ型糖尿病者多数起病比较缓慢，且常伴有其他危险因素，例如肥胖、高血压、高胆固醇等。Ⅱ型糖尿病与体力活动缺乏、体质下降、肥胖等因素相关。运动和饮食是一切治疗的基础和保障。长期规律性体育锻炼能提高胰岛素敏感性、改善胰岛素抵抗，对于Ⅱ型糖尿病患者与相关代谢性综合征具有潜在的改善作用，而且通常Ⅱ型糖尿病患者在运动过程中发生低血糖的状况较少，且规律运动明显有助于增加身体对胰岛素的敏感度来抑制高血糖症状，从而对Ⅱ型糖尿病产生有利的影响。

对于老年患病者而言，规律性运动，一方面可以防止老化所造成的体适能衰退、肌肉质量与肌力的减少，另一方面也能将体适能维持在较佳状态，使慢性心血管疾病的发生率减少，改善生活品质。老化造成的胰岛素敏感度下降在某种程度上与身体活动量减少有关，缺乏身体活动者Ⅱ型糖尿病的倾向明显较高，而老年糖尿病患者如果从事良好的运动训练，其身体代谢能力可以维持与正常族群一样的状态，且没有太多的负面并发症状发生。

1. Ⅱ型糖尿病人运动的注意事项

（1）与Ⅰ型糖尿病相似，Ⅱ型糖尿病者运动前也应进行必要的医学检查,并在运动过程中最好有专业人士的指导和监控。

（2）运动应循序渐进,以中等体力活动开始(增加体力活动的分级),如果能达到每天锻炼一次则最好。运动引起的胰岛素敏感性改善不会持续很久,终止运动锻炼3天后,已获得改善的胰岛素敏感性会随之消失。

（3）由于Ⅱ型糖尿病者往往伴随有临界高血压,因此需对运动强度和持续时间进行控制,运动量宜小不宜大。

（4）运动过程中随身携带易吸收的糖类,如饮料等。

2.Ⅱ型糖尿病人的体育锻炼方案

（1）每周体育锻炼所消耗的能量应至少达到1000 kcal。

（2）中等强度有氧锻炼4～7次/周,每日运动更好,每次运动20～60 min,50%～90%最大心率。

（3）宜选择中等强度、全身肌肉都参与活动的节律性有氧运动,如慢跑、骑自行车、游泳、登山、健身操等。

（4）Ⅱ型糖尿病者在健身计划中应当加入抗阻力运动,而且与有氧运动相比,抗阻力运动可以使胰岛素敏感性提高持续稍长时间,原因可能与前者能提高肌肉总量有关。因此,在没有禁忌症的情况下,Ⅱ型糖尿病者可以每周进行3次力量训练,运动覆盖所有大肌群,每组重复8～10次,重量以患者每组最多能做8～10次为标准。

第三篇　运动生理学教学

第七章　运动生理学课程与教学应用研究

第一节　运动生理学课程资源的立体化整合与利用策略

一、运动生理学课程资源的立体化整合策略

"随着网络技术的不断发展创新,极大提高了人们工作生活品位。运动生理学这门课程在高校体育专业教学中,普遍效果不理想。通过网络技术,可以实现该门课程的立体化教学资源的整合与利用,通过纸质教材、网络资源、媒体材料等等资源的整合与利用,提高教学效果。"[①]运动生理学课程资源涉及理论与实验两个方面。为构建立体化的课程资源库,教师既要注重理论内部资源的整合与优化,也要注重实验资源与理论资源的深度融合,同时还要结合地方特色资源。

首先,高校要合理利用现有人力资源,整合课程资源。专业教学团队的构建是课程资源整合的前提。高校需安排相关领域的专家对课程资源的内容进行筛选,并鼓励其提供各自专业领域内与运动生理学课程相关的资料,协作充实课程资源内容,让资源整合变得更加高效。

其次,运动生理学课程资源的立体化整合需要有课程平台的支撑。教

---

① 汤盈.运动生理学课程立体化教学资源的整合与利用[J].赤峰学院学报(自然科学版),2017,33(14):42-44.

师可利用课程平台将一些潜在的资源挖掘出来,并加以有效利用。课程平台的构建需要结合时代需求及学校特色。教师只有基于学校的办学特色展开独立思考,并据此合理优化课程资源体系,才能将丰富的课程资源内化于日常教学工作。

最后,课程资源的整合工作需与其他学科进行融合,以有效拓展内容,提升学生的综合能力。从一般意义上说,运动生理学课程资源的整合思路应当如下:先进行课程资源的内部整合,然后进行其他相关资源的整合,最后进行当地社会体育资源、地域体育资源的整合。在这样的整合思路下,教师才能全面构建课程资源库,让资源库既有深度又有广度。

二、运动生理学立体化课程资源的利用策略

第一,教授要利用现有资源构建网络课程,紧紧围绕教学目标,对立体化的课程资源进行分类整理,依托课程标准进行资源配置,合理设置教学模块,以此凸显教学效率。教师应当依据学生的学习流程合理设置线上课程的教学模块,可将教学模块分为学习模块、反馈模块、交流模块、学习资源模块及练习模块,以实现对课程资源的有效利用。学生在遇到一些不清楚的生理学知识点时,既可以在学习资源模块进行资源搜索,找到自己需要的内容,也可以在交流模块与同学、教师进行讨论,还可以在反馈模块留言要求教师答疑解惑。因此,网络课程的构建不仅能激发学生的学习兴趣,还能提升其自主学习能力,切实提高学生的学习效率。

第二,教师要利用网络平台将资源有效融合。教师需采取合适的策略来打通大众网络平台与课程资源库之间的界限,以有效利用立体化课程资源。例如,教师可以利用微信公众号来有效传播部分课程知识点,让学生受到潜移默化的影响。

第三,教师要创新教学模式,将线上课程资源融入课堂教学。在教学过程中,教师可要求学生在课程资源平台上完成课前预习任务,并在课堂上就某些知识点进行讨论,并将讨论结果放在网络平台上进行展示,让学生查漏补缺。此外,教师可利用智能手机,将课程资源渗透到学生的日常生活中。例如,教师可在手机移动平台上定期推送相关生理学知识点及学习任务,让学生随时随地都能学习。

第二节 基于成果导向的运动生理学课程体系建设

一、依据成果导向理念和反向设计原则,建立课程目标

与运动解剖学类似,运动生理学课程既融合了医学与生物学知识,也涉及体育学的基本原理与核心概念。人体机能在运动过程中将发生相应的变化,为了避免运动损伤的发生,预防运动疾病的产生,利用运动生理学的相关知识和基本概念,解释人体各系统的功能特征与运作机制,科学监控健身过程,理性评价健身效果,已经成为运动生理学这门课程的主要教学任务。重视知识讲解与能力培养,既是运动生理学的教育理念,也是运动生理学的设计方向和课程定位。运动生理学的课程目标,与体育专业人才培养的目标基本一致,都体现了知识讲解与能力培养的重要性。

运动生理学教学方案的绪论部分,明确指出应用运动生理学的基础知识,可以实现的既定目标,有助于学生深刻理解课程的内容与性质、应用领域与实际效果。总体来说,为了科学指导学生的运动训练与体育锻炼,运动生理学的课程目标应该围绕以下三部分内容渐次展开:第一,指导学生运用内分泌调节与神经调控原理、能量代谢与肌肉收缩规律等,掌握机体运动时各系统的微妙变化特点,并能够灵活运用这些知识解决个体在运动实践中产生的疑问;第二,指导学生综合运用神经与呼吸系统、运动与血液循环系统的各项生理功能监测指标,评价学生健身过程的体质健康程度;第三,指导学生区分专业运动员与普通人群在体质特点与运动目的等方面存在的差异,通过设计不同的健身与训练方案,借助专业指导以期实现方案既定的健身与训练效果。

二、依据课程目标和学生特点,重构教学内容

运动生理学课程信息含量远超其他课程,但是,绝大多数高校设定的学时都极为有限,最少 32 学时,最多不超过 72 学时。体育专业的学生高中文化课知识基础普遍比较薄弱,而运动生理学涉及的学科内容广博精深,既包括基础的生理学知识,也包括医学和生物学知识与技能的运用。因此,在规

定的授课时间内,确保学生取得预期的学习成果,成为运动生理学课程体系构建的核心与关键。

体育专业的学生拥有卓越的专项运动技能。然而,由于缺乏相关背景知识,体育专业的学生自控力不足,主动性和主体意识薄弱,在有限的教学时间内,围绕运动生理学的课程教学目标,有必要从体育专业学生的实情出发,仔细梳理教材章节,重点突出核心教学内容,删减掉与课程目标无关的部分课程讲稿,把握运动主线,彰显运动生理学的课程特点。

运动生理学的教学内容,围绕运动主题可以基本上分为四个知识模块,即体育教学与运动训练生理学、肌肉运动生理学、健康与体能生理学。在确保知识结构系统化、完整化的情况下,教师必须根据课程目标合理选择教学内容,并做好以下两方面的工作:第一,要求学生从自身的实际学习需求出发,领悟不同知识点的基本内涵,利用网络平台的教学资源,培养学生学习运动生理学课程内容的兴趣,激发学生的探索精神;第二,根据运动生理学的课程目标、专业人才的培养目标,以及不同的知识模块,科学分配学时,从浅层次的运动概括,到深层次的训练实践,为学习体育保健学等后续课程,完成毕业论文,奠定坚实的基础。

第三节　参与式教学法在运动生理学教学中的应用

一、参与式教学法在运动生理学教学中的实施过程

"以运动训练专业的本科生为研究对象,分别采用参与式教学法和传统教学法进行运动生理学教学实验,其中参与式教学分为课前准备、课堂参与和反思评价三个阶段。学习成绩测试结果和学生对参与式教学法的反馈情况表明,参与式教学法能有效地激发学生的学习动力,培养学生的自学能力、合作能力和分析问题的能力。"[1]

(一)师生参与课前备课

教师制定的导学提纲,具有十分明显的启发作用,有利于学生进行课前

---

① 李旭辉,范晓梅.参与式教学法在运动生理学教学中的应用[J].内蒙古师范大学学报(自然科学汉文版),2016,45(06):879-881+885.

预习。在课前的备课环节,教师可以将学生划归为不同的备课小组,组内成员并不固定,各个小组轮流执行备课任务。学习新的课程内容之前,肩负备课任务的小组需要指出教学目标和学习难点,然后组内成员通过翻阅相关资料,回答教师或者其他小组提出的问题。在教学的初始阶段,教师科学分析学习目的,能够帮助学生理解教学目标与知识要点。在训练进行阶段,教师可以启发并引导学生围绕学习内容,提出预习问题,然后指导学生独立思考,在学习小组内部互帮互助,解决问题并激发自身参与学习活动的兴趣和意识。在授课活动正式开始前,不同小组成员都表现出强烈的参与学习意识和求知欲望,身体的各种感觉器官都处于积极、活跃的状态。乐观的学习情绪应该贯穿整个课堂学习过程,主动提问,积极回答问题,认真完成作业,组内成员讨论以及小组之间的相互协作等,都属于积极主动的学习形式。

个体学习目标的确立,既有利于学习小组内部的互助合作,也有助于不同小组之间形成比赛与竞争的学习氛围。学生的成长过程充满了不断发展的变动因素,引导学生健康成长,促进学生体能素质的不断完善,是教育的本质意义所在。因此,在参与式教学活动中,教师应该帮助学生明确个体发展目标,根据学生的实际情况,收集学生的发展信息,判断学生在学习过程中存在的优势与表现出的不足,并以此为基础,提出有针对性的具体改进建议,引导学生在互助合作中,完成知识学习与资源共享的预习任务。

(二)课堂参与阶段

作为课堂教学的关键环节,课堂参与阶段离不开教师与学生的双向互动。各个小组需要根据教师的指导意见,或者参考教师制定的导学提纲,利用自主探究活动,尝试着解决问题并完成指定的学习任务。对于组内成员在尝试过程中遇到的困难,教师可以有针对性地给予指导,帮助学生通过反思理解机体运作的基本规律。在小组代表发言环节,教师应该注意引导小组代表以事实为准则,据实陈述所在小组认识问题的角度与思路,努力做到论证有理有据。针对学生提交的课前调查结果,教师可以将这些材料制成教学课件,在学生发言时公开展示,配合学生的观点阐述,增强课堂教学效果。对于学生在参与式学习过程中产生的疑惑,教师应该给予适当的指导、启发与点拨,帮助学生扫清参与式学习的障碍,激发学生参与课堂学习活动的热情。教师变换角度呈现知识之间的内在联系,尊重学生的主体地位,创造有利于课堂教学的现实情境,能够有效激发学生的想象力。以骨骼肌收缩形式这部分课程内容的学习为例,教师可以在课件中罗列几种形式各异的运动项目,在学生参与演示教学活动之前,详细讲解骨骼肌在不同状态下的收缩特点,再结合学生的运动实践,分析、归纳并总结骨骼肌的收缩特点,方便学生在互动的教学情境中,想象动作、感受动作,体验参与式教学活动带来的趣味与快乐。

(三)反思与评价

评价是主体以事实为基础,从观念的层面上判断客体价值的反馈环节。在运动生理学的参与式课堂教学活动中,评价是学生自我反思的基础与前提。事实上,评价并非学习活动的终结,在课程推进与实施的过程中,评价既是教师了解教学流程必不可少的重要环节,也是调节并控制教学行为的关键手段。作为课程教学方案实施的核心形式,教学与评价的有机结合,为二者之间的相互促进提供了强有力的保障。教师自评、教师与学生互相评价、学生自评、学生与学生互相评价,构成了教学评价的主要内容。与以往的教学评价注重评价者单向刺激被评价者不同,新的教学评价过程,也是评价者与被评价者之间交往互动的过程。参与教学评价活动的学生,可以随时参考他人的评价,围绕教学目标,反思并自评言行举止,从中发现自身的进步与存在的不足。

二、参与式教学法在运动生理学教学中的主要实施方法

(一)创设问题情境,营造参与氛围

营造恰当的参与氛围可以帮助教师更加有效地开展教学活动。为了创设适合学生参与教学活动的情境,教师必须主动运用各种方法,激发学生的求知欲和学习兴趣,鼓励学生集中注意力,积极思考问题,积极踊跃地参与课堂教学过程。

在教学活动中广泛运用多媒体技术,有利于教师创设可视化的问题情境。多媒体技术在呈现教学内容方面的优势,可以将抽象的理论转化为具体的形象。声像并举、图文并茂的教学素材,能够帮助学生看见并认清复杂问题的简洁本质。

以骨骼肌收缩原理这部分章节内容的学习为例,为了细致讲解骨骼肌的收缩过程,教师需要将内容抽象、理论性强的肌纤维滑行理论,制作成多媒体动画,利用声音和图像的有序变化,展示当肌肉收缩时,粗细肌丝产生

的滑行动作。因此,具象呈现抽象内容,可以有效增进学生理解理论知识的深度。

在现实生活中应用广泛的现代教育技术,既能帮助教师解决课堂教学的疑难问题,还可以帮助教师创设多元友好的教学情境。理想的课堂教学氛围与教学环境,能够引导学生积极主动地参与教学活动,发挥自身的主体性作用,在参与式教学活动中主动探索未知世界,通过团结合作解决问题,携手共创学业辉煌。因此,教师必须为学生营造有利于探究活动开展的教学环境。

(二)运用小组活动,鼓励合作交流

小组活动教学形式,可以有效促进参与式学习各个环节的顺利开展。无论是小组协商还是备课预习,无论是资料的收集与整理,还是组内成员的分工与合作,以及共同研究并探讨问题的解决方案,无论是提出质疑还是得出结论,小组活动都是教师开展课程教学活动必不可少的教学手段。具体来说,小组活动需要教师配合完成以下工作内容:

第一,确定小组代表。将小组内部学习成绩好、组织能力强、表达水平高的学生,指定或者公选为代表,由小组代表带动小组成员主动学习、积极思考、陈述想法、解决问题。

第二,确定讨论时间。由于每节课的授课时间极为有限,教师必须事先明确分组讨论问题所需花费的大致时间,然后明确要求学生及时处理需要探讨的问题,合理控制时间,增强学生的紧迫感,提高学生在规定时间内快速、高效思考问题的能力。

第三,确定成员分工。教师为各个小组分配成员时,必须遵循"组间同质、组内异质"的基本原则,明确组内成员的职责,指定小组代表、检查员、报告员和记录员。其中,小组代表主要负责带领组内成员完成学习任务,检查员负责核实组内成员的任务完成情况,报告员负责组内成员学习成果的汇报工作,记录员负责记录组内成员的讨论结果。每隔一段时间,教师需要对学生重新分组,为小组成员再次编排角色,这样做有助于增进学生之间的了解与合作,实现小组成员之间的互相配合、互相促进。

第一节　体医融合背景下的运动生理学教学改革

作为体育专业的基础性职业素质学科，运动生理学教育活动的开展在推广运动健康理念和科学指导体育运动等方面发挥着重要的促进作用。与此同时，作为人体生理学的重要组成部分，运动生理学始终与医学保持着密切关联，这也就加大了学生的学习难度。以体医融合趋势为方向来改革运动生理学教学活动，除了可以促进学生对运动与疾病的关系、运动训练原理等知识的掌握外，还可以夯实学生其他分支课程的学习基础。

一、优化调整教学内容

基于对教学内容系统化和完整性的保证，教师需要以体育专业学生的特点为出发点来对教学内容进行优化调整，简化或删除学生存在较大理解难度以及重复性、复杂性的生理机制，从而建构章节之间的联系，有效整合同类型内容，并在调整过程中，有效降低课程难度、提高学时利用率，同时有效衔接各个章节或者各个知识点，实现教学重难点的突出和学生整体把握知识内容的有效性提升。同时，运动生理学与运动健康、医学之间紧密的联系，也决定了必须进一步加大大众健身和运动训练指导过程中运动生理学课程的教学力度。

以体医融合理念为思想指导来设计的运动生理学教学内容，需要遵循教学大纲现实需求，减少基础性和传统性理论学习的强度，使体育项目与医学知识的融合得到进一步增强、对运动健康知识讲解力度的有效强化与突出。从教学内容的角度来看，要建立理论知识与现实生活的联系，以学生的专业特征为出发点，将制定运动训练计划、科学健身指导以及运动医疗康复等内容增加到教学内容的范畴，从而促进学生灵活应用所学知识的能力提升。需要特别强调的是,教材并不是教学内容的唯一来源,在教学设计环节,教师应当重视从学术期刊、体育竞赛和行业发展等途径来捕捉和提炼教学内容和信息,使学生能够及时高效地掌握与课程有关的前沿讯息和体医融合新内容,并在对教学内容加以完善、优化的过程中,实现学生视野进一步开阔、知识面进一步扩展、职业自信进一步增强的效果。

同时,运动生理学课程还具有极强的实验性,作为理论与实践紧密联系的产物,实验为学生提供了亲自动手操作的平台,同时也极大地促进着学生理解与掌握理论知识的程度,就使实验在运动生理学教学中的重要性越发凸显。因此,为了促进学生理论知识向实际应用的转化,并强化学生的学习体验感和成就感,真正激活学生的学习自主性,教师在教学实践中就可以设计一些简单的、基础性的实验项目,使学生真正参与到教学过程中来,比如让学生为处于运动状态的同学测量心率和血压等,或者认真解答参与检测同学的实时问题,并给予相应的运动训练指导,或者引导学生通过资料查阅来完成简单的、具备实用功能的实验设计。

二、改进创新教学方法

在正式授课之前,教师可以按照特定的标准对学生分组,并以教学内容和学生的专业特征为出发点来完成相应实际运动训练案例的布置,通过引导学生自主查阅资料、发现问题来参与课堂教学与问题讨论活动。从本质上来讲,案例法在教学活动中的应用凸显了对学生课堂教学主体性的尊重,有助于促进学生学习能动性的提高。

此外,在对学生进行分组之后,教师也可以引导学生们围绕课程内容来自行选择研究课题,立足专业特征和所学知识,并结合资料查阅等学习手段来整合课题研究内容,并完成课件的制作,最后将制作课件在 15 min 内向其他学生和教师汇报。其他学生聆听完小组的成果汇报后,需要提出相应的问题,并由研究小组解答,通常这个过程需要控制在 5 min 以内。在整个教学过程中,教师的功能只是一个启发者、指导者以及学生想法、意见和问题的归纳概括者,这也就意味着,学生的主体性、能动性和创造性都得到了大大激发的空间,学生的自学能力、协作精神以及对问题的分析与解决能力都将得到有效培养。

在上述两种方法中,巧妙地融入教学互动,凸显学生的教学主体地位,有助于调动学生们的积极性和能动性,教师要特别关注对学生倾听、思考和实践的引导,鼓励学生勇于质疑,并在课堂讨论和辩论等教学手段的作用下,提高学生对教学活动的参与性,使学生能够在增长知识与经验的过程中,学会灵活应用多种教学手段来提高学习成效,并带动课堂教学质量的提高。

在正式讲课的过程中,教师还可以创设问题情境,让学生们主动地将蕴含运动生理学知识的日常训练或生活例子分享出来,并运用知识和经验积累来分析与解决这些问题,从而增强学习体验感和成就感。通过综合运用多种教学方法,一方面可以充分调动学生们的积极性和主动性,另一方面可以营造和谐愉悦的课堂氛围,真正激活学生的学习热情。

第二节 慕课在运动生理学教学改革中的创新应用

一、慕课

(一)慕课的内涵界定

慕课(Massive Open Online Courses,MOOC)是一种将分布在世界各地的授课者和同样分布在世界各地的学习者通过教与学联系起来的大规模的线上虚拟教室。慕课是"互联网＋教育"的产物,它的内涵可以用以下四个单词的组合意义来界定,即大规模开放在线课程。

Massive——大规模。慕课主要强调的是在网络课程注册学习的人数很多,同时也强调了注册人数不受限制。

Open——开放。慕课面对的是全世界任何一个想要学习的人,它对学习者没有任何要求,每一个想学习的人都可以在相应平台上注册学习。

Online——在线。慕课是一种利用计算机网络的学习方式,学习者可以根据自己的时间来灵活安排课程进度。

Course——课程。慕课是一种课程学习资源,它通过整合多种社交网络工具和多种形式的数字化资源,可以形成多元化的学习工具和丰富的课程资源。

（二）慕课与传统网络课堂的差异

慕课虽然也是一种网络在线课程，但是它与传统网络课堂之间还是存在一些比较明显的差异的：

第一，慕课的教学目标与课程计划都是非常明确的。通常，教师在慕课开始之前会对课程的基本情况进行简单的介绍，包括具体的课程要求、教学进度安排以及学生需要达到的程度等；学生也需要在上课之前用邮箱注册一个自己的专属账号，并且仔细阅读课程的相关介绍，这样才能够保障教学活动的正常开展。

第二，慕课中的教学视频不是对课堂教学与会议所进行的录制视频，而是专门针对慕课教学而制作的视频。

第三，慕课的教学视频由多个长度在 10 min 左右的小视频构成，这主要是考虑到学生注意力的特点。慕课的每一个小视频都非常精炼，而且重点讲解了一项学习内容。这些小视频可以有效地吸引学生的注意力，促进学生学习效率的提升。

第四，微课的教学视频中了设置回顾性测试环节，学生只有成功完成测试才能观看下面的视频，否则就要重新观看学习前面的内容。这个环节能够有效地提升学生的注意力，使学生在观看视频时更加用心。

第五，慕课针对学生的学习需求设置了专门的作业提交区与学习交流区。学生在开展慕课学习的时候，除了要完成教学视频的学习之外，还要完成教师预先布置好的作业，并且及时提交完成的作业；学生还需要参与到学习交流取与讨论中，可以提出自己的问题并通过与教师交流来解决问题。

（三）慕课的主要特征

慕课是信息技术迅速发展的产物，它在形成与发展过程中形成了自身独有的特征。

1.大规模性

慕课是大规模开放在线课程，因此大规模性是慕课的主要特征。传统教学是有人数限制的，而慕课教学并没有人数限制，同一课堂上学习的人数可以达到数百万。

随着信息技术的发展，信息技术在教育教学中得到广泛的应用，教育信息化是教育发展的主要方向。慕课作为不限制课堂学习人数的信息化平台，在教育教学领域日益受到重视。慕课是信息化时代的产物，它为世界各地的学习者提供了信息化学习平台。在这一平台上，来自世界各地数百万的学习者在同一课堂进行学习，这是其他信息化平台无法比拟的。

2.开放性

慕课作为大规模开放在线课程，还具有开放性的特征。慕课平台注重平等性和民主性，慕课平台上的课程资源面向世界各地、各族人民，没有任何人群的限制。慕课平台上蕴含着大量的网络在线资源，且这些资源的内容是开放性的，没有时间和空间的限制，真实实现了资源的全球共享。讲授者与学习者的上课、交流、测试、评价等都是在慕课平台上进行的，因此慕课的教育教学过程也是开放的。

慕课的开放性有利于促进教育国际化的发展，有利于实现全球资源的共享，也有利于世界各地学习者树立终身学习的观念，更有利于促进教育公平化的进程。

3.技术性

技术性也是慕课的主要特征。慕课作为信息技术高速发展的产物，与其他的网络公开课程不同，它并不是教材内容到网络内容的简单搬移，而是充分利用信息技术优势实现讲授者和学习者之间的在线交流与互动。实际上，慕课是将整个教学过程从线下搬到了线上，真正实现了在线课程教学。

慕课作为信息化平台，主要采用短视频的形式进行在线教学。通常情况下，在每一堂课的教学短视频时长都在 15 min 左右。这些短视频不仅包括学习的课程内容，还包括一些客观题。学生要对这些客观题进行回答，慕课平台中的系统将对学习者的回答进行评价，只有回答正确这些客观题，学习者才能在慕课平台上继续学习。

慕课还将云计算平台融入其中，这不仅丰富了课程资源，还促进了海量课程资源的全球共享。慕课还融入了大数据技术，这在一定程度上也促进了个性化教学的发展。

除此之外，慕课平台中的各个网站也是精心设计的，这些精美的网站设计不仅有利于提高学生学习的热情，还有利于提高学生的学习效率。

4.自主性

自主性强调的是学习者在慕课学习过程中自己设计目标，而不是事先目标的设定。慕课学习的主题是明确的，但是学习者通过慕课平台学习的时间、学习的地点都是不确定的，学习者的学习方式、学习效率、学习快慢等也都是不受限制的。学习者可以自己决定学习的时间和地点，也可以自己决定学习的方式。除了需要获取学分的学习者以外,其他的学习者的课程考核方式都不是正式的。学习者对自己在慕课平台上学习的预期和效果可以自行评判,并没有固定的、专门的或正式的考核方式。

总之,学习者可以结合慕课学习资源,根据自己的实际学习情况,选择合适的时间、地点对慕课上的资源进行学习。学习者也可以根据自己的学习需求,有针对性地与他人讨论和交流,从而通过学习慕课资源来满足自己的学习需求。

5.优质性

与其他信息化平台相比,慕课具有优质性的特征。慕课拥有着海量高质量的信息资源和学习资源,这些慕课平台上的课程资源都是世界各学校通过专门的技术团队进行合作开发、筛选、编辑、加工、整理、审核之后上传的。这些慕课资源不仅有代表性,还具有高质量性,这些都为慕课课程资源的优质性奠定了基础。

总之,慕课是一种集代表性、典型性、高质量性、优质性等资源于一体,为世界各地的学习者提供了大量的优质教育资源。

6.非结构性

慕课在内容安排上也独具特色,慕课中涉及的内容都是一些碎片化的知识,这些碎片化的知识经过专业领域教育者的组合形成了形式多样的内容。这些内容也是比较灵活的,可以根据需要随时进行扩充。各个领域不同的教育者对不同学科知识进行处理和集合,从而形成了内容集合。这个内容集合是慕课特有的,里面的知识可以进行再次重组,并利用慕课平台使这些知识彼此关联在一起。

另外,慕课课程标准的设立有利于提高课程质量,也有利于提高学习者的学习水平。

7.以学为本

以学为本并不是慕课的表征特征,而是通过对慕课进行分析、挖掘、归纳后总结出来的一种核心特征。以学为本强调的是以学生的学习为中心,也就是慕课上的信息和资源都要以学生为中心,为学生的学习提供丰富的资源。慕课将信息技术、云计算技术、大数据技术等计算机网络技术于一体,为世界各地想要学习的人提供了丰富的资源,打破了传统教学模式的时空限制,有利于世界各地的学习者根据自己的实际学习情况和需要,随时随地进行学习,从而获得自己想要学习的知识。

总之,慕课是一种信息化的教学模式,它不受课堂人数、时间和空间的限制,学习者在慕课平台上学习具有很大的自由性,有利于调动学习者学习的积极性。

二、慕课在运动生理学教学改革中的应用

一门慕课课程一般包含课程信息、学习内容、学习评价和交互活动四部分,每个部分都包含各自的子项,如学习内容里包含视频讲座、资料阅读;视频讲座下细分为到每一周每节课的每个微视频,每一周都会提供与学习内容相关的讨论与测试,直至课程结束,具体如图 8-1 所示[①]。

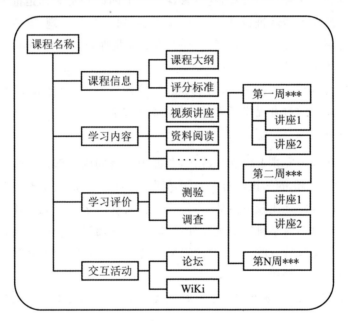

图 8-1　慕课课程结构图

(一)慕课在运动生理学理论教学改革中的应用

运动生理学是理论与实践相结合的一门学科,拥有扎实的理论基础是发挥这门学科实用性的必要条件,因此运动生理学的教学改革要从理论开

---

① 本节图表均引自李蕊,李建玲,李浩,等."慕课"背景下运动生理学教学模式改革探讨[J].山东体育科技,2017,39(02):76-78.

始。慕课理论导向型教学模式的具体结构见表 8-1。

表 8-1　慕课理论导向型模式结构表

慕课的组织结构	课程导学	教学大纲	学习评价	教学队伍	制作队伍	课程教学
	章/讲座/模块结构	本章/讲座/模块教学				
		本章模块概述/教学目标/重点难点/关键词				
		每周/学习单元	学习指导(单元学习目标、重点难点、关键词)			
			巩固练习(练习、课后作业、作品展示)			
			教师精讲(电子讲义、视频讲堂)			
			再体验(教学游戏、模拟仿真、教学扮演、实践演练)			
			体验(教学游戏、模拟仿真、教学扮演、实践演练)			
		本章/讲座/模块习题				
	常见问题	案例库	词汇库	习题库	拓展资源	主题讨论

教师应注重运动生理学这门课程内在的知识体系与逻辑关系,围绕学科内容这个中心通过网络、书籍多种渠道收集资料,制定每个章节的教学视频。视频中首先应明确本章节的学习目标、学习内容和重难点,包含特征鲜明的案例和系统丰富的教学内容并在视频中穿插随堂练习。教师通过讲解和设计与章节内容相关的实践活动,在课下及时对学生的作业进行评价,使学生能系统地、牢固地掌握好运动生理学的理论知识。

(二)慕课在运动生理学实验教学改革中的应用

运动生理学中的实验环节是理论的升华,是整门课程不可缺少的环节——将所学理论知识恰当地运用于实际才是运动生理学课程的终极意义。慕课的技能导向型模式可以为运动生理学实验教学改革提供很好的指导和参考作用,其具体结构见表 8-2。

例如,在运动性疲劳的生理学判断实验中。教师可以先使用案例导入抛出问题:"什么是运动性疲劳?""如何解决运动性疲劳?"下一步就是带领学生探究这个实验的原理:人在疲劳时,各个器官系统功能都会下降,下降的程度和疲劳的程度有关,测量运动前后身体的一些生理指标的变化,可以判断是否疲劳和疲劳的程度。接下来是最重要的探究过程,包括步骤设计的合理性以及要遵循的原则和实验过程中的注意事项,教师应给予适当引导,让学生以小组内部探究为主。教师可以提供给学生所需参考资料和学习资源的搜集途径,但归纳和整理应由学生自己完成。探究评价可采取自我评价、小组评价、教师评价相结合的方式,这种方式在促进互相交流的同时也能保证成绩的公平性。最后,教师可以组织学生共同完成实验总结,实验总结一方面是对实验成果的汇报,另外一方面是知识的拓展和延伸。

表 8-2　慕课技能导向型模式结构表

	课程导学	教学大纲	学习评价	教学队伍	制作队伍	课程教学
慕课的组织结构	章/讲座/模块结构		本章/讲座/模块教学			
			本章模块概述/教学目标/重点难点/关键词			
		每周/学习单元	探究导言(情境导入、故事导入、案例导入)			
			探究任务(成果汇报、探究任务、探究要求)			
			探究过程(时间安排、活动步骤、学习支持)			
			探究资源(参考资料、学习资源)			
			探究评价(自我评价、小组评价、学生评价)			
			探究总结(知识总结、延伸活动)			
	常见问题		本章/讲座/模块习题			
		案例库	词汇库	习题库	拓展资源	主题讨论

总的来说,慕课为运动生理学的教学改革提供了新思路,慕课可以将这门学科中普适性内容得到最大化的传播,使课堂焕发新的活力,并且与世界接轨,不止提升这门课的价值,更能提升体育人甚至是体育界的价值。

第三节　翻转课堂在运动生理学教学改革中的创新应用

一、翻转课堂

(一)翻转课堂的内涵界定

翻转课堂也可以叫作颠倒课堂、反转课堂——这里的反转主要是针对传统课堂教学而言,它是一种将原来需要在课堂上完成的知识传授提前到课前,再将原来需要在课后完成的知识内化放到课堂中完成的教学模式。翻转课堂的本质是赋予学习者更多的自由——将传授知识的环节放在课前,是为了让学生自由选择适当的、舒适的学习方式;将内化知识的环节放在课中,是为了让学生更多地、更有效地与教师及其他同学进行交流。

翻转课堂的教学资源、教学信息技术以及具体教学组织方式等,都不属于翻转课堂的原始要求,它们都是在翻转课堂实践发展的过程中延伸、演化出来的部分。

(二)翻转课堂的兴起背景

1.信息技术的推动

第三次科技革命推动了信息技术的发展,随着计算机技术的推广应用,世界各国的科学技术、国防技术乃至管理手段都越来越现代化。信息技术的变革辐射着人类社会的方方面面,其影响力巨大且深远,教育作为人类社会中的重要领域自然也会受到信息技术变革的影响。

在信息化时代背景下,人们开始重新审视原有的教育教学制度,重新设计教学模式,从而让现代信息技术在教育领域发挥重要作用。因此,现代教育的目标也发生了一定的改变与扩充——学生应既具备获取信息、分析信息、处理信息、加工信息的能力,也具备较好的信息素养。

信息技术在教育领域的渗透会极大地推动着教育教学的变革进程,会在一定程度上也改变着教师的教学模式与学生的学习方式。这是一种必然的趋势,因此教师必须及时更新教育理念,对现代教育技术予以足够的重视,积极地探索信息技术在教育领域的有效价值,充分利用信息技术的优势发展教育教学事业。

2.社会需求的推动

现代社会愈发加快发展节奏要求人们能够快速地接受、理解新鲜事物,具备较强的学习能力,拥有较强的求知欲。在飞速发展的社会中,如果不能持续地学习、不断地完善自己,就很难适应时代的变化,人们应该顺应时代、紧跟时代,保持求知欲望,不断在新的时代背景下反思自己的生活。

在未来社会,高层次人才除了要具备专业的知识技能之外,还需具备一定的学习能力、创新能力和发展潜力,并且还要具备自我个性。这就要求现代教育关注社会的需求与人才的培养,努力培养出满足现代需求的优秀人才。

3.教育现实的推动

在工业革命出现之前,人们大多以学徒制形式开展所谓的教育活动。学徒制主要采用现场教学,教学场景基本是真实的工作环境,教学对象往往具有个别性,大多发生在代际间,教学方式就是师傅口述、示范,然后学徒在师傅的指导下进行实践,学徒制教学模式下培养出了许多技艺高超的手艺人。

后来随着工业革命的兴起,工厂日渐规模化,社会对于劳动力的需求增加,同时对劳动力的知识技能要求也有所提高。人们迫切需要普及推广教育,扩大教育规模,提升教学效率,从而在短时间内获得更多的能够满足社会需求的劳动力。显然,学徒制不再符合时代发展的要求——班级授课制应运而生。班级授课制是以班级作为教学单位开展教学活动的形式,通常教师都会根据设置好的课程时间表,向一些固定的学生讲授知识内容,这些知识内容往往也是统一的。班级授课制满足了工业革命的需求,其原因在于它具备一些不同于以往教育形式的特点与优势,而这些优势实际上一直在教育领域发挥着重要作用。

班级授课制的特点主要有三点:① 班级授课制具有系统性,它能在规定的教学时间内让学生学到大量的知识,并且这些知识不是零散的,二是具有一定的系统性,便于学生建立知识体系;② 班级授课制采用"一对多"的教学模式,一个教师可以向多个学生授课,与学徒制相比,其教学效率得到了极大的提高;③ 班级授课制以"课"为标准,设置好的"课"决定着教师的教学进程与学生的学习要求,因此教师在进行教学管理时也只需以"课"为中心,统一学生的学习步调,相对较为高效。班级授课制符合工业革命在短期内需要大量人才的要求,其系统性、高效性是促进这一教育形式发展的重要优势。

随着计算机技术与信息技术的普及,人类社会再次有了突飞猛进的发展,信息化时代悄然降临。现代信息社会对人才的要求不断提高,要求人才具备一定的信息技术技能,还要具有应急处理能力,最好还具有一定的创新思维,勇于自主学习,具有探索精神,等等。与工业革命时期相比,信息革命再一次提高了对教育的要求。于是,班级授课制的不足日益凸显,人们必须开始探索新的教育形式。不管是工业革命还是信息革命,人们的思维观念都在这一次次的革命中受到了冲击,新的时代环境要求人们做出新的改变——终身教育与自主学习的理念成为人们推崇的新理念。终身教育要求人们终身学习,始终保持学习的热情;自主学习要求人们根据自己的需求和时代的发展,主动地、积极地开展学习,从而找到自己的价值。

通过梳理教育形式的发展变化可以看出,第一次教育革命发生在工业革命的浪潮下,教育形式从个别的、单一的学徒制转变为规模化的、系统的班级授课制。第二次教育革命则受到了信息革命的影响,教育形式开始逐渐由班级授课制转向更为丰富的终身教育、自主学习形式。时代的变迁、社会的发展影响着教育组织形式的变化,因此要想促进现代教育的良好发展,就必须把握时代的脉搏,分析教育发展的现状,找准教育变革的出路。可见,教育变革正面临关键的转折,现代教育事业必须把握时机,积极变革。

4.学生个体差异的推动

每个个体之间都存在差异,不同的学生也有着不同的学习需求。具体来看,学生在学习过程中的个体差异主要如下。

(1)学生的学习风格存在差异。每个学生都有着自己的学习风格,有的学生接受能力强,学习速度快,可能会早早地掌握课程内容,之后有可能对教师的反复讲解感到厌倦;有的学生接受能力较弱,学习速度较慢,可能会觉得教师进度太快,难以跟上课程进度,之后也有可能丧失学习信心。学习风格没有好坏,也与学生的智力水平没有关系,教师不能简单地认为学得快的学生就有着较好的学习风格。不同的学习风格还反映着不同的知识掌握能力,有些学生可能只是没有充足的时间来完成知识的内化,如果有了充足的时间,他们对知识的理解或许会比学得快的学生更加深入,对知识的掌握也更加扎实,对知识的记忆更加牢固。

(2)学生的学习动机存在差异。学生的学习动机并不会对其学习过程产生直接的影响,它更多地表现为间接的影响,良好的学习动机能够有效增强学习效果。比如,意志力强的学生可以长期地保持一种积极的学习状态,从而达到预期的学习目标,而意志力较弱的学生则只能保持短时间的良好学习状态,容易半途而废。每个学生的学习动机都不同,教育教学应该关注学生的学习动机,为学生制定个性化的学习目标与合理的学习计划,为学生提供具有针对性的指导,从而帮助每个学生实现自己的学习目标。每个学生在认知方式、学习风格、学习动机上都存在差异,而这些差异共同构成了他们不同的学习需求,也可以说构成了他们的学习个性。要想满足学生的差异化需求就必须关注他们的个性,为学生的个性发展予以帮助。

(三)翻转课堂的主要特征

作为一种全新的教学模式,翻转课堂在许多方面都对传统课堂教学进行了革新,它具有一些颠覆传统课堂的突出特征。

1.对传统教学过程的颠覆

对传统教学过程的颠覆是翻转课堂最为突出的特征,翻转课堂将讲授知识的环节置于课前,将内化知识的环节置于课中,将巩固反思的环节置于课后。

在翻转课堂模式中,教师往往在课前就做好相应的教学准备,按照课程目标搜索、整理或自己制作教学视频,为学生提供充足的学习资源,这样可以让学生在课前就完成基础知识的学习,让教师在课前就完成教学讲授;课中,学生可以在课前学习的基础上提出自己的问题与困惑,教师则能够及时地予以解答指导,并且,教师还可以组织学生进行小组讨论、合作学习,让学生在课堂上就完成知识的内化;课后,教师同样可以为学生提供有针对性的学习资源,帮助其补充知识,巩固记忆,鼓励学生积极进行学习反思。

可见,翻转课堂将传统教学过程完全颠倒了过来,并且对教学过程中各个环节的功能作用进行了重新定位。

2.对教学方式的创新

对教学方式的创新是翻转课堂的又一重要特征,其中最具代表性的就是短小精悍的课程视频,教学视频是翻转课堂教学资源的集中体现。

在翻转课堂模式中,学生可以通过短小但内容丰富的教学视频来接受知识,并且还可以根据自己的需求暂停、回放、慢速播放视频,这有助于学生把握自己的学习节奏与学习进度,充分鼓励了学生的自主性发挥。在课前或者课下观看教学视频,也会让学生更加放松,在一个相对舒适的环境中学习,不需要神经过度紧绷,如果有不懂的地方还可以反复观看,强化记忆。在之后的复习巩固中,教学视频也发挥着重要的作用。

3.师生角色的转变

师生角色的转变也是翻转课堂的特征之一,师生角色的转换有助于拉近师生关系,对营造良好的教学氛围有一定的益处,师生之间、生生之间可以交互协作,学生角色由"被动接受者"变为"主动探究者",学生可以在丰富的教学活动中掌握知识内容。

在翻转课堂模式中,学生遇到了问题可以随时向教师寻求帮助,教师主要负责为学生答疑解惑,提供及时的、具有一定针对性的指导,教师从以往的讲授者变成了学习资源的提供者,变成了学生学习过程中的引导者、帮助者。这也代表着课堂的中心不再是教师,而是学生。这种身份角色的转变向教师提出了更高的要求,教师除了要具备讲授技能之外,还需要具备收集整理教学资源、录制教学视频、组织教学活动的技能。学生在这样的课堂上也需要充分调动自己的主动性,不能再被动地接受知识,而是要积极、主动地汲取知识、内化知识。学生成为课堂的中心,就意味着学生将成为知识意义的主动建构者,他们可以按照自己的学习节奏、学习步调选择合适的学习时间与学习内容,遇到较容易吸收掌握的知识可以适当加快学习速度,而遇到较复杂的内容可以放慢学习速度,反复观看教学视频,仔细探究学习。学生不能再一味地等待教师给出答案,而是要通过自己的努力寻找答案。

4. 对课堂时间的重新分配

对课堂时间的重新分配是翻转课堂的另一重要特征,具体体现在对教师讲授时间的缩减以及对学生学习活动时间的增加上。

在翻转课堂模式中,教师通常会为课堂互动、师生答疑、探究讨论等教学活动留出大部分的时间,期望学生能够在相对真实的情境中完成知识的学习,并且能够学会交流与合作。由于翻转课堂将教师的讲授环节放在了课前,因此它既保证了教学内容的充足,也有效活跃了课堂氛围,提升了课堂互动性。这种对课堂时间的重新分配有助于加强学生对知识的内化程度,深化学生对学习内容的理解。并且课堂交互性的提升对之后教师开展教学评价也有一定的帮助,教师能够通过学生的互动表现了解学生的学习状况,学生也能在教师的评价中进行反思,更加主动地把握自己的学习。

可见,翻转课堂可以从整体上提升课堂时间的有效利用率。

二、翻转课堂在运动生理学教学改革中的应用

(一)翻转课堂在运动生理教学改革中的可行性

第一,运动生理学作为体育相关专业的一门必修课,在考研、考博中占有较大比例。将翻转课堂引入运动生理学教学中,可以让学生通过视频把抽象的内容消化,直观联系知识点,达到预习、学习、复习巩固作用。学生在课余时间学习内容,课堂上教师较易开展教学,引入最新运动生理相关知识点。同时,学生从被动的满堂灌的学习转化成自我的主动学习,对知识的熟

记、理解、运用得到发展。翻转课堂模式下的教师课程建设更易执行,学生提前学习,教师不用花费较多精力、时间重复重点。在翻转课堂上,学生可开展小组讨论、习题练习,与教师谈论问题,从而真正学懂运动生理学,并且对知识的领悟从记忆、理解、运用到高阶的分析、评价、创造。学生对运动生理课的学习需要,再加上新颖有效的学习模式得到提高,而教师有好的教学经验推广帮助青年教师的发展。教师对翻转课堂的视频制作需消化知识点再加于制作,可帮助教师提升自己专业素养。

第二,当今社会互联网的快速发展改变人类生活,智能手机、社交软件、各类网站、公众号等可为我们搭建优秀的学习平台。与传统课堂相比,翻转课堂需要先进的技术将琐碎、复杂的知识通过动画等形式表现出来,知识点不再抽象,帮助理解。传统课堂的整面板书可以通过视频"活起来",现代技术的支持让想法得到实现。厚重的学习资料通过视频呈现,重点知识也同样可在视频中用文字表达出来,学生可多次观看。生活中的智能手机同样帮助我们学习,公众号、社交软件也可传播经典实用知识。互联网的快速发展,使得我国教育工作得以与国际接轨,向国内外优秀学者学习讨论,获得最新知识,这是传统课堂不能相比较的。学生也可以通过现代技术记笔记,笔记的种类可以是动图、视频等符合学生自己喜欢的笔记方式,而不再是单纯的手写笔记。对于一些需要贵重设备的生理学实验,教师可通过翻转课堂实现学生认识实验的操作,以弥补实验室设备不足的情况。

不同高校的层次不一,每个高校都可以通过搭建本校的特色教学平台学习,将适合本校教学工作的新模式与新技术手段引入运动生理学课堂。

(二)翻转课堂在运动生理教学改革中的应用实践

第一,教学规范制度化,鼓励学生自我学习。"为保证翻转课堂的正常进行,学校要先从制度上保证学生的自我学习时间,体育类学生自由度较高,因此教师必须强制学生有一定的学习时间。"[①]同时,翻转课堂更加强调师生的互动性,教师要更加了解学生的学习情况,针对问题进行组织教学内容,引导学生深化了解知识点。如果将这一过程放在传统的课堂,一个教师面对众多学生,师生无法充分交流,效果肯定不理想。因此,实行小班教学是翻转课堂教学模式顺利进行的一个保障。

---

① 布如宁.翻转课堂在运动生理学中的应用研究[J].当代体育科技,2017,7(02):14-15.

第二,优化软件硬件设施,满足专业教学要求。由于现代科学技术的发展,视频类微课制作方式越来越多,形式也越来越新颖,软件及硬件设施完全满足制作视频的需求。学校应该加大教师队伍对新技术的培训,让教师可以通过软件的学习交流平台对学生进行有效监控,让教师可以通过软件检测学生的自主学习情况以及学生学习的薄弱环节。

第三,改变教学模式,让教师从学生的引领者转变为指挥者。在翻转课堂中,教师不再是单纯地对学生进行知识的传授,而是更加注重对学生能力的培养,这样对于教师来说责任更大、任务更重,要求的专业能力更加突出。教师需要对学生的每个自主学习环节进行提前预测,做出相应的对策,教师与学生沟通的关键步骤之一是翻转学生的表达能力、探究能力和独立思维能力。学生则要主动进行课前学习,提高自己的动手能力,改变之前的教育模式下学生长期被动地接受知识,不善于开口交流的习惯,这都是翻转课堂开展后要克服的问题,教师要从各方面加以引导。

参考文献

[1] 赖爱萍.运动生理学基础[M].杭州:浙江大学出版社,2012.

[2] 卢昌亚,李洁,龙之友.运动生理学[M].6版.桂林:广西师范大学出版社,2013.

[3] 李伯江,李平华,吴望军,等.骨骼肌肌纤维形成机制的研究进展[J].中国农业科学,2014,47(06):1201.

[4] 丁晓伟,王淑萍,黄英,等.神经肌肉电刺激疗法的临床应用[J].沈阳医学院学报,2014,16(04):234.

[5] 刘锡凯.内分泌调节中典型激素的作用概览与梳理[J].生物学教学,2021,46(03):75.

[6] 赵西堂,李晓琨.灵敏素质训练的基本原则[J].中国体育教练员,2018,26(01):67.

[7] 蔡广,沈勋章,许汪宇,等.不同项目运动员身体成分与机能的关系[J].体育学刊,2010,17(1):96-100.

[8] 徐帅,徐道明,沈飞.肌骨系统中运动干预肌肉与骨骼交互功能的机制研究进展[J].山东体育学院学报,2022,38(2):91-99.

[9] 贺强,漆正堂,丁树哲.骨骼肌的内分泌功能与运动代谢适应[J].中国运动医学杂志,2015,34(2):201-207.

[10] 牛英鹏,张慧,张蕾.运动生理学[M].杭州:浙江大学出版社,2013.

[11] 吴晓燕,黄英姿,杨毅,等.肺牵张反射对急性呼吸窘迫综合征的肺保护作用[J].中华急诊医学杂志,2011,20(2):137-142.

[12] 项芬芬,张学梅,高英慧,等.p53与物质能量代谢的关系[J].国际内分泌代谢杂志,2017,37(4):262-265.

[13] 滕云,王建波,李兴波,等.对血液循环概念的质疑[J].医学与哲学,2020,41(13):76-80.

[14] 徐立峰.人体的特殊血液循环[J].生物学教学,2019,44(2):79-80.

[15] 雷昌斌,林宏生,唐新文,等.老年血液循环因素对年轻小鼠椎间盘衰老表型的影响[J].中国疼痛医学杂志,2021,27(4):255-261.

[16] 梁万礼,王永昌,王四维.消化酶、消化吸收与饲料加工[J].粮食与饲料工业,2021(1):36-40,43.

[17] 韩仁娇,王彩云,罗述博,等.人体内乳肽的消化吸收[J].食品工业科技,2017,38(6):397-400.

[18] 宋卓琳,黄明珠,陈雪岚.三磷酸腺苷供应优化促进谷氨酸棒杆菌产氨基酸的研究进展[J].食品与发酵工业,2022,48(3):311-316.

[19] 王天波,赫文学,张峻铭,等.人工老化玉米种胚 ROS 产生及 ATP 合成酶亚基 mRNA 完整性研究[J].作物学报,2022,48(8):1996-2006.

[20] 冯国庆,王崧霖.ATP 不只是一种能量"货币"[J].中学生物教学,2022(13):50-53.

[21] 张吉军,曹龙奎,衣淑娟,等.微波间歇干燥对北方粳高粱蛋白质及淀粉品质的影响[J].食品科学,2022,43(7):52-60.

[22] 张彪,路娟娥,韩文英,等.沙门氏菌感染肠上皮细胞外泌体宿主蛋白质组学分析[J].食品科学,2022,43(6):132-140.

[23] 杨慧,曲也直,高雅然,等.植物多酚-蛋白质复合物生物活性及应用研究进展[J].食品科学,2022,43(3):258-266.

[24] 赵雪梅.运动生理学课程资源的立体化整合与利用[J].体育视野,2021(23):83-84.

[25] 付奕,于芳,邢培岩.成果导向视角下运动生理学课程体系建设研究[J].体育科技,2020,41(06):150-151+153.

[26] 宁文晶.参与式教学法在运动生理学教学中的应用研究[D].长春:东北师范大学,2007:17-20.

[27] 尚力沛,程传银.论运动技能教学的文化完整性[J].沈阳体育学院学报,2020,39(05):58-65.

[28] 梅镇彤.关于巴甫洛夫条件反射学说的新思考[J].科学,2022,74(04):30-32+4.

[29] 汤盈.运动生理学课程立体化教学资源的整合与利用[J].赤峰学院学报(自然科学版),2017,33(14):42-44.

[30] 李旭辉,范晓梅.参与式教学法在运动生理学教学中的应用[J].内蒙古师范大学学报(自然科学汉文版),2016,45(06):879-881+885.

[31] 李惠霖,李博阳,王雪,等.高原训练对运动员身体机能影响的研究进

展[J].吉林医药学院学报,2022,43(02):133-135.

[32]董致彤,王勇,李赟.高原训练的发展演变历程与关键影响要素研究[J].青少年体育,2022(04):63-66.

[33]杨琼,孙婷,强燕,等.妊娠期糖尿病患者体育锻炼时间对孕期血糖控制及妊娠结局的影响[J].现代预防医学,2021,48(13):2373-2378.

[34]张克菲,张丽金,杨文爽,等.体育锻炼干预对久坐老年糖尿病患者生理和认知功能影响的研究[J].转化医学杂志,2021,10(03):163-169.

[35]强玉婷,王雪,李惠霖,等.高原训练对运动员心脏功能的影响[J].吉林医药学院学报,2021,42(03):215-217.

[36]杨明,史继祖,张环宇,等.我国冬季耐力项目高原训练的研究与应用[J].北京体育大学学报,2021,44(03):48-56.

[37]于谦,梁伟仪.中低强度体育锻炼对高血压患者康复中长期效果的影响[J].吉林医学,2019,40(11):2621-2623.

[38]卓金源,吴赵昭,徐旻霄,等.高原体能训练对我国高水平优秀篮球运动员身体机能与形态的影响研究[J].北京体育大学学报,2017,40(03):93-100.

[39]周云平,孟强,刘素春,等.体育锻炼与高血压间关联强度的剂量—反应关系研究[J].现代预防医学,2016,43(21):3936-3939.

[40]丁振宾,陈勇.体育锻炼提高老年糖尿病患者生活质量的效果[J].中国老年学杂志,2014,34(15):4306-4307.

[41]布如宁.翻转课堂在运动生理学中的应用研究[J].当代体育科技,2017,7(02):14-15.

[42]李蕊,李建玲,李浩,等."慕课"背景下运动生理学教学模式改革探讨[J].山东体育科技,2017,39(02):76-78.

[43]孙丽丽.体医结合背景下的运动生理学教学改革[J].学园,2021,14(01):14-15.

[44]王珏.翻转课堂在运动生理学运用中的实践与思考[J].当代体育科技,2020,10(11):112-113.

[45]张帆."健康中国"视域下"互联网＋"社区体医融合健康服务平台构建研究[J].体育科技,2022,43(01):14-17.